图解建设工程细部施工做法系列图书

万成福　编著

图解 道路与桥梁工程
现场细部施工做法　　（第二版）

化学工业出版社

·北　京·

内 容 简 介

　　本书以"示意图与现场图、注意事项、施工做法详解、施工总结"四大步骤为主线，对全书内容进行组织。全书共分为八章，包括路基施工，基层施工，面层施工，道路附属工程施工，桥梁基础、承台及墩台施工，混凝土简支梁桥、连续梁桥施工，拱桥和斜拉桥施工，桥面及附属工程施工等内容。本书具有很强的针对性和适用性，理论与实践相结合，更加注重实际操作性，结构体系上重点突出、详略得当，注意知识的融贯性。

　　本书可供从事道路与桥梁工程施工的技术员、施工管理人员以及大中专院校相关专业师生参考。

图书在版编目（CIP）数据

　　图解道路与桥梁工程现场细部施工做法/万成福编著. —2版. —北京：化学工业出版社，2022.9
　　（图解建设工程细部施工做法系列图书）
　　ISBN 978-7-122-41614-8

　　Ⅰ.①图… Ⅱ.①万… Ⅲ.①道路工程-工程施工-图解②桥梁工程-工程施工-图解 Ⅳ.①U415-64②U445-64

　　中国版本图书馆 CIP 数据核字（2022）第 098112 号

责任编辑：彭明兰　　　　　　　　　　　　　文字编辑：冯国庆
责任校对：杜杏然　　　　　　　　　　　　　装帧设计：史利平

出版发行：化学工业出版社（北京市东城区青年湖南街 13 号　邮政编码 100011）
印　　装：三河市延风印装有限公司
787mm×1092mm　1/16　印张 15¾　字数 390 千字　2022 年 9 月北京第 2 版第 1 次印刷

购书咨询：010-64518888　　　　　　　　售后服务：010-64518899
网　　址：http://www.cip.com.cn
凡购买本书，如有缺损质量问题，本社销售中心负责调换。

定　　价：78.00 元

第二版前言

随着我国建筑行业的快速发展，土建工程领域出现了许多新理论、新技术、新材料，标准和规范也在不断更新，每一位施工人员的技术水平、处理现场突发事故的能力都直接关系着现场工程施工的质量、成本、安全以及工程项目的进度，这就对工程建设现场施工人员和管理技术人员提出了更高的要求。土建施工员是完成土建施工任务最基层的技术管理人员，更是施工现场生产一线的组织者和管理者，因此，对他们的施工技术水平和管理能力也提出了较高的要求。为了满足广大现场施工人员的实际需求，编者在总结了自己多年现场实践经验的基础上，结合相关规范编写了本书。

本书以"示意图与现场图、注意事项、施工做法详解、施工总结"这四个步骤为主线，对道路与桥梁工程细部施工做法进行了详细讲解。全书内容共分为八章，以道路与桥梁工程施工技术为重点，详细介绍了道路与桥梁工程的具体施工方法、施工总结以及施工注意事项等知识，具体包括路基施工，基层施工，面层施工、道路附属工程施工，桥梁基础、承台及墩台施工，混凝土简支梁桥、连续梁桥施工，拱桥和斜拉桥施工，桥面及附属工程施工。本书从道路与桥梁工程施工现场出发，以一个个的工程现场细节做法为基本内容，并对所有的细节做法都配有施工节点图、现场施工图以及标准化的施工做法，从而将施工规范、设计做法、实际效果三者很好地结合在一起，让从事现场施工不久的技术人员能够看得懂、学得会、用得上。

本书在编写过程中参考了有关文献和一些项目施工管理经验性文件，并且得到了许多专家和相关单位的关心与大力支持，在此表示衷心感谢。

由于编者水平有限，尽管尽心尽力，反复推敲核实，但难免有疏漏及不妥之处，恳请广大读者批评指正，以便做进一步的修改和完善。

编著者
2022 年 4 月

目录

第一章
路基施工

第一节 ▶ 挖方路基和填方路基施工

一、挖方路基施工

1. 示意图和施工现场图

挖方路基施工示意图和现场图分别见图 1-1 及图 1-2。

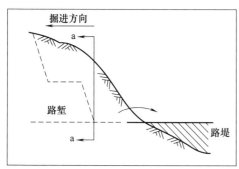

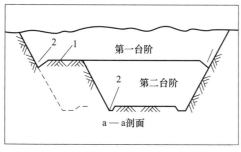

图 1-1 挖方路基施工示意
1—路堑；2—排水沟

图 1-2 挖方路基施工现场

2. 注意事项

① 对已经完成的路床应尽快进行下一道工序，以减少路床暴露时间。

② 路基、基坑挖好以后，若不能立即进行下一工序时，可在基底以上预留 15～30cm，待下一工序开始时再挖至设计标高。

1

③ 在已经完成的路床四周设置围挡，防止车辆进入破坏路床。

④ 加强对排水沟设施的维护，防止水流冲刷路床。

3. 施工做法详解

工艺流程 ▶▶▶▶ ·················

测量放线→路堑土方开挖→路堑石方开挖→弃土或利用土→边坡施工。

扫码看视频

挖方路基
测量放线

（1）**测量放线** 施工前对路中线现况地面高程进行校测（图1-3），并与设计纵断面图进行核对。在道路中心桩测设后，测量横断方向，根据道路设计横断面及现况地面高程，放出路堑上、下坡角线及高程控制桩。

（2）**路堑土方开挖** 进行土方开挖时无论开挖工程量和开挖深度大小，均应自上而下进行，禁止乱挖、超挖，不得掏洞取土。开挖路基时，不应直接挖至设计标高，应预留找平压实厚度。

路堑开挖主要方法如下。

① 横挖法：以路堑整个横断面的宽度和深度为标准，从一端或两端逐渐向前开挖的方式称为横挖法。本法适用于短而深的路堑。

人工按横挖法挖路堑时，可在不同高度处分多个台阶挖掘，其挖掘深度视工作和安全而定，一般为1.5~2.0m。无论自两端一次横挖到路基标高或分台阶横挖，均应有单独的运土通道及临时排水设施。

采用机械按横挖法挖路堑且弃土（或以挖作填）运距较远时，宜用挖掘机配合自卸汽车进行。

图1-3 挖方路基施工测量放线现场

每层台阶高度可增加至3~4m，其余要求同人工挖路堑。

对于路堑横挖法，也可用推土机进行。若弃土或以挖作填运距超过推土机的经济运距时，可用推土机推土堆积，再用装载机配合自卸汽车运土。

② 纵挖法：纵挖法分为分层纵挖法、通道纵挖法、混合式开挖法和分段纵挖法。

a. 分层纵挖法 沿路堑全宽以深度不大的纵向分层挖掘前进时称为分层纵挖法。本法适用于较长的路堑开挖。沿路堑分为宽度和深度不大的纵向层次挖掘。在短距离及大坡度时，用推土机作业；在较长较宽的路堑，且工作面较大时，可用铲运机、推土机、装载机、载重汽车等运土机具联合作业。

b. 通道纵挖法 先沿路堑纵向挖一个通道，然后将通道向两侧拓宽，上层通道拓宽至路堑边坡后，再开挖下层通道，这种向纵深开挖至路基标高的方法称为通道纵挖法。本法适用于路堑较长、较深，两端地面纵坡较小的路堑开挖。

c. 混合式开挖法 将横挖法和通道纵挖法混合使用，即先顺路堑挖通道，然后沿横向坡面挖掘，以增加开挖坡面。每开挖坡面应容纳一个施工小组，或一台机械，即创造空间工作面。在较大的挖土地段，还可横向再挖沟，以装置传动设备或布置运输车辆。本法适用于路堑纵向长度和挖深都很大的路堑。

d. 分段纵挖法（图1-4） 沿路堑纵向选择一个或几个适宜处，将较薄一侧堑壁横向挖穿，使路堑分成两段或数段，各段再纵向开挖，这种方法称为分段纵挖法。本法适用于路堑过长，弃土运距过远的傍山路堑，其一侧堑壁不厚的路堑开挖。

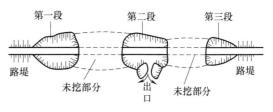

图 1-4　分段纵挖法施工示意

（3）**路堑石方开挖**　根据工程地质勘探资料，按照岩石的类别、风化程度、节理发育程度等来确定开挖方案。对软石和强风化岩石，能用机械直接开挖的应采用机械开挖；石方量小，工期允许，也可采用人工开挖；凡不能使用机械或人工直接开挖的岩石，应采用爆破法开挖。

根据施工环境、基岩岩性和工程需要，选择合理的爆破方案。爆破方案应由有专业资质的单位进行设计和施工，并需经过政府相关部门的批准后方可实施。

石质路堑开挖的施工技术规定如下。

① 石质路堑开挖应沿路堑纵向从一端或两端开始分段、分幅进行，爆破开挖应从上向下，从中间向两侧分层作业。分层作业的要求与土质路堑开挖相同。

② 边坡上的松石、危石必须清除干净。清除危石应由有经验的熟练工人作业，作业时必须系牢安全带。

③ 清坡、修整应从开挖面向下分级进行，每开挖 2～3m，就应对新开挖的边坡进行清坡及修整，修整后的边坡不应陡于设计边坡。

④ 对坚硬岩石凸出或凹进设计边坡线 20cm，对软质岩石凸出或凹进设计边坡线 10cm，均应进行处理。凸出部分凿除，凹进部分小坑宜采用喷射混凝土填平，大坑应采用浆砌块石填补。

⑤ 开挖后的路床基岩面标高与设计标高之差应符合验收标准的要求，如过高，应凿平；如过低，应用开挖的石屑或灰土碎石填平并碾压密实。高于设计高程的石方路床，宜采用密集小型排炮爆破修整。

⑥ 路床下有裂隙水时，应开设渗沟将渗水引至路堑两侧的排水边沟或渗沟内。路床下渗沟的底宽宜为 10cm 左右，纵坡宜大于 6‰，渗沟内应填筑碎石，并与路床同时碾压到规定的要求。

（4）**弃土或利用土**　弃土应及时清运，不得乱堆乱放。

在地面横坡缓于 1∶1.5 的地段，弃土可设于路堑两侧。弃土堆内侧坡脚与堑顶间距离，对于干燥土不应小于 3m；对于软湿土不应小于路堑深度加 5m。弃土堆边坡不陡于 1∶1.5，顶面向外设不小于 2% 的横坡，弃土堆高度不宜大于 3m。

在地面横坡陡于 1∶5 的路段，弃土堆不应设置在路堑顶面的山坡上方，但截水沟的弃土可用于路堑与截水沟间筑路台，应拍打密实，台顶设 2% 的倾向截水沟的横坡。

在山坡上侧的弃土应连续，并在弃土堆上侧设置截水沟；山坡下侧的弃土每隔 50～100m 设不小于 1m 宽的缺口排水，弃土堆坡脚应进行防护加固。

利用土方应按下列规定执行：表层有机质土应清除，所使用的土方必须根据规范要求进行土工试验。

（5）**边坡施工**　应配合挖土及时进行挖方边坡的修整与加固。机械开挖路堑时（图 1-5），边坡施工应配以挖掘机或人工分层修刮平整。

当地质条件较好且无地下水时，深度在 5m 以内的路基，其边坡的最陡坡度应符合设计要求。路堑边坡为易塌方土壤，原设计不能保持边坡稳定时，应办理设计变更，并经建设单位（监理工程师）批准。

图 1-5　机械开挖路堑施工现场

在施工过程中应根据边坡不稳定的具体原因和不稳定的程度采取以下措施加固。坡面变形不大的边坡（坡面土易冲刷等），可采用植物防护（种草皮）或工程防护（干砌护坡、浆砌片石护坡）。

当边坡失稳严重（产生中型以上滑坡等）时，应采取支挡结构防护。

边坡上地下渗水的处理：探明地下水渗出的位置、面积、流量，按设计要求修建边坡渗沟，将地下水引向排水系统。

4. 施工总结

① 人、机配合土方作业，必须设专人指挥。机械作业时，配合作业人员严禁处在机械作业和走行范围内。配合人员在机械走行范围内作业时，机械必须停止作业。

② 机械开挖作业时，必须避开构筑物和管线，在距管道边范围内应采用人工开挖；在距直埋缆线 2m 范围内，必须采用人工开挖。

③ 挖土中遇文物、爆炸物、不明物及设计图纸中未标注的地下管线、构筑物时，必须立即停止施工，保护现场，向上级报告。与有关管理单位联系，研究处理措施，经妥善处理，确认安全并形成文件后，方可恢复施工。

④ 对于附近建（构）筑物等条件所限，路堑坡度不能按设计要求挖掘时，应根据建（构）筑物、工程地质、水文地质、开挖深度等情况，向相关单位提出对建（构）筑物采取加固措施的建议，并办理有关手续，保障建（构）筑物和施工安全。

⑤ 路堑边坡设混凝土灌注桩、地下连续墙等挡土墙结构时，应待挡土墙结构强度达设计要求后，方可开挖路堑土方。

⑥ 在路堑底部边坡附近设临时道路时，临时道路边线与边坡线的距离应依路堑边坡坡度、地质条件、路堑高度而定，且不宜小于 2m。

⑦ 运输挖掘机械应根据运输的机械质量、结构形式、运输环境等选择相应的平板拖车，采取相应的安全技术措施。

⑧ 挖方路基土方质量检验应符合表 1-1 的规定。

表 1-1　路基土方压实度（重型击实标准）

填挖类型	路床顶面以下深度/cm	道路类别	压实度（重型击实）/%	检查频率		检查方法
				范围	点数	
挖方	0~30	快速路和主干路	≥95			
		次干路	≥93			
		支路及其他小路	≥93			
填方	0~80	快速路和主干路	≥95	1000m²	每层 3 点	环刀法、灌水法或灌砂法
		次干路	≥93			
		支路及其他小路	≥93			
	80~150	快速路和主干路	≥93			
		次干路	≥90			
		支路及其他小路	≥90			
	>150	快速路和主干路	≥90			
		次干路	≥90			
		支路及其他小路	≥90			

⑨ 路基土方允许偏差应符合表 1-2 的规定。

表 1-2 路基土方允许偏差

项目	允许偏差 /mm	检验频率			检验方法
		范围/m	点数		
路床纵断高程	−20 +10	20	1		用水准仪测量
路床中线偏位	≤30	100	2		用经纬仪、钢尺测量取最大值
路床平整度	≤15	20	路宽/m	<9	1	用 3m 直尺和塞尺连续测量两次，取较大值
				9～15	2	
				>15	3	
路床宽度	不小于设计值 +B	40	1		用钢尺测量
路床横坡	±0.3% 且不反坡	30	路宽/m	<9	2	用水准仪测量
				9～15	4	
				>15	6	
边坡	不陡于设计要求	20	2		用坡度尺测量，每侧 1 点

注：B 为施工时必要的附加宽度。

⑩ 挖石方路基允许偏差应符合表 1-3 的规定。

表 1-3 挖石方路基允许偏差

项目	允许偏差 /mm	检验频率		检测方法
		范围/m	点数	
中线偏为	≤30	100	2	用经纬仪、钢尺测量，取最大值
路床宽	不小于设计值+B	40	1	用钢尺测量
路床纵断高程	+50mm −100mm	20	1	用水准仪测测量
边坡	不陡于设计要求	20	2	用坡度尺量，每侧 1 点

注：B 为施工时必要的附加宽度。

二、填方路基施工

1. 示意图和施工现场图

填方路基施工示意图和现场图分别见图 1-6 及图 1-7。

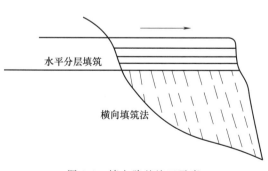

图 1-6 填方路基施工示意

图 1-7 填方路基施工现场

2. 注意事项

① 挖土作业前，主管人员必须对作业人员进行安全技术交底。

② 填方破坏原排水系统时，应在填方前修筑新的排水系统，并保持通畅。

③ 土方宜使用封闭式车辆运输，装土后应清除车辆外露面的遗土、杂物。

3. 施工做法详解

工艺流程 ▶▶▶▶▶ ·······························

测量放线→基底处理及填前碾压→分层填筑→推平与翻拌晾晒→压实→检测。

（1）**测量放线** 施工前对路中线现况地面高程进行校测（图1-8），并与设计纵断面图进行核对。在道路中心桩测设后，依据设计图纸测设填方路基边线，依据道路桩号施测道路高程控制桩。

扫码看视频
基底处理

（2）**基底处理及填前碾压** 填方前应将原地面积水排干，淤泥、杂物等挖除，并将原地面大致找平。场地清理与拆除完成后，进行填前碾压，使基底达到规定的压实度标准。

（3）**分层填筑**

① 填土应分层进行（图1-9）。下层填土验收合格后，方可进行上层填筑。路基填土宽度每侧都应比设计要求宽，且保留必要的工作宽度。

图1-8 填方路基高程校测

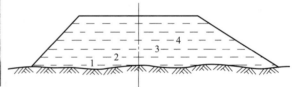

图1-9 水平分层填筑法示意
1～4—填筑的顺序

② 填土时宜尽量采用同类土填筑，如采用两种透水性不同的土填筑时，应将透水性较大的土层置于透水性较小的土层之下，边坡不得用透水性较小的土封闭，以免填方形成水囊。

③ 路基填筑中宜做成双向横坡，一般土质填筑横坡宜为2％～3％，透水性小的土类填筑横坡宜为4％。

④ 在路基宽度内，每层虚铺厚度应视压实机具的功能确定。人工夯实虚铺厚度应小于20cm。

⑤ 高度大于12m的填土，应根据专项设计进行，并按设计要求，对土种预先进行试验检查。

⑥ 在山坡上修筑路基时，应先把山坡整修成台阶形状，由最低一层开始分层填筑、压实，将所有台阶填完后，再分层填筑至设计高程。

⑦ 在已筑好路基段内修建涵管，或在填筑路基预留缺口区域内修筑涵管，对回填土应制定措施，使涵管区域内填土的沉降与两侧相邻路基的填土沉降一致。

⑧ 涵管沟槽的回填土应符合下列要求：回填土应保证涵管结构安全，外部防水层及保护层不受破坏；涵管两侧应同时回填，两侧填土高差不得大于30cm，填土应自涵管两端起

均匀地分层填筑，每层填土虚铺厚度不得大于 25cm；预制涵管的现浇混凝土基础强度及预制件装配接缝的水泥砂浆强度大于 5MPa 时，即可回填土；砖砌涵管应在预制盖板安装后，砌体砂浆强度达到 5MPa 后进行回填，现浇钢管混凝土涵管，其侧壁回填土宜在拆模后混凝土强度达到设计强度标准值 70％进行，顶部应在达到设计强度后进行；土壤最佳含水率应由试验决定。

⑨ 人工填土：用手推车送土，人工用铁锹、耙等工具进行填土，由场地最低部分开始，由一端向另一端自下而上分层铺填。每层虚铺土厚度，用人工木夯夯实时，砂质土不大于 30cm；黏性土为 20cm；用打夯机械夯实时，不大于 30cm。深浅坑相连时，应先填深坑，找平后与浅坑全面分层填夯。如必须分段填筑，交接处填成阶梯形，最后填成高于自然地面 5cm。人工夯填土一般用 60～80kg 重的木夯，由 4～8 人拉绳，两人扶夯，举高不小于 0.5m，一夯压半夯，按次序进行。大面积人工回填多用打夯机夯实。两机平行时，其间距不得小于 3m，在同一夯行路线上，前后间距不得小于 10m。

⑩ 推土机填土（图 1-10）：推土机填土需自下而上分层铺填，一般每层虚铺厚度不宜大于 30cm。大坡度推填土，亦应分层推平，不得居高临下，不分层次，一次推填。推土机运土回填，可先在路线上的某中间点逐步分段集中成一个大堆，再分为若干次运送至卸土地点，分段距离为 10～15m，以减少运土的漏失量。当土方推至填方部位时，可提起一次铲刀，成堆卸土，并向前行驶 0.5～1.0m，利用推土机后退时将土刮平。用推土机来回行驶进行碾压，履带应重叠一半。

⑪ 铲运机铺填土：铺填土区段的长度不宜小于 20m，宽度不宜小于 8m，每次铺土厚度不大于 30～50cm（视所用压实机械的要求而定），每层铺土后，利用空车返回时将地表面刮平。填土程序一般尽量采取横向或纵向分层卸土，以利于行驶时初步压实。

⑫ 自卸汽车填土（图 1-11）：用自卸汽车运来的填土，卸下常是成堆的，需用推土机推开摊平，使其每层的铺土厚度不大于 30～50cm（根据选用的压实机械确定）。由于汽车不能在虚土上行驶，因而卸土推平和压实工作采取分段交叉进行，并可利用汽车行驶作部分压实工作。

图 1-10　推土机填土施工现场

图 1-11　自卸汽车填土施工现场

⑬ 石方填筑路基应先码砌边部，然后逐层水平填筑石料，确保边坡稳定。路基范围内管线、构筑物四周的沟槽宜回填土料。

（4）推平与翻拌晾晒　用推土机将土大致推平，松铺厚度经检测合格后，进行含水量检测。若含水量过大，采用五铧犁、圆盘耙进行翻拌晾晒。填料含水量不足时，采用洒水车洒水，再用拌和设备拌和均匀。

（5）压实

① 压实应按先轻后重碾压。

② 回填土每层的压实遍数，应按压实度、压实工具、虚铺厚度和含水量，经现场试验确定，每层土壤压实前均应找平。

③ 采用重型压实机械压实或有较重车辆在回填土上行驶时，管道顶部以上应有一定厚度的压实回填土，其最小厚度应按压实机械的规格、车重和管道的设计承载力，通过计算确定。

④ 碾压应自路基边缘向中央进行（图1-12），压路机轮每次宜重叠15～20cm，碾压5～8遍，至表面无显著轮迹，且达到要求压实度为止。

图 1-12 碾压施工现场

⑤ 应将路基填土向两侧各加宽必要的附加宽度，碾压成活后修整到设计宽度。路基边缘处不易碾压时，应用人工或振动振荡夯实机等夯实。

⑥ 压实应在回填土含水率接近最佳含水率时进行压实。碾压应均匀一致，施工过程中，应保持土壤的含水率，并经常检测土壤的含水率，按规定检查压实度，做好试验记录。

（6）**检测** 碾压后采用环刀法或灌砂法检测压实度，如不满足设计、施工规范要求，则继续碾压。

4. 施工总结

① 人机配合土方作业，必须设专人指挥。机械作业时，配合作业人员严禁处在机械作业和走行范围内。配合人员在机械走行范围内作业时，机械必须停止作业。

② 路基下有管线时，应先根据管线的承载能力情况对其采取必要的加固措施后按照规范规定的压实标准进行施工。

③ 填土路基为土边坡时，每侧填土宽度都应在设计宽度的基础上留够机械安全作业宽度。碾压高填土方时，应自路基边缘向中央进行。

三、路基排水施工

1. 示意图和施工现场图

路基排水施工示意图和现场图分别见图1-13及图1-14。

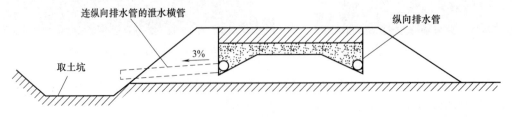

图 1-13 路基排水施工示意

2. 注意事项

① 路基边沟、侧沟、天沟等地表排水设施应与天然沟渠和相邻的桥涵、隧道、车站等排水设施及路基面排水、坡面排水、电缆沟槽两侧排水衔接，组成完整的排水系统。路基施

工前应核对全线排水系统的设计是否完备和妥善。

② 调查线路范围上游 50m、下游 30m 范围内，黄土陷穴的分布，并对陷穴进行处理。

③ 路基工程施工前，对影响路基稳定的地下水，应予以截断、疏干、降低水位，并引排到路基范围以外。在路基施工期，不得任意破坏地表植被和堵塞水路；各类排水设施应及时维修和清理，保持排水畅通、有效。

图 1-14　路基排水施工现场

④ 路基排水工程应及时实施，防止在施工期间因地表水及地下水的侵入而造成路基松软和坡面坍塌。

3. 施工做法详解

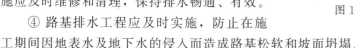

施工准备→沟槽开挖→2∶8 灰土垫层施工→沟底铺砌→沟帮砌筑→勾缝→沟顶抹面→竣工。

（1）**集水井**　集水井可将路基表面水汇集并排入侧沟或坡面排水槽，一般采用 C20 混凝土浇筑。施工前应熟悉施工图纸，施工前技术人员应统计各个路基段的集水井的数量、形式、位置。

集水井基础采用人工开挖，施工前按照测量出的桩位及控制轴线放出集水井的开挖尺寸。开挖过程中控制好集水井的尺寸和竖直度，施工中不允许出现超挖，对于超挖的部分采用与集水井井身同标号的混凝土回填。

井口周围要做好防排水工作，以免雨水或施工废水流入基坑内。开挖到设计标高时应检查集水井的基底标高是否符合设计要求，并采用锤球和直尺检查集水井的竖直度和尺寸。

绑扎安装集水井的钢筋，钢筋底部采用安装混凝土预制垫块来控制钢筋位置。浇筑集水井的基础混凝土时要注意其顶面标高。在基础混凝土初凝后，在混凝土面上用锤球定出检查井的中心位置及控制轴线，用墨线标出井身位置。按照放样出的位置安装模板，并加固牢靠。

浇筑井身混凝土前要注意预埋直径为 0.15m 的镀锌钢管或耐压 PVC 软式透水管。采用对路基切槽预埋管道，管道安装完成以后切槽采用混凝土封闭。

集水井盖采用集中预制，井盖上设置多个 3cm×10cm 的泄水孔。在集水井身混凝土强度达到设计强度后安装集水井盖板。

（2）**地面排水沟**　地面排水沟分为路堤坡脚外的排水沟、侧沟、平台截水沟、天沟及排水沟、坡面排水槽等。

对于地面排水沟，在施工时要选好排水沟的排水方向，施工材料应满足设计要求；路堤坡脚外的排水沟、侧沟在路基完成后施工；平台截水沟与护坡同时施工，施工时应注意在急流槽位置与吊沟连接。坡面排水槽与坡面防护同时施工，排水槽每隔 15m 设置一道。

排水工程严格按照设计图纸施工。砂浆采用拌和机拌和，做到砌体砂浆饱满，石料尺寸选配合理，强度满足要求，石料颜色一致，勾缝采用凹缝，墙面平整、美观。挖方段的天沟，以及路基填筑的临时排水工程，尽量在雨季到来之前完成。

浆砌天沟采用挤浆法施工。天沟的位置、尺寸要符合设计要求，出水口牢固，以防被雨水冲塌并且与其他排水设施平顺衔接。如果工程区域主要是湿陷性黄土，应对沟底进行严格的加固和防渗漏处理。

排水沟的线形平直、圆顺，排水沟的位置、坡度、长度符合设计要求。如因纵坡过大致使水流速大于沟底、沟壁的容许冲刷流速时，应对边沟采取加固措施。

4. 施工总结

① 对于排水工程，应严格按照设计图纸施工。砂浆采用拌和机拌和，做到砌体砂浆饱满，石料尺寸选配合理，强度满足要求，石料颜色一致，勾缝采用凹缝，墙面平整、美观。挖方段的天沟，以及路基填筑的临时排水工程，尽量在雨季到来之前完成。

② 对湿陷性黄土路基特别注重做好防排水，注重做好系统性的永久防排水和施工期间临时防排水，重点做好基底、水沟槽底、路基边坡防排水。

③ 各种水沟施工尽量避开雨季，防止地表水下渗。基槽采用人工配合小型机具开挖，达到要求深度后，进行基底检验，验槽合格后分层夯填灰土垫层。做到路基成型一段，排水系统跟进一段，形成合理的防排水体系。

四、道路压实施工

图 1-15　道路压实现场施工

1. 施工现场图

道路压实现场施工见图 1-15。

2. 注意事项

有大型运载车辆通过的标段，应合理安排施工路线，充分利用大型运载车辆对路基的压实作用。大型运载车辆轴载大，对路基具有压实作用，但长时间在同一路段行驶，会导致过度碾压，形成车辙，反而对路基有害。因此，施工时应尽量让车辆在路基全幅宽度内分开行驶。

3. 施工做法详解

工艺流程 ⟫⟫⟫ ·····································

选择施工机械→进行压实→施工后自检。

① 取代表性土样做重型击实试验，确定土的最大干密度和最佳含水率，并绘制干密度与含水率的关系曲线。

② 根据土的干密度和含水率关系曲线控制土的含水率。

③ 确定铺层厚度和压实遍数。一般可根据压路机械的功能及土质情况确定铺层厚度。

④ 砂性土需碾压次数少，黏性土需碾压次数多。

⑤ 土壤的性质不同，有效的压路机械也不同。正常情况下，碾压砂性土采用振动压路机效果最好，夯击式压路机次之，光轮压路机最差；碾压黏性土采用捣实式压路机和夯击式压路机最好。各种压路机都有其特点，可以根据土质情况合理选用。对于高速公路路基填土压实宜采用振动压路机或 35～50t 轮胎压路机。

4．施工总结

碾压前，检查土的含水率是否合适，如果不合适，不要急于碾压，而是要采取处理措施，过湿则摊铺晾晒，过干则洒水润湿。开始时宜用慢速，最大速度不宜超过 4km/h；碾压时直线段由两边向中间，小半径曲线段由内侧向外侧，纵向进退式进行；横向接头对振动压路机一般重叠 0.4～0.5m，对三轮压路机一般重叠后轮宽的 1/2。

第二节 ▶ 路基处理施工

一、换填土处理路基施工

1. 示意图和施工现场图

换填土处理施工示意图和施工现场图分别见图 1-16 及图 1-17。

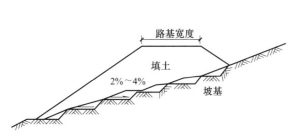

图 1-16 换填土处理示意

图 1-17 换填土处理施工现场

2. 注意事项

① 挖土作业前，主管人员必须对作业人员进行安全技术交底。

② 填方破坏原排水系统时，应在填方前修筑新的排水系统，保持通畅。

③ 路基下有管线时，应先根据管线的承载能力情况对其采取必要的加固措施后按照规范规定的压实标准进行施工。

④ 填土路基为土边坡时，每侧填土宽度都应在设计宽度的基础上留够机械安全作业宽度。碾压高填土方时，应自路基边缘向中央进行。

3. 施工做法详解

工艺流程 ≫≫≫

测量放线→开槽挖除→排水、碾压→分层填筑→压路机碾压→检验。

（1）**测量放线** 施工前对现况软弱、不均匀地基地面高程进行校测，确定开挖深度及范围。在道路中心桩测设后，测量横断方向，根据道路设计横断面及现况地面高程，放出开槽上、下坡角线。

（2）**开槽挖除** 开槽坡度可从宽出路基坡脚 5～1.0m 的底面两侧向上，按基坑开挖期间保持边坡稳定的当地经验放坡确定。

开挖时应避免基底土层受扰动。需换填部位挖除后，及时约请勘察、设计、建设单位对基底进行验收，确认达到道路承载力和压实度要求。

（3）**排水、碾压** 设置排水沟（图 1-18）和集水井，及时将挖除范围的积水排走，确保场内无积水。将地面大致找平，进行填前碾压，使基底达到规定的压实度标准。

（4）**分层填筑** 除接触下卧软土层的换填土底部应根据施工机械设备及下卧层土质条件确定厚度外，一般情况下，分层铺填厚度可取 20～30cm。换填垫层厚度不宜小于 0.5m，也不宜大于 3m。粉质黏土和灰土垫层土料的施工含水率宜控制在最佳含水率±2%的范围内，粉煤灰垫层的施工含水率宜控制在±4%的范围内。最佳含水率可通过击实试验确定，也可按当地经验取用。

图 1-18 排水沟施工现场

图 1-19 接缝处夯压施工现场

粉质黏土及灰土层分段施工时，上下两层的缝距不得小于 500mm。接缝处应夯压密实（图 1-19）。灰土应拌和均匀并应当日铺填夯压。灰土夯压密实后 3d 内不得受水浸泡。粉煤灰层铺填后宜当天压实，每层验收后应及时铺填上层或封层，防止干燥后松散起尘污染，同时应禁止车辆碾压通行。

（5）**压路机碾压** 对于工程量较大的换填垫层，应按所选用的施工机械、换填材料及场地的土质条件进行现场实验，以确定压实效果。压实标准可按表 1-4 选用。

表 1-4 各种填筑材料的压实标准

施工方法	换填材料类别	压实系数 λ_c
碾压、振密或夯实	碎石、卵石	0.94～0.97
	砂夹石（其中碎石、卵石占全重的 30%～50%）	
	土夹石（其中碎石、卵石占全重的 30%～50%）	
	中砂、粗砂、砾石、角砾、圆砾、石屑	
	粉质黏土	
	灰土	0.95
	粉煤灰	0.90～0.95

为保证分层压实质量，应控制机械碾压速度。平碾、振动碾一般不超过 2km/h。

（6）**检验** 对粉质黏土、灰土、粉煤灰和砂石换填的施工质量检验，可用环刀法、贯入仪、静力触探、轻型动力触探或标准贯入试验检验；对砂石、工业废渣换填可用重型动力触探检验。检验必须分层进行，应在每层的压实系数符合设计要求后铺填上层土。

4. 施工总结

① 施工过程中妥善保护好砂石、粉煤灰等换填原材料，免受淤泥等杂质污染。

② 路基施工过程中，各施工层面不应有积水，换填路基应根据施工气候状况，做成2%～4%的排水横坡，边坡必须修理平顺，确保施工中能使雨水及时排除，并使雨水引出路线以外，以免路基被雨水冲毁。

③ 换填材料时，应注意保护好现场轴线桩和高程桩，防止碰桩位移并应经常复测，做好计算换填的数据观测工作。

二、强夯处理路基施工

1. 示意图和施工现场图

强夯路基夯点示意图和路基强夯施工现场图分别见图1-20及图1-21。

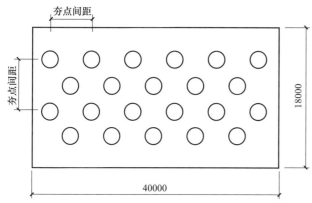

图1-20　强夯路基夯点示意

图1-21　路基强夯施工现场

2. 注意事项

① 施工过程中避免夯填内积水，一旦积水要及时排除，必要时换土再夯，避免出现"橡皮土"。

② 路堤边坡应整平夯实，并应采取防止路面水冲刷措施。

③ 夯机作业必须由信号工指挥，在起夯时，吊车正前方、吊臂下和夯锤下严禁站人，需要整平夯坑内土方时，要先将夯锤吊离并放在坑外地面后方可下人。

④ 六级以上大风天气，雨、雾、雪、风沙、扬尘等能见度低时暂停施工。

3. 施工做法详解

工艺流程　▷▷▷▷▷ ··

清整场地、排水→标夯点位置→机械就位→第一遍夯击、平坑→重复夯击、平坑→满夯→检测。

（1）**清整场地、排水**　清理平整场地，当场地表土软弱或地下水位较高，夯坑底积水影响施工时，宜采用人工降低地下水位或铺填一定厚度的松散性材料，使地下水位低于坑底面以下2m。坑内或场地积水应及时排除。

（2）**标夯点位置**　标出第一遍夯点位置，并测量场地高程。

强夯处理范围应大于路基范围，每边超出路基外缘的宽度宜为基底下设计处理深度的 $\frac{1}{2} \sim \frac{2}{3}$，并不宜小于3m。

夯击点位置可根据基底平面形状，采用等边三角形、等腰三角形或正方形布置。第一遍夯击点间距可取夯锤直径的 2.5～3.5 倍，第二遍夯击点位于第一遍夯击点之间。以后各遍夯击点间距可适当减小。对处理深度较深或单击夯击能较大的工程，第一遍夯击点间距宜适当增大。

（3）**机械就位** 起重机就位，夯锤置于夯点位置，并测量夯前锤顶高度，以确保单击夯击能量符合设计要求。

（4）**第一遍夯击、平坑** 将夯锤起吊到预定高度，开启脱钩装置，待夯锤脱钩自由下落后，放下吊钩，测量锤顶高程，若发现因坑底倾斜而造成夯锤歪斜时，应及时将坑底整平。重复夯击，按设计要求的夯击次数及控制标准，完成一个夯点的夯击（图 1-22）。

在每一遍夯击前，应对夯点放线进行复核，夯完后检查夯坑位置，发现偏差或漏夯应及时纠正，施工中应对各项参数及情况进行详细记录。

检查施工过程中的各项测试数据和施工记录，不符合设计要求时应补夯或采取其他有效措施。

（5）**重复夯击、平坑** 夯击遍数应根据地基土的性质确定，可采用点夯 2～3 遍，对于渗透性较差的细颗粒土，必要时夯击遍数可适当增加。最后再以低能量满夯 2 遍，满夯可采用轻锤或低落距锤多次夯击，锤印搭接。

两遍夯击之间应有一定的时间间隔，间隔时间取决于土中超静孔隙水压力的消散时间。当缺少实测资料时，可根据地基土的渗透性确定，对于渗透性较差的黏性土地基，间隔时间不应少于 3～4 周；对于渗透性好的地基可连续夯击。

（6）**满夯**（图 1-23） 在规定的间隔时间后，按上述步骤逐次完成全部夯击遍数，最后用低能量满夯，将场地表层松土夯实，并测量夯后场地高程。

图 1-22　第一遍夯击

图 1-23　满夯施工现场

（7）**检测** 强夯处理后的地基竣工验收承载力检验，应在施工结束后间隔一定时间方能进行，对于碎石土和砂土地基，其间隔时间可取 7～14d；粉土和黏性土地基可取 14～28d；强夯置换地基间隔时间可取 28d。

强夯处理后的地基竣工验收时，承载力检验应采用原位测试和室内土工试验。

竣工验收承载力检验的数量，应根据场地复杂程度和道路的重要性确定，对于简单场地上的一般道路，载荷试验检验点不应少于 3 点；对于复杂场地或重要道路地基应增加检验点数。

4. 施工总结

① 当强夯机械施工所产生的振动，对邻近地上建（构）筑物或设备、地下管线等产生有害影响时，应采取防振或隔振措施，并设置监测点进行观测，确认安全。

② 施工时要根据地下水径流排泄方向，应从上水头向下水头方向施工，以利于地下水、土层中水分的排出。

③ 严格符合强夯施工程序及要求，做到夯锤升降平衡，对准夯坑，避免歪夯，禁止错位夯击施工，发现歪夯，应立即采取措施纠正。

④ 夯锤的通气孔在施工时保持畅通，如被堵塞，应立即疏通，以防产生"气垫"效应，影响强夯施工质量。

⑤ 夯坑内有积水或因黏土产生的锤底吸附力增大时，应采取措施排除，不得强行提锤。

⑥ 强夯地基一般项目质量检验标准见表1-5。

表 1-5　强夯地基一般项目质量检验标准

检查项目	允许偏差或允许值		检查方法
	单位	数值	
夯锤落距	mm	±300	钢索设标志
锤重	kg	±100	称重
夯击遍数及顺序	设计要求		计数法
夯点间距	mm	±500	用钢尺量
夯击范围(超出基础范围距离)	设计要求		用钢尺量
前后两遍间歇时间	设计要求		—

三、膨胀土路基处理施工

1. 示意图和施工现场图

膨胀土路基处理示意图和路基处理施工现场图分别见图1-24及图1-25。

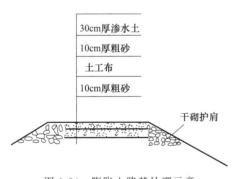

图 1-24　膨胀土路基处理示意

图 1-25　路基处理施工现场

2. 注意事项

① 裂隙发育，常有光滑面与擦痕，有的裂隙中充填灰白色、灰绿色黏土，在自然条件下呈硬塑状态。

② 多出露于二级或二级以上阶地、山前丘陵和盆地边缘，地形平缓，无明显自然陡坎。

③ 常见浅层滑坡、地裂、新开挖坑槽壁易发生坍塌等。

④ 建筑物裂隙随气候变化而张开或闭合。

⑤ 自由膨胀率大于或等于40％的土可判定为膨胀土，然后再对其进行黏土矿物、基本指标、机械强度等全面研究。

3. 施工做法详解

施工准备→换填非膨胀土→压实→排水→施工后自检。

① 填高不足 1m 的路堤，必须换填非膨胀土，并按规定压实。

② 使用膨胀土作填料时，为增加其稳定性，采用石灰处治，石灰剂量范围为 10％～12％，要求掺灰处理后的膨胀土，其胀缩总率接近零为佳。

③ 路堤两边边坡部分及路堤顶面要用非膨胀土作封层，必要时须铺一层土工布，从而形成包心填方。

④ 路堑边坡不要一次挖到设计线，沿边坡预留厚度 30～50cm 一层，待路堑挖完后，再削去预留部分，并以浆砌花格网护坡封闭。

⑤ 路堤与路堑分界处，即填挖交界处，两者土内的含水量不一定相同，原有的密实度也不尽相同，压实时应使其压实得均匀、紧密，避免发生不均匀沉陷。因此，填挖交界处 2m 范围内的挖方地基表面上的土应挖成台阶，翻松，并检查其含水量是否与填土含水量相近，同时采用适宜的压实机具，将其压实到规定的压实度。

⑥ 施工时应避开雨季作业，加强现场排水。路基开挖后各道工序要紧密衔接，连续施工，时间不宜间隔太久。路堤、路堑边坡按设计修整后，应立即浆砌护墙、护坡，防止雨水直接侵蚀。

⑦ 膨胀土地区路床的强度及压实标准应严格遵守国家有关规定、规范。

4. 施工总结

膨胀土是影响道路及其他构造物建设的一种特殊土质，在实际工程中，其破坏力是巨大的。解决膨胀土的问题，应着重从影响其物理、力学性质变化的内在因素和外在因素上考虑，从而通过特殊的施工工艺达到处理的目的。

四、湿陷性黄土路基处理施工

1. 施工现场图

湿陷性黄土路基处理施工现场如图 1-26 所示。

图 1-26　湿陷性黄土路基处理施工现场

2. 注意事项

处理方法可采用灰土混合料换填，灰土混合料的初期表现为塑性降低、最佳含水量增大、最大干密度减小等；后期变化表现为晶体结构的形成，从而石灰土的强度和稳定性得以提高。在土质和石灰的质量及剂量确定的情况下，养护条件和龄期也是影响石灰土强度及稳定性的重要因素。

3. 施工做法详解

工艺流程

施工准备→备料→土料摊铺→石灰摊铺→拌和→整型→闷料→碾压。

（1）**施工准备** 石灰土施工前，须对即将隐蔽的前道工序所要求的全部技术指标进行全面检查验收，合格并签认相关资料后，方可进行石灰土施工。前道工序验收完成后，沿线路方向直线段上每15～20m、平曲线路段每10～15m测设一个中心桩并在两侧路肩边缘处设指示桩，其上标示该结构层边缘处的厚度或设计标高。

（2）**备料** 根据结构层宽度、厚度及松铺系数和预定的干密度，计算每个施工段需要干土的数量。根据料场土的含水量和运输车容量，计算每车料的堆放间距并据此在施工区域内划格线定位。每个施工段须用同一车型以保证每车容量基本相同。上料前，应先洒水湿润下结构层表面，但不得过分潮湿而造成泥泞。

（3）**土料摊铺** 用推土机和平地机将土料均匀摊铺在预定的施工区域内，表面平整，路拱符合规定或设计要求。摊铺过程中，将较大土块粉碎，并拣除杂物和石块。摊铺完成后，如含水量低于预定要求，必须洒水闷料8h左右，以使水分在土层内均匀分布并渗入土料颗粒内部。

（4）**石灰摊铺**

① 石灰用量计算 在整平后的土料表面用白灰线撒划格线，根据每格面积、土层厚度及灰土配合比、最大干密度、最佳含水量，计算每一格内石灰需要量。

② 摊铺（图1-27） 根据计算结果，在每一方格内卸置一定量的石灰，然后用平直的刮板将石灰均匀摊开，并铺满整个方格。石灰剂量必须准确。

（5）**拌和** 为了保证拌和均匀，宜先用多铧犁机进行初拌，将石灰翻混在土层中间，初拌深度应控制在距下结构层顶面5cm左右。在初拌的基础上，用路拌机再次拌和。在拌和的过程中，必须设专人跟随，随时检查拌和深度并通知路拌机操作员及时调整。拌和遍数一般在2遍以上，并最终达到拌和颜色均一、无素土夹层为度。拌和为石灰土质量控制的关键工序，严禁拌和料中存在自由状态的石灰。拌和均匀与否将关系到最终质量及设计目的的实现。

图1-27　石灰摊铺施工现场

（6）**整型** 混合料拌制均匀后，应立即用平地机进行初步整型，然后在刮平后的路段上用轮胎压路机快速碾压1遍，以暴露潜在的不平整，并用齿形工具将轮迹低凹处表层下5cm

耙松，再次用平地机碾压 1 遍。整型后的层面应达到规定的路拱和纵坡。

（7）**闷料**　将生石灰粉与土拌制均匀并整平后，为保证施工效果，必须进行闷料，时间为 3h 左右。生石灰与土混合后，在发生剧烈变化的同时会因消解而产生水化热，水化热加速反应的进行，能提高混合料的性能，若碾压成型过早，水化热会使结构层胀松隆起，严重影响施工质量且造成水化热不能充分利用，降低施工效果。

（8）**碾压**　闷料结束后，须再次检测混合料的含水量，若处于最佳含水量或低于最佳含水量 1%～2% 时立即进行碾压。碾压时遵循直线段和不设超高的平曲线段由两侧路肩向线路中心碾压，设超高的平曲线段由内侧路肩向外侧路肩进行碾压。碾压时，相邻轮幅间重叠 $\frac{1}{3}$～$\frac{2}{3}$ 轮宽且不得小于 0.5m；碾压速度和遍数参照试验段结论，并最终达到碾压层表面无明显轮迹、满足规定的压实度标准。碾压过程中局部出现的软弹、松散等现象，应及时翻松、重新拌和并再行碾压或采取其他措施。

4. 注意事项

石灰土具有很强的缩裂性，因此碾压完成、压实度检测合格后，应立即洒水养护以保证结构层在适宜的环境中保持强度增长。养护时间根据气候及结构层技术要求而定。养护期间，除洒水车外，应封闭交通，洒水车行车速度不得超过 30km/h。

第三节 ▶ 软基处理施工

一、塑料排水软基处理施工

1. 示意图和施工现场图

塑料排水软基础施工示意图和施工现场图分别见图 1-28 及图 1-29。

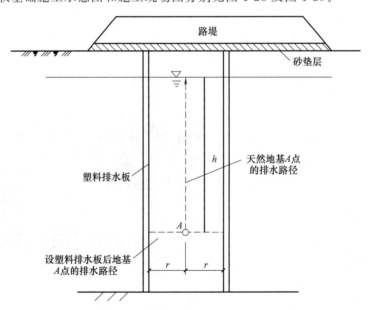

图 1-28　塑料排水软基础施工示意

h—排水点到水平线的高度；*r*—排水点到塑料排水板的距离

2. 注意事项

① 施工前须查明施工范围内的地下管线情况，确保施工过程中地下管线的安全。

② 塑料板排水施工机具须运行正常，并有相关安全防护设施。

③ 机具施工时，设置专人指挥，划定作业范围，非作业人员严禁入内。

④ 临时堆放在施工现场的塑料排水板，应码放整齐、避免雨淋、防止日晒。

图 1-29　塑料排水软基础施工现场

3. 施工做法详解

工艺流程 ⟫⟫⟫ ·····································

清整场地→铺设下层砂垫层→机具定位→打设塑料排水板→拔管→插板机移位，重复打设→铺设上层砂垫层。

（1）**清整场地**　除去杂物废土，进行整平。

（2）**铺设下层砂垫层**　根据设计厚度及要求铺设砂垫层（图 1-30），铺设时采用机械分堆摊铺法，即先堆成若干砂堆，然后用机械摊平。施工时避免对软土表层的过大扰动，以免造成砂和淤泥混合，影响垫层的排水效果。

图 1-30　下层砂垫层铺设现场

（3）**机具定位**　严格按施工图设计的位置、间距进行测放塑料排水板插设位置，并做好标示，严格控制塑料排水板间距，严禁随意施插。

（4）**打设塑料排水板**　将塑料板通过导管从管靴穿出，并与桩尖连接贴紧，管靴对准桩位，静压沉入导管达到设计深度。

桩尖与套管要配套，避免淤泥进入套管。一经发现，必须及时清除，以免塑料板与套管壁间的摩擦力增大以致带出塑料板。

为确保塑料排水板打设深度，在插板机塔架上应设有明显的进尺标记，以严格控制排水板的打设深度。打设深度应考虑上拔时的跟带（排水板被导管往上带）长度，如果打设深度达不到设计要求或跟带长度在 50cm 以上的排水板应废弃，并在距废弃排水板附近及时补打。打设过程中，当塑料排水板长度不够而需要接长时，搭接塑料排水板必须符合《塑料排水板施工规程》（JTJ/T 256—1996）的规定，以确保排水性能，搭接长度应大于 20cm。

严格控制塑料排水板的打设标高，不得出现浅向偏差；当发现地质情况变化，无法按设计要求打设时，应及时与设计人员联系，洽商打设标高。

（5）**拔管**　塑料排水板与软土粘接锚固留在软基内；在砂垫层中预留 50cm，剪断塑料排水板。

（6）**插板机移位，重复打设**　第二根塑料排水板与桩尖再连接，插板机移位，重复打设。塑料板施工应保证插入地基中的板子不扭曲。

为了避免淤泥进入板芯以致堵塞排水通道，影响排水效果，防止塑料排水板被带出，底部端头的塑料排水板应反折回一定长度，与"一"字形或 H 形锚销可靠连接，并且锚销与导管下端口密封要严。施工中，为了防止打设过程中土层与插板直接接触而损伤排水板，可采用"H"形锚销。

（7）铺设上层砂垫层　每根塑料排水板插设完毕后外露的排水板不得遭污染。检查合格后应及时清除排水板周围带出的泥土并用砂将井眼填实。然后，摊铺上层砂垫层，将砂垫层表面刮平，再将高出砂垫层的排水板割断，使之与砂垫层顶面持平，保证塑料排水板的顶部伸入砂垫层至少 50cm 使其与砂垫层沟通，保证排水畅通。

4. 施工总结

① 进场的塑料排水板选择在库房或有良好保护条件的场地，并应避免撕裂、剥离、变质老化和混入杂质；当存放期超过 1 年或发现变质时，使用前应再次进行抽检。

② 打设塑料排水板的方法应保证排水板不扭曲，透水膜不被撕破和污染，防止淤泥进入板芯以致堵塞排水通道，影响排水效果。

③ 桩尖与套管要配套，避免淤泥进入套管。一经发现，必须及时清除，以免塑料排水板与套管壁间的摩擦力增大将塑料排水板带出。

④ 塑料排水板设置允许偏差应符合表 1-6 的规定。

表 1-6　塑料排水板设置允许偏差

项目	允许偏差 /mm	检验频率		检验方法
		范围	点数	
板间距	±150	全部	抽查 2% 且 不少于 5 处	两板间，用钢尺测量
板竖直度	≤1.5%H			查施工记录

注：H 为桩长或孔深。

二、袋装砂井软基处理施工

1. 示意图和施工现场图

袋装砂井软基础处理施工示意图和施工现场图分别见图 1-31 与图 1-32。

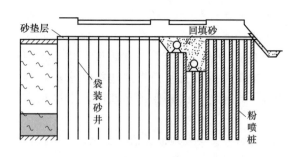

图 1-31　袋装砂井软基础处理施工示意

图 1-32　袋装砂井软基础施工现场

2. 注意事项

① 砂袋露天堆放时，应有遮盖，不得长时间暴晒。

② 砂袋应垂直下井，不得扭结、缩颈、断裂、磨损。

③ 砂袋井排水施工机具需运行正常，并有相关安全防护设施。

3. 施工做法详解

清整场地→铺设下层砂垫层→机具定位→安设套管和桩尖→打入套管→沉入砂袋→拔管装砂→铺设砂垫层。

（1）**清整场地**　测放线路中线、边线，并按要求清理施工场地，除去杂物废土，进行整平。同时根据施工现场情况，设置临时排、截水设施。

（2）**铺设下层砂垫层**　根据设计厚度及要求铺设砂垫层，铺设时采用机械分堆摊铺法，即先堆成若干砂堆，然后用机械摊平。施工时避免对软土表层的过大扰动，以免造成砂和淤泥混合，影响垫层的排水效果。

（3）**机具定位**　根据设计的行列间距小木桩或竹板桩正确定出每个井位。根据从低往高处打设的原则安放机械。机具定位时要保证锤中心与地面定位在同一点上，并控制导向架的垂直度。

（4）**安设套管和桩尖**　根据砂井直径选定套管直径，在套管上划出控制标高的刻划线。套管接长时要试接，连接处要平顺密闭。

活瓣式桩尖固定在套管下端部，并检查管内有无杂物，桩尖活门开启是否灵活，封闭是否良好。

（5）**打入套管**（图 1-33）　机具就位后，按测放的桩位将钢套管打入土中，至设计要求深度。套管打入前将活瓣尖与套管口封闭。砂井可用锤击法或振动法施工，导轨应垂直，钢套管不得弯曲，沉桩时应控制垂直度。且套管压入时，只准往下，不得起管后再往下。

（6）**沉入砂袋**　打入套管后，将预先准备好的比砂井长 2m 左右的聚丙烯编织袋底部装入大约 20cm 的砂，并将袋子扎紧，然后放入孔内。砂井的灌砂量，应按井孔的体积和砂在中密状态时的干密度计算，其实际灌砂量不得小于计算值的 95%。灌入砂袋中的砂宜用干砂，并应灌制密实。

（7）**拔管装砂**　将袋的上端固定在装砂漏斗上，从漏斗口将干砂边振动边流入砂袋，装实、装满为止，然后从漏斗上卸下砂袋，拧紧套管上盖，而后一边把压缩空气送进套管，一边提升套管直至地面（图 1-34）。

图 1-33　套管打入施工现场

图 1-34　拔管装砂施工现场

拔出套管时，如将砂袋带出或损坏，应在原孔边缘重打；连续两次将砂袋带出时，应停止施工，查明原因并处理后方可施工。

（8）**铺设砂垫层**　机具移位，埋砂袋头，并摊铺砂垫层，砂袋留出孔口长度应保证伸入砂垫层至少 30cm，并且不能卧倒。

4. 施工总结

① 施工前须查明施工范围内的地下管线情况，确保施工工程中地下管线的安全。

② 插管机定位后必须垫实、安放平稳，防止机具倾倒或钻具下落。

③ 机具施工时，设置专人指挥，划定作业范围，非作业人员严禁入内。

④ 施工现场清理的废料、垃圾等杂物，应按图纸规定或监理工程师指定的地点弃放，防止污染环境。

⑤ 砂袋井允许偏差应符合表 1-7 的规定。

表 1-7　砂袋井允许偏差

项目	允许偏差/mm	检验频率		检验方法
		范围	点数	
井间距	±150	全部	抽查 2% 且不少于 5 处	两井间,用钢尺测量
砂井直径	0～+10			查施工记录
井竖直度	≤1.5%H			查施工记录
砂井灌砂量	−5%C			查施工记录

注：H 为桩长或孔深；C 为灌砂量。

三、真空-堆载联合预压施工

1. 示意图和施工现场图

堆载预压施工示意图和真空-堆载联合预压施工现场图分别见图 1-35 与图 1-36。

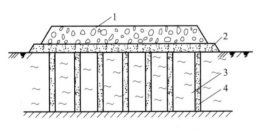

图 1-35　堆载预压施工示意　　　　　　　图 1-36　真空-堆载联合预压施工现场

1—堆料；2—砂垫层；3—淤泥；4—砂井

2. 注意事项

① 使用抽真空设备前，应严格检查，合格后方可使用，并设专人看管操作。

② 施工砂垫层时应加强洒水，避免扬尘。

③ 路基施工时防止硬石从边坡滚落，以免破坏密封膜。

④ 真空预压结束后，清除砂槽和腐殖土层，避免在地基内形成水平渗水暗道。

3. 施工做法详解

工艺流程 ▶▶▶▶▶

清整场地，分加固单元→铺设砂垫层→设置排水竖井→埋设主管、滤水管→施工密封沟→铺设土工布和密封膜→围堰施工→安装抽真空设备→土工布上铺设细砂及黏土层→抽真空预压固结土层→堆载预压→卸载→检测。

（1）**清整场地，分加固单元** 清整场地，并根据建设单位提供的测量控制基准点进行场地高程测量；布设施工测量基线，按施工图布放施工区域边界线，并办理验收手续。填筑预拱土，按设计要求分加固单元并开挖排水沟，为了利于排水，中间部分比四周高出20cm。

一般情况下，加固单元面积不大于 $10000m^2$，不小于 $2000m^2$。此外还应根据地形和地势条件灵活掌握，划分加固单元的技术要求有：地块的长边和短边之比不大于3:2；地块地势平坦，相对高差不大于0.3m，否则应适当划分小单元面积。

（2）**铺设砂垫层** 采用预压法处理地基时必须在地表铺设与排水竖井相连的砂垫层，根据设计厚度及要求铺设砂垫层，且砂垫层厚度不应小于500mm。铺设时采用机械摊铺法，即先堆成若干砂堆，然后用机械摊平。施工过程中避免对软土表层的扰动过大，以免造成砂和淤泥混合，影响垫层的排水效果。

在预拱土上铺设砂垫层并碾压，提供合格的操作场地。为了保证砂垫层具有良好的透水性能和支承性能，砂垫层应采用含泥量小于5%的中粗砂，且不含有机杂质，碾压密实。

（3）**设置排水竖井** 对真空预压工程，必须在地基内设置排水竖井。排水竖井采用塑料排水板或袋装砂井施工工艺。

（4）**埋设主管、滤水管** 铺设主支滤排水管：主支滤排水管分为主（干）管和支滤管。滤水管可采用钢管或塑料管外包尼龙纱或土工织物等滤水材料。水平向分布滤水管可采用条状、梳齿状及羽毛状等形式，滤水管布置宜形成回路。滤水管应不透砂。滤水管距泥面、砂垫层顶面的距离均应大于500mm。滤水管周围必须用砂填实，严禁架空、漏填。全部吸水管均需埋入砂层中，并通过出膜器及吸水管与真空泵连接。在挖密封沟的同时，可进行主（干）管和支滤管的加工、连接和安装埋设。

（5）**施工密封沟** 为保证真空预压加固效果，两个相邻加固单元之间须沿边界开挖真空预压密封膜沟，其深度应低于地下水位并切断透水层，内外坡应平滑，沟底宽度应大于400mm。

根据密封沟的位置，可分为加固单元外侧的密封沟和两加固单元之间的密封沟。密封沟施工采用液压反铲挖掘机结合人工开挖，在铺设密封膜后，密封沟采用不含杂质的纯黏土进行回填，不得损害密封膜，密封膜与沟底黏土之间应进行密封处理。

（6）**铺设土工布和密封膜** 铺设土工布（图1-37）和密封膜前，应先拣除砂垫层表面的尖棱小石子、尖锐贝壳及其他杂物，并将细砂平铺在垫层表面。出膜弯管与滤管应连接好，并培实砂子，同时处理好出口的连接。真空表测头应埋设在砂垫层中间，每块加固单元不少于2个真空度测点，真空管出口需防止弯折或断裂。

下料时应根据不同季节预留密封膜伸缩

图1-37 铺设土工布施工现场

量；热合时，每幅密封膜的拉力应基本相同，防止密封膜形状不正规，不符合设计要求。铺设时，先人工铺设一层土工布，之后分层进行密封膜铺设，上层再铺设一层土工布。每个加固单元用 2～3 层密封膜，具体层数可根据密封膜性能确定。然后将膜体周边埋入密封沟内，用黏土回填密封沟并压实。

（7）**围堰施工**　完成后向上修筑密封水围堰，筑堰位置应位于密封沟的外沟沿，堰体应密实牢固。

（8）**安装抽真空设备**　抽真空设备主要包括出膜装置和射流真空泵。真空主管道通过出膜器及吸水胶管与射流真空泵连接。出膜器的连接必须牢固，密封性可靠安全。真空管路的连接应严格密封，在真空管路中应设置止回阀和截门。

（9）**土工布上铺设细砂及黏土层**　按设计要求在土工布上铺设细砂层和黏土层，以保护密封膜，细砂层厚度一般为 20cm，黏土层厚度一般为 30cm。铺设时必须边倒料边向前摊铺，严禁损坏密封膜。

（10）**抽真空预压固结土层**　在完成上述工作后，即可开始抽真空。

抽真空开始时，应将所有的抽真空设备同时开动，并认真观察真空度的变化，此时应安排专人在加固单元内和密封沟附近巡查，寻找漏气部位。如有漏气，应关停设备进行修理，直至无漏气点为止。巡查时应特别注意压膜处有无漏气，如有漏气应及时停止抽真空，进行全面检修。

开始抽真空以后，加固单元内膜下真空度会持续上升，当其膜下真空压力达到并持续稳定在 80kPa 以上时，即进入真空预压工程的正常预压阶段。抽真空持续时间应符合设计要求，设计无规定时可持续 2～5 个月。抽真空过程中应注意观察负压对其相邻结构物的影响。

（11）**堆载预压**　真空预压的压力与堆载的总压力宜超过路基的荷载。路基填筑宜在抽真空 30～40d 后开进行，或按设计规定开始堆载填筑，填筑期间应保持抽真空。堆载顶面的范围应等于或大于路基外缘所包围的范围。堆载速率应符合设计规定，分级逐渐施加，确保每级荷载下地基的稳定性。路基填筑高度达到设计标高（考虑沉降）后，应继续抽真空，路基沉降值（或路基固结度）达到设计要求后方可停止抽真空。

（12）**卸载**　对主要以变形控制的道路，当排水竖井处理深度范围和竖井底面以下受压土层经预压所完成的变形量和平均固结度符合设计要求时，方可卸载。

对主要以地基承载力或抗滑稳定性控制的道路，当地基土经预压而增长的强度满足道路地基承载力或稳定性要求时，方可卸载。

（13）**检测**　预压过程中应进行竖向变形、真空压力及水平位移等预压参数的检测。真空压力每隔 4h 观测一次，表面沉降每 24h 测一次。对竖井地基，最大竖向变形量每天不应超过 15mm，对天然地基，最大竖向变形量每天不应超过 10mm，水平位移每天不应超过 5mm，并且应根据上述观察资料综合分析、判断地基的稳定性。

当连续五昼夜实测地面沉降小于 0.5mm/d、地基固结度已达到设计要求的 80％时，经验收，即可终止抽真空。

4. 施工总结

① 施工前须查明施工范围内的地下管线情况，确保施工过程中地下管线的安全。

② 机具施工时，设置专人指挥，划定作业范围，非作业人员严禁入内。

③ 施工期间应设专人负责监测预压地基和坡体表层的裂缝出现情况及变化，建立完善的信息联络。

④ 在气温高的季节，加工完毕的密封膜应堆放在阴凉通风处；堆放时在密封膜之间适当撒放滑石粉；堆放的时间不宜过长，以防止互相粘连。

⑤ 在铺设滤水管时，滤水管之间要连接牢固，选用合适的滤水层且包裹严实，避免抽气后杂物进入射流装置。

⑥ 铺膜前应用砂料把排水竖井口填充密实，密封膜破裂后，可用砂料把竖井填充密实至砂垫层顶面，然后分层把密封膜粘牢，以防止砂井孔处下沉密封膜破裂。

⑦ 真空预压及真空堆载预压质量检验应符合表 1-8 的规定。

表 1-8 预压地基质量检验标准

检查项目	允许偏差或允许值		检查方法
	单位	数量	
真空度降低值	％	<2	真空表
预压荷载	％	≤2	水准仪
固结度(与设计要求比)	％	≤2	根据设计要求采用不同的方法
承载力或其他性能指标	设计要求		按规定方法

第二章
基层施工

第一节 ▶ 石灰稳定土类及沥青基层施工

扫码看视频

石灰稳定土
类基层施工

一、石灰稳定土类基层施工

1. 施工现场图

石灰稳定土类基层和石灰料拌和施工现场图分别见图 2-1 及图 2-2。

图 2-1　石灰稳定土类基层施工现场　　　　　　图 2-2　石灰料拌和施工现场

2. 注意事项

① 进行机械路拌时严禁机械急转弯或原地转向或倒行作业；拌和机运转过程中，严禁人员触摸传动机构。若机械发生故障，必须停机后方可检修。

② 石灰土基层施工中，各种现状地下管线的检查井（室）应随基层施工相应升高或降低，严禁掩埋。

③ 卸料、拌和、摊铺、碾压作业中，应由作业组长统一指挥，作业人员应协调一致；现场配合机械施工人员应集中注意力，面向施工机械作业。

④ 遇有四级以上大风天气，不得进行土方回填、转运以及其他可能产生扬尘污染的施工。

⑤ 在城区、居民区、乡镇、村庄等附近施工，不得在现场拌和石灰土。

⑥ 应对施工现场进行围挡，采用低噪声机械设备，对噪声较大的设备（如发电机）进

行专项隔离，减少噪声扰民。

3. 施工做法详解

石灰土拌和→石灰土运输→施工放样→石灰土摊铺→粗平整形→稳压→精平整形→碾压成活→养护。

（1）路拌法施工

① 准备下承层　下承层表面应平整、坚实，具有规定的路拱，下承层的平整度和压实度应符合设计和图纸的要求。对土基，无论是路堤还是路堑，必须用12～15t的压路机进行3～4遍碾压检验。在碾压过程中，如发现土过干、表层松散，应适当洒水；如发现土过湿、发生"弹簧"现象，应采用挖开晾晒、换土、掺石灰或水泥等措施进行处理。凡不符合设计要求的路段，必须根据具体情况，采取措施，使之达到规范规定的标准。对于老路面，应检查其材料是否符合底基层材料的技术要求，如不符合要求，应翻松老路面并采取必要的处理措施。下承层的低洼和坑洞，应仔细填补及压实；搓板和辙槽应刮除；松散处应耙松、洒水并重新碾压，达到平整密实。对新完成的下承层应进行验收。凡验收不合格的路段，必须采取措施，达到标准后方可铺筑基层。在槽式断面的路段，两侧路肩上每隔一定距离（5～10m）交错开挖泄水沟（或做盲沟）。

② 施工放样　在下承层上恢复中线，并在两侧路肩边缘外设指示桩，并在指示桩上明显标记出基层边缘的设计高程。对于中线和边线，标高标记应明显。

③ 备料

a. 利用老路面或土基上部材料：必须首先清除干净表面的石块等杂物。每隔10～20m挖一个小洞，使洞底标高与预定的石灰土基层的底面标高相同，并在洞底做一个标记，以控制翻松及粉碎的深度。用犁、松土机或装有强固齿的平地机或推土机将老路面或土基的上部翻松到预定的深度，土块应粉碎到符合要求。应经常用犁将土向路中心翻拌，使结构层的边部成一个垂直面，防止过宽。用专用机械粉碎黏性土，在无专用机械的情况下，也可用旋转耕作机、圆盘耙粉碎塑性指数不大的土。

b. 利用料场的土：采集土前，应先将树木、草皮和杂土清除干净。土中的超尺寸颗粒应予以筛除。应在预定的深度范围内采集土，不应分层采集，不应采取不合格的土。计算材料用量，应根据各路段基层的宽度、厚度及预定的干密度，计算各路段需要的干燥土数量。根据料场土的含水量和运料车辆的载重量，计算每车料的堆放距离。根据基层的厚度和预定的干密度及稳定剂剂量，计算需要的石灰用量，并确定石灰摆放的纵横间距。土装车时应控制每车的运载数量基本相等。在同一料场供料的路段内，由远到近将料按上述计算距离卸置于下承层表面的中间或上侧。卸料距离应严格掌握，避免有的路段堆料不够或过多。堆料每隔一定距离还应留一个缺口。土在下承层上的堆置时间不应过长，运送土只宜比摊铺土工序提前1～2d。当需分层采集土时，应将土先分层堆放在一场地上，然后从前到后将上下层土一起装车运送到现场。人工拌和时，应筛除粒径15mm以上的土块。

c. 稳定剂应选择在两侧宽敞、邻近水源且地势较高的场地集中堆放。当堆放时间较长时，应覆盖封存，稳定剂堆放在集中拌和场地时间较长时，也应覆盖封存。

消解后的石灰应保持一定的湿度，不得产生扬尘，也不可过湿成团。消石灰宜过筛孔为10mm的筛子，并尽快使用。

d. 如路肩用料与基层用料不同，应采取培肩措施，先将两侧路肩培好，路肩料层的压实厚度应与稳定土层的压实厚度相同。在路肩上每隔5～10m交错开挖临时泄水沟。

e. 在预定堆料的下承层上，在堆料前应先洒水，使表面湿润。

④ 摊铺土

a. 应事先通过试验确定土的松铺系数，松铺系数一般取1.53～1.58。

b. 摊铺土应在摊铺稳定剂前一天进行。摊铺长度按日进度的需要量控制，满足次日掺和稳定剂、拌和、碾压成型即可。雨期施工时，如果第二天预报有雨，不宜提前摊铺土。

c. 应将土均匀地摊铺在预定的宽度上，表面应力求平整，并有规定的路拱。

d. 摊铺过程中，应将土块、超尺寸颗粒及其他杂物拣除。如土中有较多土块，应进行粉碎。

e. 检验松铺土层的厚度，应符合预计要求。

f. 除洒水车外，严禁其他车辆在土层上通行。

⑤ 洒水闷料

a. 如已整平的土（含粉碎的老路面）含水量过低，应在土层上洒水闷料，洒水应均匀，防止局部水分过多。

b. 严禁洒水车在洒水路段内停留和调头。

c. 细料土应经一夜闷料。

⑥ 整平和轻压　对人工摊铺的土层整平后，用6～8t双轮压路机碾压1～2遍，使其表面平整，并有一定的压实度。

⑦ 卸置和摊铺稳定剂

a. 按计算所得的每车稳定剂的纵横间距，用石灰在土层上做标记，同时划出摊铺稳定剂的边线。

b. 用刮板将稳定剂均匀摊开，摊铺完成后，表面应没有空白位置。量测稳定剂的松铺厚度，根据含水量和松铺密度，校核稳定剂用量是否合适。

⑧ 拌和与洒水

a. 宜采用专用稳定土拌和设备进行拌和，并设专人跟随拌和机，随时检查拌和深度并配合拌和机操作员调整拌和深度。拌和深度应达基层底并宜侵入下承层5～10mm，以利上下层黏结。严禁在拌和层底部留有素土夹层。通常应拌和两遍以上，在最后一遍拌和之前，必要时可先用多铧犁贴底面翻拌一遍，直接铺在土基上的拌和层也应避免素土夹层。

b. 在没有专用拌和机械的情况下，可用农用旋转耕作机与多铧犁或平地机相配合拌四遍。先用旋转耕作机拌和两遍，后用多铧犁或平地机将底部料再翻起，并随时检查调整翻犁的深度，使土层全部翻透。严禁在基层与下承层之间残留一层素土。但也应防止翻犁过深，过多破坏下承层的表面。也可以用圆盘耙与多铧犁或平地机相配合，应注意拌和效果，拌和时间不可过长。

c. 在拌和过程结束时，如果混合料的含水量不同，应用喷管式洒水车补充洒水。洒水车起洒处和另一端调头处都应超出拌和段2m以上。洒水车不应在正进行拌和以及当天计划拌和的路段上调头和停留，以防局部水量过大。

d. 洒水后，应再次进行拌和，使水分在混合料中分布均匀。拌和机械应紧跟在洒水车后面进行拌和，以减少水分流失。

e. 洒水及拌和过程中，应及时检查混合料的含水量：含水量宜略大于最佳值，对于细粒土宜比最佳含水量值大 $1\%\sim2\%$。

f. 在洒水及拌和过程中，应配合人工拣出超尺寸颗粒，消除粗细颗粒"窝"以及局部过分潮湿或过分干燥之处。

g. 混合料拌和均匀后应色泽一致，没有灰条、灰团和花面，即无明显细集料离析现象，且水分合适、均匀。

h. 采用塑性指数大的黏土时，应采用两次拌和。第一次加 $70\%\sim100\%$ 预定剂量的稳定剂进行拌和，闷放 $1\sim2d$，此后补足需用的稳定剂，再进行第二次拌和。

⑨ 整形

a. 混合料拌和均匀后，应立即用平地机初步整形。在直线段，平地机由两侧向路中心刮平；在平曲线段，平地机由内侧向外侧刮平；必要时，再返回刮一遍。

b. 用拖拉机、平地机或轮胎压路机立即在初平的路段上快速碾压一遍。

c. 再用平地机整形，整形前用齿耙将轮迹低洼处表层 5cm 以上耙松，并按上述施工过程再碾压一遍。

d. 对于局部低洼处，应用齿耙将其表层以上耙松，并用新拌的混合料进行找平。

e. 再用平地机整形一次。应将高出料直接刮出路外，不应形成薄层贴补现象。

f. 每次整形都应达到规定的坡度和路拱，并应特别注意接缝顺直平整。

g. 当用人工整形时应用铁锹和耙先将混合料摊平，用路拱板进行初步整形，用拖拉机初压 $1\sim2$ 遍后，根据实测的松铺系数，确定纵横断面的标高，并设置标记和挂线，利用锹、耙按线整形，再用路拱板校正成型。

h. 在整形过程中，严禁任何车辆通行，并保持无明显的粗细集料离析现象。

⑩ 碾压

a. 根据路宽、压路机轮宽和轮距的不同，制定碾压方案，应使各部分碾压到的次数尽量相同，路面的两侧应多压 $2\sim3$ 遍。

b. 整形后，当混合料的含水量为高于最佳含水量 $1\%\sim2\%$ 时，应立即用轻型压路机并配合 12t 以上压路机在结构层全宽内进行碾压。直线和不设超高的平曲线段，由两侧向中心碾压；设超高的平曲线段，由内侧向外侧碾压。碾压时应重叠 1/2 轮宽，后轮必须超过两段落的接缝处，后轮压完路面全宽时，即为一遍。一般需碾压 $6\sim8$ 遍。碾速：前两遍以 $1.5\sim1.7km/h$ 为宜，以后以 $2.0\sim2.5km/h$ 为宜。采用人工摊铺和整形的，宜先用拖拉机或 $6\sim8t$ 双轮压路机或轮胎压路机碾压 $1\sim2$ 遍，然后再用重型压路机碾压。

c. 严禁压路机在已完成的或正在碾压的路段上调头或急刹车，应保证基层表面不受破坏。

d. 碾压过程中，表面应始终保持湿润，如水分蒸发过快，应及时补洒少量的水。

e. 碾压过程中，如有"弹簧"、松散、起皮等现象，应及时翻松，重新拌和，或采用其他方法处理。

f. 经拌和、整形碾压的石灰土基层，应达到设计要求的密实度，无明显轮迹。

g. 在碾压结束之前，用平地机再终平一次，使其纵向顺适，路拱和超高符合设计要求。

h. 在检查井、雨水口等难以使用压路机碾压的部位，应采用小型压实机具或人力夯加强压实。

⑪ 接缝和调头处的处理

a. 同日施工的两工作段的衔接处，应采用搭接的形式。前一段拌和整形后，留 5～8m 不进行碾压，后一段施工时，应与前一段留下未压部分一起再进行拌和。

b. 拌和机械及其他机械不宜在已压成的基层上调头。如必须调头，则应采取措施保证基层表层不受破坏。

c. 基层施工应避免纵向接缝，在必须分两幅施工时，纵缝必须垂直相接，不应斜接，纵缝应按下述方法处理：在前一幅施工时，在靠中央一侧用方木或钢模板做支撑，方木或钢模板的高度与基层的压实厚度相同；拌和结束后，靠近支撑木（或板）的一部分，应人工进行补充拌和，然后整形和碾压；养护结束后，在铺筑另一幅之前拆除支撑木（第二幅拌和结束后，靠近第一幅的部分，应人工进行补充拌和，然后进行整形和碾压）。

(2) 厂拌法施工

① 石灰土拌和　原材料进场检验合格后，按照生产配合比生产石灰土，当原材料发生变化时，应重新调整石灰土配合比。出厂石灰土的含水量应根据天气情况进行综合考虑，晴天、有风天气一般稍大 1%～2%，应对石灰土的含水量、灰剂量进行及时监控，检验合格后方能允许出厂。

② 石灰土运输　采用有覆盖装置的车辆进行运输，按照需求量、运距和生产能力合理配置运输车辆的数量，运输车按既定的路线进出现场，禁止在作业面上急刹车、急转弯、调头和超速行驶。

③ 施工放样　在下承层上恢复中线，并在两侧路肩边缘外设指示桩，指示桩上应明显标记出基层边缘的设计高程。

④ 石灰土摊铺　在湿润的下承层上按照设计厚度计算出每延米需要灰土的虚方数量，松铺系数一般取 1.65～1.70，设专人按固定间隔、既定车型、既定的车辆数指挥卸料。卸料堆宜按梅花桩形布置，以便于摊铺作业。摊铺前人工按虚铺厚度用白灰撒出高程点，用推土机、平地机进行摊铺作业，必要时用装载机配合。

⑤ 粗平整型（图 2-3）　先用推土机进行粗平 1～2 遍，粗平后宜用推土机在路基全宽范围内进行排压 1～2 遍，以暴露潜在的不平整，其后采用人工通过拉线法，用白灰再次撒出高程点（预留松铺厚度），根据大面的平整情况，对局部高程相差较大（一般指超出设计高程 ±50mm 时）的面继续用推土机进行整平，推土机整平过程中本着"宁高勿低"的原则，大面基本平整高程相差不大时（一般指 ±30mm 以内时），再用平地机整型。

图 2-3　粗平整型施工现场

⑥ 稳压　先用平地机进行初平一次，质检人员及时检测其含水量，必要时通过洒水或晾晒来调整其含水量，含水量合适后，用轮胎压路机快速全宽静压一遍，为精平创造条件。

⑦ 精平整平　人工再次拉线，用白灰撒出高程点，用平地机进行精平 1～2 次，并及时检测高程、横坡度、平整度。对局部出现粗细集料集中的现象，人工及时进行处理。对局部

高程稍低的灰土面，严禁直接采取贴薄层找补，应先用人工或机械耕松100mm左右后再进行找补。

⑧ 碾压（图2-4） 石灰土摊铺长度约50m时宜进行试碾压，在比最佳含水量高1％～2％时进行碾压，试压后及时进行高程复核。碾压原则上以"先慢后快""先轻后重""先低后高"为宜。

直线和不设超高的平曲线段，由两侧路肩向路中心碾压，设超高的平曲线段，由内侧路肩向外侧路肩进行碾压。压路机应逐次倒轴碾压，两轮压路机每次重叠1/3轮宽，三轮压路机每次重叠后轮宽度的1/2。

图2-4 碾压施工现场

压路机的碾压速度：前两遍以1.5～1.7km/h为宜，以后宜采用2～2.5km/h。首先压路机静压一遍，再进行振动压实3～5遍，根据试验段的经验总结，结合现场自检压实的结果，确定振动压实的遍数，最后用钢轮压路机和轮胎压路机静压1～2遍，最终消除轮迹，使表面达到坚实、平整、不起皮、无波浪等不良现象，压实度符合质量要求。

在涵洞、桥台背后等难以使用压路机碾压的部位，用蛙夯或冲击夯压实。由于检查井、雨水口周围不易压实，可采取先埋后挖的逆做法施工，先在井口上覆盖板材，石灰土基层成活后，再挖开，进行长井圈、安井盖，必要时对井室周围进行浇筑混凝土处理。

⑨ 接槎的处理 工作间断或分段施工时，应在石灰土接槎处预留300～500mm不予压实，与新铺石灰土衔接，碾压时应洒水润湿；宜避免纵向接槎缝，当需纵向接槎时，接槎缝宜设在路中线附近；接槎宜做成阶梯形，梯级宽约500mm。

⑩ 养护 成活后应立即进行洒水养护，养护期不得少于7d。养护期间应封闭交通，如分层连续施工应在24h内完成。

4. 施工总结

① 应采用有封闭设施的运输车辆进行材料运输，减少遗撒及扬尘污染。

② 对施工便道应采取硬化措施并进行日常养护，洒水保湿抑制灰尘；在施工现场的出入口设清洁池或车轮清洗设备。对现场的存土场、裸露地表采用防尘网覆盖、喷洒抑尘剂或进行临时绿化处理。

③ 严禁压路机和重型车辆在已成活的路段上行驶，洒水车等不得在已成活的路段调头或急刹车。

④ 应洒水、保湿养护7d以上，确保石灰土基层表面的潮湿状态。

⑤ 石灰稳定土类基层及底基层允许偏差应符合表2-1的规定。

表2-1 石灰稳定土类基层及底基层允许偏差

项目	允许偏差/mm	检测频率		检查方法
		范围	点数	
中线偏位	≤20	100m	1	用经纬仪测量

项目		允许偏差 /mm	检测频率			检查方法
			范围	点数		
纵断高程	基层	±15	20m	1		用水准仪测量
	底基层	±20				
平整度	基层	≤10	20m	路宽 /m	<9	1	用3m直尺和塞尺连续测量,取两尺
	底基层	≤15			9~15	2	最大值
					>15	3	
宽度		不小于设计 规定+B	40m	1		用钢尺测量
横坡		±0.3% 且不反坡	20m	路宽 /m	<9	2	用水准仪测量
					9~15	4	
					>15	6	
厚度		±10	1000m²	1		用钢尺测量

注：B为土层结构施工对该层要求的必要附加宽度。

二、石灰、粉煤灰、钢渣稳定土类基层施工

1. 施工现场图

基层撒灰施工现场和稳定土类基层碾压施工现场图分别见图2-5及图2-6。

图2-5 基层撒灰施工现场

图2-6 稳定土类基层碾压施工现场

2. 注意事项

① 严禁压路机在已完成或正在碾压的路段上调头或急刹车。

② 应洒水、保湿养护7d以上，确保基层表面的潮湿状态。

③ 养护期结束后，应及时铺筑下一层基层或面层，当不具备铺筑面层的条件时，应先做好封层或透层，并在表面撒布石屑进行保护。

④ 禁止在已施工完的基层上堆放材料和停放机械设备，防止破坏基层结构。

⑤ 有四级以上大风天气，不得进行土方回填、转运以及其他可能产生扬尘污染的施工。

3. 施工做法详解

工艺流程 ▶▶▶▶ ……………………………………………………

拌和→运输→施工放样→摊铺与整形→碾压→养护。

（1）**拌和** 原材料进场检验合格后，按照生产配合比生产，当原材料发生变化时，应重新调整配合比。出厂石灰、粉煤灰、钢渣稳定土的含水量应根据天气情况进行综合考虑，晴

天、有风天气一般稍大 $1\%\sim2\%$。应对混合料的含水量、灰剂量进行及时监控，检验合格后方能允许出厂。

（2）**运输**　采用有覆盖装置的车辆进行运输，按照需求量、运距和生产能力合理配置运输车辆的数量，运输车辆按既定的路线进出现场，禁止在作业面上急刹车、急转弯、调头和超速行驶。

（3）**施工放样**　在下承层上恢复中线，并在两侧路肩边缘外设指示桩，在指示桩上明显标记出基层边缘的设计高程。对于中线和边线，标高标记应明显。

（4）**摊铺与整形**　厂拌法拌和混合料的松铺系数一般取 $1.2\sim1.4$。

① 采用摊铺机摊铺

a. 摊铺时混合料的含水量宜大于最佳含水量 $1\%\sim2\%$ 以补偿摊铺及碾压过程中的水分损失。

b. 在摊铺机后面设专人消除粗细集料离析现象，特别是粗集料窝或粗集料带应铲除，并用拌和均匀的新混合料填补或补充细混合料并拌和均匀。

c. 用摊铺机摊铺混合料时，每天产生的工作缝应做成横向接缝，先将摊铺机附近未经压实的混合料铲除，再将已碾压密实且高程等符合要求的末端挖成一个横向与路中心线垂直向下的断面，然后再摊铺新的混合料。

d. 路幅较宽时，为消除纵向接缝，一般采用多台摊铺机多机作业，摊铺时，摊铺机间前后相距 $5\sim8m$ 同时作业。

e. 当必须分幅施工时，纵缝应垂直相接，在前一幅施工时，靠中央一侧用方木做支撑，其高度和混合料压实厚度相同，养护结束后，在摊铺另一幅前拆除支撑方木。

② 采用平地机摊铺（图 2-7）

a. 按铺筑厚度计算好每车混合料的铺筑面积，用白灰线标出卸料方格网，由运料车将混合料运至现场，按方格网卸料，每车的混合料装载量应基本一致。

b. 当混合料堆放 $40\sim50m$ 后，推土机开始作业，按照虚铺厚度用白灰点做出标记，指示推土机操作手严格按所打白灰点作业，不得出现坑洼现象。

图 2-7　平地机摊铺施工现场

c. 推土机推出 $20\sim30m$ 后，应开始进行稳压，稳压速度不宜过快，由低到高全幅静压一遍，为平地机刮平创造条件。

d. 稳压后，测量人员应检测此时高程，并在边桩上做出标记，随后根据稳压后的混合料虚铺厚度，挂线打白灰点，指示平地机进行刮平作业。

e. 平地机按规定的坡度和路拱初步整平后，施工人员应对表面有集料离析现象的位置进行翻起、搅拌处理，用压路机碾压 $1\sim2$ 遍，以暴露潜在的不平整。

f. 再用平地机重复上述操作过程，直至基层高程符合要求。

（5）**碾压**

① 在混合料含水量合适的情况下进行碾压，碾压分初压、复压和终压三个阶段。

扫码看视频

碾压

② 初压、复压、终压宜采用 12t 以上的三轮压路机、轮胎压路机或重型振动压路机压实。

③ 混合料经摊铺和整型后，立即在全宽范围内进行碾压。直线段由两侧向中心碾压，超高段由内侧向外侧碾压。压路机应逐次倒轴碾压，两轮压路机每次重叠 1/3 轮宽，三轮压路机每次重叠后轮宽度的 1/2，使每层整个厚度和宽度完全均匀地压实到规定的密实度为止。

④ 压实后表面应平整，无轮迹或隆起、裂纹搓板及起皮松散等现象，压实度应达到规定要求。

⑤ 碾压过程中，混合料的表面应始终保持湿润。混合料的含水量应控制在比最佳含水量高 1%～2%，如果表面水分蒸发过快，应及时补洒少量的清水。

⑥ 每层碾压完成后，质控人员应及时检测压实度，测量人员测量高程，并做好记录。如高程不符合要求，应根据实际情况进行机械或人工整平，使之达到要求。

扫码看视频
路基养护

（6）养护

① 碾压完成后应立即进行洒水养护，洒水次数视气温情况以保持基层表面湿润为度。也可采用覆盖塑料布的方式养护，覆盖前应洒水，养护期间要随时检查覆盖情况，用砂或土覆盖塑料布边缘。

② 当基层上为封层或透层时，可进行封层或透层乳化沥青施工，代替洒水和覆盖养护。

③ 养护期不得少于 7d。养护期间应封闭交通，如分层连续施工应在 24h 内完成。

4. 施工总结

① 采用机械路拌时严禁机械急转弯或原地转向或倒行作业；拌和机运转过程中，严禁人员触摸传动机构。若机械发生故障，必须停机后方可检修。

② 石灰、粉煤灰、钢渣稳定土基层施工中，各种现状地下管线的检查井（室）应随基层施工相应升高或降低，严禁掩埋。

③ 卸料、摊铺、碾压作业中，应由作业组长统一指挥，作业人员应协调一致；现场配合机械施工人员应集中注意力，面向施工机械作业。

④ 施工垃圾应及时运至合格的垃圾消纳地点，施工污水应沉淀后排入市政污水管网。

⑤ 应对施工现场进行围挡，采用低噪声机械设备，对噪声较大的设备（如发电机）进行专项隔离，减少噪声扰民。

⑥ 对施工便道应采取硬化措施并进行日常养护，洒水保湿，抑制灰尘；在施工现场的出入口设清洁池或车轮清洗设备。对现场的存土场、裸露地表采用防尘网覆盖、喷洒抑尘剂或进行临时绿化处理。

图 2-8 沥青混合料基层施工现场

三、沥青混合料基层施工

1. 施工现场图

沥青混合料基层施工现场如图 2-8 所示。

2. 注意事项

① 对有害物质（如燃料、油料、旧材

料、垃圾等）要进行收集，集中送交有资质的单位处理。

② 对于沥青施工产生的废料不得任意倾卸，要按指定位置堆放，或进行修筑道路。

③ 试验室中沥青试验的废沥青试件、沥青试液要按指定位置堆放，集中用于修路或进行处理。

3. 施工做法详解

工艺流程 ▶▶▶▶ ···

测量放样→混合料拌和→运输与卸料→摊铺→碾压→接缝处理。

（1）**测量放样** 每20m恢复中桩，用钢钉拉线放出外侧边线，两边用厚12cm的方木支挡，每10m在基层左右两侧打设高程控制桩（试验段松铺系数暂定1.2），挂 $\phi 3$ 钢绞线，用紧线器拉紧、锚固，钢绞线张拉结束后，用细钢丝扎紧，以免在摊铺过程中因摊铺机的振动使钢丝绳从钢钎的凹槽中滑落。根据摊铺机的拼装宽度，在两台摊铺机搭接部位，架设铝合金导梁作为中间摊铺高程控制线，根据两侧的钢绞线高程，拉线测量并旋转支架螺钉调整导梁顶面高程。在施工中对基层高程、摊铺后高程、碾压后高程每10m进行检测，计算得出松铺系数。

（2）**混合料拌和** 沥青采用导热油加热，加热温度控制在185～190℃之间，矿料加热温度控制在190～200℃，严格控制各阶段的材料温度，绝不允许有花料或超温料现象发生。在正式试拌之前，先拌一锅干料，取样筛分，检查级配，无误后喷洒沥青进行湿拌，并取样做马歇尔抽提试验，检验沥青用量。按照经验，干拌时间为10s，湿拌时间为35s，具体拌和时间根据试拌确定。混合料在拌和过程中要随时进行检测，并及时调整，必须使所有集料颗粒全部裹覆沥青结合料，并以沥青混合料均匀为度。拌和好的混合料均匀一致，无花白料、冒青烟，无结团或严重的粗细料离析现象，混合料出厂温度控制在180～190℃之间，运输到施工现场温度不低于175℃。当沥青混合料出厂温度超过195℃，混合料予以废除。

（3）**运输与卸料**

① 运输的准备工作

a. 在施工之前，检查汽车各部位完好情况，加油、加水。

b. 运输队长及时同前场施工负责人联系卸料地点，安排运输车辆的数量、行车顺序、行车路线。

c. 项目部安排专人逐车检查车辆的清洁状况，装料前将车厢底板及侧板清洗干净，并喷一薄层油水层。

② 装料

a. 车辆按顺序依次排队，等待装料。当听到控制室发出的响铃后方可驶入卸料斗下。

b. 驾驶员将空车开到料斗下停放，为了减小混合料的离析，可分三次装料，先装车厢前部，然后汽车应向前移动一下，装车厢后部，最后汽车向后倒一下装车厢中部。每装一斗混合料以后，保持装料高度大致相同。

c. 料装完后，接到控制室发出的发车响铃后方可驶出。

d. 为了防止沥青混合料在运输过程中温度散失以及灰尘污染，装满车后立即覆盖篷布进行保温。

e. 采用水银温度计检测沥青混合料的出厂温度，每辆运料卡车侧面中部设专用检测孔，测量温度时插入深度要大于150mm，测量时间在5min以上。

③ 卸料　沥青混合料到达施工现场后，技术人员进行测温，温度不符合规范要求时，将予以废弃。卸料时，运料车在摊铺机前 10～30cm 处停住，不得撞击摊铺机而对平整度产生影响。卸料过程中，运料车挂空挡，靠摊铺机推动前进。

（4）**摊铺**　采用两台摊铺机梯队联合作业（图 2-9），靠路肩一侧的摊铺机行驶在前，拼装宽度 6m，外侧走钢丝，内侧走铝合金导梁。另一台摊铺机随后，拼装宽度 6m，内侧走滑靴，外侧走钢丝。摊铺机开工前要提前 0.5～1h 用煤气预热熨平板，不低于 100℃，摊铺机熨平板必须拼接紧密，不许存有缝隙，防止卡入粒料将铺面拉出条痕。并确定好摊铺机标尺高度及找平装置安装的正确性，调好螺旋布料器两端的自动料位器，确保摊铺宽度。螺旋布料器内混合料表面以略高于螺旋布料器 2/3 为度，使熨平板的挡板前混合料的高度在全宽范围内保持一致，避免摊铺层出现离析现象。

（5）**碾压**　碾压（图 2-10）分初压、复压和终压三个步骤进行操作，遵循"紧跟、慢压、高频、低幅"的原则。选择合理的压路机组合方式及碾压步骤，以满足压实度和平整度的要求。碾压在混合料不产生严重推移和裂缝的前提下，初压、复压、终压都尽可能在较高的温度下进行。

图 2-9　两台摊铺机梯队联合作业

图 2-10　道路碾压施工现场

（6）**接缝处理**

① 纵向施工缝　采用两台摊铺机成梯队联合摊铺的纵向接缝采用热接缝。在前部已摊铺混合料部分留下 10～20cm 宽暂不碾压，作为后续部分的基准面，并有 10cm 左右的摊铺层重叠，最后作跨接缝碾压以消缝迹。

② 横向施工缝　沥青碎石基层采用平接缝。在碾压结束后，用 5m 直尺检测路面端部，确定切除位置后使用人工配合装载机进行热切，表面冲洗干净，待干燥后涂刷黏层油。铺筑新料后压路机先进行横向碾压，再纵向碾压成为一体，充分压实，连接平顺。

4. 注意事项

① 压路机应以适当的、均匀的速度碾压，压路机的适宜碾压速度随初压、复压、终压及压路机的类型而异，既要考虑压实度指标，还要兼顾平整度，争取在混合料具有较高温度下，不产生推移和拥包的前提下选取高速。

② 为避免碾压时混合料推挤产生拥包，碾压时应将驱动轮朝向摊铺机；碾压路线及方向不应突然改变；压路机启动、停止必须减速缓行。对压路机无法压实的死角、边缘、接头等，应采用小型振动压路机或手扶振动夯趁热压实。压路机折回不应处在同一横断面上。

③ 在当天碾压的尚未冷却的沥青混凝土层面上，不得停放压路机或其他车辆，并防止矿料、油料和杂物散落在沥青层面上。

第二节 ▶ 水泥土类和级配基层施工

一、水泥稳定土类基层施工

1. 施工现场图

水泥稳定土基层摊铺现场和取土试验现场图分别见图 2-11 及图 2-12。

图 2-11 水泥稳定土基层摊铺现场　　图 2-12 水泥稳定土基层取土试验现场

2. 注意事项

① 养护期间应封闭交通，除洒水车外，禁止一切车辆通行。洒水车应在养护区段以外的路段上调头。

② 严禁压路机在已完成或正在碾压的路段上调头或急刹车。

③ 应洒水、保湿养护 7d 以上，确保基层表面的潮湿状态。

④ 养护期结束后，应及时铺筑上一层基层或面层，当不具备铺筑面层的条件时，应先做好封层，并在表面撒布石屑进行保护。

⑤ 应做好临时路面排水，防止浸泡已施工完的基层。

⑥ 机械设备应做好日常维修保养，确保设备的安全使用性能。

⑦ 机械操作手应经培训持证上岗，不得疲劳作业。

3. 施工做法详解

工艺流程 ≫≫≫≫ ···

施工放样→水泥稳定土类材料拌和→摊铺→碾压→接缝→养护。

（1）**施工放样**　在下承层上恢复中线，并在两侧路肩边缘外设指示桩，在指示桩上明显标记出基层边缘的设计高程。对于中线和边线，标高标记应明显。

（2）**水泥稳定土类材料拌和**

① 土块应粉碎。

② 配料应准确，拌和应均匀。

③ 含水量宜略大于最佳值，使混合料运到现场摊铺后碾压的含水量不小于最佳值。

④ 在正式拌和前，应先调试所用设备，使混合料的颗粒组成和含水量都达到规定要求。当发生变化时，应重新调试设备。

⑤ 在潮湿多雨地区或其他地区的雨季施工时，应采取措施覆盖保护集料，防止雨淋。应根据集料含水量及时调整加水量。

（3）摊铺

① 应尽快将拌成的混合料运到铺筑现场。运输途中应对混合料进行苫盖，减少水分损失。

② 宜采用沥青混凝土摊铺机或稳定土摊铺机进行摊铺，松铺系数一般取 1.3～1.5。

③ 拌和机和摊铺机的生产能力应互相匹配。如拌和机生产能力较小，摊铺机应采用较低速度的摊铺，减少摊铺机停机待料的情况。

④ 在摊铺机后设专人消除粗细集料离析现象。

⑤ 水泥稳定土类材料自搅拌至摊铺完成，不应超过 3h。应按当班施工长度计算用料量。

（4）碾压 宜先用轻型压路机跟在摊铺机后及时进行碾压，后用重型压路机继续碾压密实。经拌和、整形的水泥稳定土，应在试验确定的延迟时间内完成碾压。

① 根据路宽、压路机轮宽和轮距的不同制定碾压方案，应使各部分碾压到的次数尽量相同，路面的两侧应多压 2～3 遍。

② 当混合料的含水量比最佳含水量高 1%～2% 时，应立即用轻型压路机并配合 12t 以上的压路机在结构层全宽内进行碾压。直线和不设超高的平曲线段，由两侧向中心碾压；设超高的平曲线段，由内侧向外侧碾压。压路机应逐次倒轴碾压，两轮压路机每次重叠 1/3 轮宽，三轮压路机每次重叠后轮宽度的 1/2，使每层整个厚度和宽度完全均匀地压实到规定的密实度为止。碾速：前两遍以 1.5～1.7km/h 为宜，以后以 2.0～2.5km/h 为宜。采用人工摊铺和整形的，宜先用拖拉机或 6～8t 双轮压路机或轮胎压路机碾压 1～2 遍，然后再用重型压路机碾压。

③ 严禁压路机在已完成的或正在碾压的路段上调头或急刹车，应保证基层表面不受破坏。

④ 碾压过程中，表面应始终保持湿润，如水分蒸发过快，应及时补洒少量的水碾压。

⑤ 碾压过程中，如有"弹簧"、松散、起皮等现象，应及时翻松、重新拌和，或采用其他方法处理。

⑥ 在检查井、雨水口等难以使用压路机碾压的部位，应采用小型压实机具或人力夯加强压实。

（5）接缝

① 摊铺机摊铺混合料不宜中断，如因故中断，时间过长，应设置横向接缝，摊铺机应驶离混合料末端。

② 人工将末端含水量合适的混合料整齐，紧靠混合料放置方木，方木应与混合料压实厚度同厚；整平紧靠方木的混合料。

③ 方木的另一侧用砂砾或碎石回填约 3m 长，其高度应高出方木几厘米。

④ 将混合料碾压密实。

⑤ 在重新开始摊铺之前，将砂砾或碎石和方木除去，并将下承层顶面清扫干净。

⑥ 摊铺机返回到已压实层的末端，重新开始摊铺。

⑦ 应尽量避免纵向接缝。城镇快速路和城镇主干道的基层宜整幅摊铺，宜采用两台摊铺机（一前一后），步距 5～8m，同步向前摊铺，并一起进行碾压。

在不能避免纵向接缝的情况下，纵缝必须垂直相接，严禁斜接，并符合下列规定。

a. 在前一幅摊铺时，在靠中央的一侧用方木或钢模板做支撑，方木或钢模板的高度应与基层的压实厚度相同。

b. 养护结束后，在摊铺另一幅之前，拆除支撑木（板）。

⑧ 同日施工的两工段的衔接处，应采用搭接。前一段拌和整形后，留 5~8m 不进行碾压，后一段施工时，前一段留下未压部分，应再掺加部分水泥重新拌和，并与后一段一起碾压。

⑨ 应注意每天产生的最后一段末端缝（即工作缝）的处理。工作缝可按下述方法处理：在已碾压完成的水泥稳定土层末端，沿稳定土挖一条横贯铺筑层全宽约 30cm 的槽，直挖到下承层顶面。此槽应与路中心垂直，靠稳定土的一面切成垂直面，并放与压实厚度等厚的方木紧贴其垂直面。用原挖出的素土回填槽内其余部分。第二天，邻接作业段拌和后，除去方木，用混合料回填。靠近方木未能拌和的一小段，应人工进行补充拌和。整平时，接缝处的水泥稳定土应较已完成断面高出约 5cm，以利形成平顺的接缝。在新混合料碾压过程中，应将接缝修整平顺。

（6）养护

① 水泥稳定土底基层分层施工时，下层水泥稳定土碾压完成后，在采用重型振动压路机碾压时，宜养护 7d 后铺筑上层水泥稳定土。在铺筑上层稳定土之前，应始终保持下层表面湿润。铺筑上层稳定土时，宜在下层表面撒少量水泥或水泥浆。底基层养护 7d 后，方可铺筑基层。

② 每一段碾压完成并经压实度检验合格后，应立即开始养护。

③ 应保湿养护，养护结束后，须将覆盖物清除干净。

④ 基层也可采用沥青乳液养护。沥青乳液的用量按 0.8~1.0kg/m² 选用，宜分两次喷洒。第一次喷洒沥青含量为 35% 的慢裂沥青乳液，第二次喷洒浓度较大的沥青乳液。养护期间应断绝交通。

4. 施工总结

① 采用机械路拌时严禁机械急转弯或原地转向或倒行作业；拌和机运转过程中，严禁人员触摸传动机构。若机械发生故障，必须停机后方可检修。

② 水泥稳定土基层施工中，各种现状地下管线的检查井（室）应随基层施工相应升高或降低，严禁掩埋。

③ 卸料、摊铺、碾压作业中，应由作业组长统一指挥，作业人员应协调一致；现场配合机械施工人员应集中注意力，面向施工机械作业。

④ 施工垃圾应及时运至合格的垃圾消纳地点，施工污水应沉淀后排入市政污水管网。

⑤ 应对施工现场进行围挡，采用低噪声机械设备，对噪声较大的设备（如发电机）进行专项隔离，减少噪声扰民。

⑥ 对施工便道应采取硬化措施并进行日常养护，洒水保湿，抑制灰尘；在施工现场的出入口设清洁池或车轮清洗设备。对现场的存土场、裸露地表采用防尘网覆盖、喷洒抑尘剂或进行临时绿化处理。

二、级配碎石基层施工

1. 施工现场图

级配碎石碾压和摊铺现场图分别见图 2-13 及图 2-14。

图 2-13 级配碎石碾压现场

图 2-14 级配碎石摊铺现场

2．注意事项

① 应根据施工特点做好技术安全交底工作，非施工人员严禁进入施工现场。

② 现场应设置专职安全员，负责现场安全管理与监督检查工作。

③ 机械设备应做好日常维修保养，确保设备的安全使用性能。

④ 机械操作手应经培训持证上岗，不得疲劳作业。

⑤ 封闭施工现场，悬挂醒目的禁行标志，设专人引导交通，看护现场。

⑥ 严禁车辆及施工机械进入成活路段。

⑦ 级配碎石（碎砾石）成活后，如不连续施工应适当洒水养护。

⑧ 禁止在已施工完的基层上堆放材料和停放机械设备，防止破坏基层结构。

3．施工做法详解

工艺流程

准备下承层→施工放样→级配碎石（碎砾石）材料拌和→运输→摊铺（平地机布料、整平或摊铺机摊铺)→碾压→接缝处理→养护。

（1）**准备下承层** 下承层应平整、坚实，具有路拱。新建下承层应通过验收，达到设计和图纸的要求；对于老路面，应检查其材料是否符合底基层材料的技术要求，如不符合要求，应翻松老路面并采用必要的处理措施。下承层不宜做成槽式路面。

（2）**施工放样** 在下承层上恢复中线，并在两侧路肩边缘外设指示桩，在指示桩上明显标记出基层边缘的设计高程。对于中线和边线，标高标记应明显。

（3）**级配碎石（碎砾石）材料拌和** 可在拌和厂用多种机械进行集中拌和，如强制式拌和机、卧式双转轴桨叶式拌和机、普通水泥混凝土拌和机等。

① 对用于快速路和主干路的级配碎石基层和中间层，宜采用不同粒级的单一尺寸碎石和石屑，按预定配合比在拌和机内拌制级配碎石（碎砾石）。

② 不同粒级的碎石和石屑等细集料应隔离，分别堆放。

③ 细集料应有覆盖，防止雨淋。

④ 在正式拌制级配碎石（碎砾石）之前，必须先调试所有的厂拌设备，使级配碎石（碎砾石）的颗粒组成和含水量都能达到规定的要求。

⑤ 在采用未筛分碎石和石屑时，如未筛分碎石或石屑的颗粒组成发生明显变化，应重新调试设备。

（4）运输

① 级配碎石（碎砾石）装车时，应控制每车料的数量基本相等。

② 在同一料场供料的路段内，宜由远到近卸置集料。卸料距离应严格掌握，避免料不够或过多。

③ 料堆每隔一定距离应留一个缺口。

④ 级配碎石（碎砾石）在下承层上的堆置时间不应过长。运送级配碎石（碎砾石）较摊铺工序只提前数天。

⑤ 用平地机或其他合适的机具将料均匀地摊铺在预定的宽度上，表面应力求平整，并具有规定的路拱。

⑥ 检查松铺材料层的厚度，必要时，应进行减料或补料工作。

（5）摊铺（图2-15）

① 级配碎石（碎砾石）用于城镇快速路和主干路时，应用沥青混凝土摊铺机或其他碎石摊铺机摊铺。应事先通过试验确定级配碎石（碎砾石）的松铺系数并确定松铺厚度。

图2-15 摊铺施工现场

a. 摊铺时级配碎石（碎砾石）的含水量宜高于最佳含水量约1%，以补偿摊铺及碾压过程中的水分损失。在摊铺机后面应设专人消除粗细集料离析现象，特别是粗集料窝或粗集料带应铲除，并用新级配碎石（碎砾石）填补或补充细级配碎石（碎砾石）并拌和均匀。

b. 路宽大于8m时宜采用双机作业，两台摊铺机组成摊铺作业梯队，其前后间距为5～8m。摊铺机内、外侧用铝合金导梁控制高程。摊铺机起步后，测量、质检人员要立即检测高程、横坡和厚度，并及时进行调试。施工过程中摊铺机不得随意变速、停机，应保持摊铺的连续性和匀速性。

② 级配碎石用于次干路及次干路以下道路时，如没有摊铺机，也可用自动平地机摊铺级配碎石（碎砾石）。平地机摊铺级配碎石（碎砾石），其松铺系数为1.25～1.35。

a. 根据摊铺层的厚度和要求达到的压实度，计算每车级配碎石（碎砾石）的摊铺面积。

b. 级配碎石（碎砾石）均匀地卸在路幅中央，路幅宽时，也可将级配碎石（碎砾石）卸成两行。

c. 用平地机将级配碎石（碎砾石）按松铺厚度摊铺均匀。

d. 设一个三人小组跟在平地机后，及时消除粗细集料离析现象。对于粗集料集中（梅花）的"窝"和粗集料"带"，应添加细集料，并拌和均匀。对于细集料"砂窝"，应添加粗集料，并拌和均匀。

（6）碾压

① 摊铺后，当级配碎石（碎砾石）的含水量等于或略大于最佳含水量时，立即用12t以上压路机进行碾压（图2-16）。直线和不设超高的平曲线段，由两侧路肩开始向路中碾压；碾压时压路机应逐次倒轴碾压，两轮压路机每次重叠1/3轮宽，三轮压路机每次重叠后轮宽度的1/2，后轮必须超过两段的接缝处。后轮压完路面全宽时，即为一遍。碾压一直进

图 2-16　碾压施工现场

行到要求的密实度为止。一般需碾压 6～8 遍，碾压后应使轮迹深度不得大于 5mm。压路机的碾压速度：前两遍以 1.5～1.7km/h 为宜，以后用 2.0～2.5km/h。

② 路面的两侧应多压 2～3 遍。

③ 严禁压路机在已完成的或正在碾压的路段上调头或急刹车。

④ 碾压过程中，应注意观察，随时适当补水，保持湿润，不得积水。凡含土的级配碎石（碎砾石）层，都应进行滚浆碾压，一直压到碎石层中无多余细土泛到表面为止。滚到表面的浆（或事后变干的薄土层）应清除干净。

⑤ 碾压成活后，发现粗细骨料集中的部位，应挖出，换填合格材料重新碾压成活。

⑥ 碎石压实后及成活中应适量洒水，并视压实碎石的缝隙情况撒布嵌缝料。宜采用 12t 以上压路机碾压成活，碾压至缝隙嵌挤密实、稳定、表面平整，轮迹小于 5mm。

（7）接缝处理

① 用摊铺机摊铺级配碎石（碎砾石）时，靠近摊铺机当天未压实的级配碎石（碎砾石），可与第二天摊铺的级配碎石（碎砾石）一起碾压，但应注意此部分级配碎石（碎砾石）的含水量。必要时，应人工补充洒水，使其含水量达到规定的要求。

② 用平地机摊铺级配碎石（碎砾石）时，两作业段的衔接处，应搭接拌和。第一段拌和后，留 5～8m 不进行碾压；第二段施工时，前段留下未压部分与第二段一起拌和整平后进行碾压。

③ 应避免纵向接缝。如摊铺机的摊铺宽度不够，必须分两幅摊铺时，宜采用两台摊铺机一前一后相隔 5～8m 同步向前摊铺级配碎石（碎砾石）。在仅有一台摊铺机的情况下，可先在一条摊铺带上摊铺一定长度后，再开到另一条摊铺带上摊铺，然后一起进行碾压。

④ 在不能避免纵向接缝的情况下，纵缝必须垂直相接，不应斜接，并按下述方法处理。

a. 在前一幅摊铺时，在靠后一幅的一侧应用方木或钢模板做支撑，方木或钢模板的高度与级配碎石层的压实厚度相同。

b. 摊铺后一幅之前，将方木或钢模板除去。

c. 如在摊铺前一幅时未用方木或钢模板支撑，靠边缘的 30cm 左右难以压实，而且形成一个斜坡，在摊铺后一幅时，应先将未完全压实部分和不符合路拱要求部分挖松并补充洒水，待后一幅级配碎石（碎砾石）摊铺后一起进行整平和碾压。

（8）养护　级配碎石（碎砾石）基层未洒透层沥青或未铺封层时，禁止开放交通，以保护表层不受破坏。

4. 施工总结

① 采用机械路拌时严禁机械急转弯或原地转向或倒行作业；拌和机运转过程中，严禁人员触摸传动机构。若机械发生故障，必须停机后方可检修。

② 级配碎石（碎砾石）基层施工中，各种现状地下管线的检查井（室）应随基层施工相应升高或降低，严禁掩埋。

③ 卸料、拌和、摊铺、碾压作业中，应由作业组长统一指挥，作业人员应协调一致；现场配合机械施工人员应集中注意力，面向施工机械作业。

④ 应对施工现场进行围挡，采用低噪声机械设备，对噪声较大的设备（如发电机）进行专项隔离，减少噪声扰民。

⑤ 对施工便道应采取硬化措施并进行日常养护，洒水保湿，抑制灰尘；在施工现场的出入口设清洁池或车轮清洗设备。对现场的存土场、裸露地表采用防尘网覆盖、喷洒抑尘剂或进行临时绿化处理。

⑥ 级配碎石（碎砾石）基层及级配砾石基层和底基层允许偏差应符合表 2-2 的有关规定。

表 2-2　级配碎石（碎砾石）基层及级配砾石基层和底基层允许偏差

项目	规定值或允许偏差/mm		检查频率			检验方法
			范围	点数		
厚度/mm	砂石	−10～+20	1000m²	1		用钢尺测量
	砾石	−10%层厚～+20				
平整度/mm	基层	≤10	20m	路宽/m	<9	1	用3m直尺和塞尺连续测量，取两尺最大值
	底基层	≤15			9～15	2	
					>15	3	
宽度	不小于设计要求+B		40m	1		用钢尺测量
中线偏位/mm	≤20		100m	1		用经纬仪测量
纵断高程/mm	基层	±15	20m	1		用水准仪测量
	底基层	±20				
横坡	±0.3%且不反坡		20m	路宽/m	<9	2	用水准仪测量
					9～15	4	
					>15	6	

注：B 为施工必要附加宽度。

扫码看视频
级配砂砾
基层施工

三、级配砂砾基层施工

1. 施工现场图

级配砂砾基层摊铺和碾压现场图分别见图 2-17 及图 2-18。

图 2-17　级配砂砾基层摊铺现场

图 2-18　级配砂砾基层碾压现场

2. 注意事项

① 应根据施工特点做好技术安全交底工作，非施工人员严禁进入施工现场。

② 现场应设置专职安全员，负责现场安全管理与监督检查工作。

③ 对于机械设备，应做好日常维修保养，确保设备的安全使用性能。

④ 机械操作手应经培训持证上岗，不得疲劳作业。

⑤ 封闭施工现场，悬挂醒目的禁行标志，设专人引导交通，看护现场。

3. 施工做法详解

工艺流程

准备下承层→施工放样→级配砾石（砂石）材料拌和→运输→摊铺（平地机布料、整平）→碾压→接缝→养护。

（1）准备下承层 下承层应平整、坚实，具有路拱。对于老路面，应检查其材料是否符合底基层材料的技术要求，如不符合要求，应翻松老路面并采取必要的处理措施。下承层不宜做成槽式路面。

（2）施工放样 在下承层上恢复中线，并在两侧路肩边缘外设指示桩，在指示桩上明显标记出基层边缘的设计高程。对于中线和边线，标高标记应明显。

（3）级配砾石（砂石）材料拌和 级配砂砾（砾石）可在拌和厂用多种机械进行集中拌和，如强制式拌和机、卧式双转轴桨叶式拌和机、普通水泥混凝土拌和机等。根据各路段基层或底基层的宽度、厚度及预定的干密度，计算各段需要的级配砂砾（砾石）数量。根据级配砂砾（砾石）的含水量以及所用运料车辆的吨位，计算每车材料的堆放距离。

① 不同粒级的粗、细集料应隔离，分别堆放。

② 细集料应有覆盖，防止雨淋。

③ 在正式拌制级配砂砾（砾石）之前，必须先调试所有的厂拌设备，使级配砂砾（砾石）的颗粒组成和含水量都能达到规定的要求。

（4）运输

① 级配碎石（碎砾石）装车时，应控制每车料的数量基本相等。

② 在同一料场供料的路段内，宜由远到近卸置集料。卸料距离应严格掌握，避免料不够或过多。

③ 对于料堆，每隔一定距离应留一个缺口。

④ 级配碎石（碎砾石）在下承层上的堆置时间不应过长。运送级配碎石（碎砾石）较摊铺工序只提前数天。

⑤ 用平地机或其他合适的机具将料均匀地摊铺在预定的宽度上，表面应力求平整，并具有规定的路拱。

⑥ 检查松铺材料层的厚度，必要时，应进行减料或补料工作。

（5）摊铺 用平地机摊铺级配砂砾（砾石），其松铺系数为 1.25～1.35。

① 摊铺时级配砂砾（砾石）的含水量宜高于最佳含水量约 1%，以补偿摊铺及碾压过程中的水分损失。

② 根据摊铺层的厚度和要求达到的压实度，计算每车级配砂砾（砾石）的摊铺面积。

③ 级配砂砾（砾石）均匀地卸在路幅中央，路幅宽时，也可将级配砂砾（砾石）卸成两行。

④ 用平地机将级配砂砾（砾石）按松铺厚度摊铺均匀。

⑤ 设一个三人小组跟在平地机后面，及时消除粗细集料离析现象。对于粗集料集中（梅花）的"窝"和粗集料"带"，应添加细集料，并拌和均匀。对于细集料"砂窝"，应添

加粗集料，并拌和均匀。

（6）碾压

① 摊铺后，当级配碎石（碎砾石）的含水量等于或略大于最佳含水量时，立即用 12t 以上的压路机进行碾压。直线和不设超高的平曲线段，由两侧路肩开始向路中心碾压；碾压时压路机应逐次倒轴碾压，两轮压路机每次重叠 1/3 轮宽，三轮压路机每次重叠后轮宽度的 1/2，后轮必须超过两段的接缝处。后轮压完路面全宽时，即为一遍。碾压一直进行到要求的密实度为止。一般需碾压 6～8 遍，碾压后应使轮迹深度不得大于 5mm。压路机的碾压速度，前两遍以 1.5～1.7km/h 为宜，以后用 2.0～2.5km/h。

② 路面的两侧应多压 2～3 遍。

③ 严禁压路机在已完成的或正在碾压的路段上调头或急刹车。

④ 碾压过程中，应注意观察，随时适当补水，保持湿润，不得积水。凡含土的级配碎石（碎砾石）层，都应进行滚浆碾压，一直压到碎石层中无多余细土泛到表面为止。滚到表面的浆（或事后变干的薄土层）应清除干净。

⑤ 碾压成活后，发现粗细骨料集中的部位，应挖出，换填合格材料重新碾压成活。

⑥ 碎石压实后及成活中应适量洒水，并视压实碎石的缝隙情况撒布嵌缝料。宜采用 12t 以上的压路机碾压成活，碾压至缝隙嵌挤密实、稳定，表面平整，轮迹小于 5mm。

（7）接缝

① 用摊铺机摊铺级配碎石（碎砾石）时，靠近摊铺机当天未压实的级配碎石（碎砾石），可与第二天摊铺的级配碎石（碎砾石）一起碾压，但应注意此部分级配碎石（碎砾石）的含水量。必要时，应人工补充洒水，使其含水量达到规定的要求。

② 用平地机摊铺级配碎石（碎砾石）时，两作业段的衔接处，应搭接拌和。第一段拌和后，留 5～8m 不进行碾压；第二段施工时，前段留下未压部分与第二段一起拌和整平后进行碾压。

③ 应避免纵向接缝。如摊铺机的摊铺宽度不够，必须分两幅摊铺时，宜采用两台摊铺机（一前一后）相隔 5～8m 同步向前摊铺级配碎石（碎砾石）。在仅有一台摊铺机的情况下，可先在一条摊铺带上摊铺一定长度后，再开到另一条摊铺带上摊铺，然后一起进行碾压。

④ 在不能避免纵向接缝的情况下，纵缝必须垂直相接，不应斜接，并按下述方法处理。

a. 在前一幅摊铺时，在靠后一幅的一侧应用方木或钢模板做支撑，方木或钢模板的高度与级配碎石层的压实厚度相同。

b. 摊铺后一幅之前，将方木或钢模板除去。

c. 如在摊铺前一幅时未用方木或钢模板支撑，靠边缘的 30cm 左右难以压实，而且形成一个斜坡，在摊铺后一幅时，应先将未完全压实部分和不符合路拱要求部分挖松并补充洒水，待后一幅级配碎石（碎砾石）摊铺后一起进行整平和碾压。

（8）养护　级配碎石（碎砾石）基层未洒透层沥青或未铺封层时，禁止开放交通，以保护表层不受破坏。

4. 施工总结

① 采用机械路拌时严禁机械急转弯或原地转向或倒行作业；拌和机运转过程中，严禁人员触摸传动机构。若机械发生故障，必须停机后方可检修。

② 级配碎石（碎砾石）基层施工中，各种现状地下管线的检查井（室）应随基层施工

相应升高或降低，严禁掩埋。

③ 卸料、拌和、摊铺、碾压作业中，应由作业组长统一指挥，作业人员应协调一致；现场配合机械施工人员应集中注意力，面向施工机械作业。

④ 应对施工现场进行围挡，采用低噪声机械设备，对噪声较大的设备（如发电机）进行专项隔离，减少噪声扰民。

四、透层、黏层施工

1. 施工现场图

透层和黏层施工现场图分别见图2-19及图2-20。

图 2-19 透层施工现场

图 2-20 黏层施工现场

2. 注意事项

① 透层施工应在基层铺筑完成后、沥青混合料底面层摊铺施工前进行。

② 在洒布透层油前需要对基层进行各项验收，合格后方可进行洒布。

③ 用于半刚性基层的透层油宜紧接在基层碾压成型后表面稍变干燥但尚未硬化的情况下喷洒。

④ 在无结合粒料基层上洒布透层油时，宜在铺筑沥青层前1～2d洒布。

⑤ 在正式施工前，需要与监理工程师等有关人员根据有关设计文件，共同商定洒布时间以及是否洒布石屑等事项。

⑥ 黏层施工应在沥青混合料摊铺施工当天进行。

⑦ 对基面进行必要检查，检查项目应包括压实度、平整度、外观、断面高程和断面尺寸等项目。对于发现的问题和缺陷及时进行处理，保证基面密实、平整，无残留松散料。

⑧ 正式洒布前需要对基面进行清扫，可采用人工配合机械方式进行，必要时也可采用水车清洗的方式，保证清扫后的基面洁净、无浮尘、无松散、无杂物等现象。

3. 施工做法详解

透层施工→黏层施工。

（1）**透层施工**

工艺流程 ➤➤➤➤➤ ....

洒布车洒布→人工补洒→撒布石屑→碾压→养护。

① 洒布车洒布 基层表面过分干燥时，需要在基层表面适量洒水，达到轻微湿润效果，待表面干燥后立即进行透层沥青喷洒工作，以保证透层沥青顺利下渗。

洒布施工段应大于拟进行沥青混合料摊铺段10m。透层油宜采用沥青洒布车一次喷洒均匀，使用的喷嘴宜根据透层油的种类和黏度进行选择并保证均匀喷洒。若喷洒过量，应立即撒布石屑或砂吸油，必要时进行适当碾压。透层油洒布后不得在表面形成能被运料车和摊铺机粘起的油皮，透层油达不到渗透深度要求时，应查明原因再施工。

② 人工补洒 透层油必须洒布均匀，若有花白遗漏，应人工补洒，沥青洒布车喷洒不均匀时宜改用手工沥青洒布机喷洒。在铺筑沥青混合料面层前，对于局部多余沥青需要进行清理。

③ 撒布石屑（图2-21） 对于要求撒布石屑的施工部位，应在洒布透层油后及时进行。石屑撒布要求均匀，使用量控制在 $2.0 \sim 3.0 \mathrm{m}^3 / 1000 \mathrm{m}^2$，粒径控制在 $5 \sim 10 \mathrm{mm}$，或按设计要求进行。

图2-21 撒布石屑施工现场

④ 碾压 石屑撒布后，使用8~10t的压路机碾压2遍。

⑤ 养护 透层油施工完成后，立即由专人封闭并看守洒布路段，严禁各种车辆及非施工人员进入。

透层油撒布后的养护时间随透层油的品种和气候条件由试验确定，确保液体沥青中的稀释剂全部挥发，乳化沥青渗透且水分蒸发。

养护后应尽早铺筑沥青面层，防止工程车辆损坏透层。

（2）**黏层施工**

工艺流程 ➤➤➤➤➤ ....

洒布车洒布→人工补洒→养护。

① 洒布车洒布 进行乳化沥青洒布前，喷洒车辆应根据实际要求事先做好喷洒量调整，确定行驶速度与流速之间的相应关系，洒布作业需有专人进行指挥，并在洒布施工段的起点和终点设置明显标志，以便于控制喷洒车辆。

使用机械进行均匀喷洒，喷洒的黏层油必须呈均匀雾状，在路面全宽度内均匀分布成一薄层，不得有洒花漏空或成条状，也不得有堆积。喷洒不足的要补洒，喷洒过量处应予以刮除。在使用机械进行喷洒时，在起步和停止阶段易于产生喷洒过量情况，可采用在起步和停止位置铺设不透水塑料布的方式予以解决。

② 人工补洒 黏层油必须洒布均匀，若有花白遗漏，应人工补洒（图2-22）。对于机械喷洒不到的部位，如路缘石侧面、检查井周边，均需要人工进行涂刷。

③ 养护 喷洒黏层油后，立即由专人封闭并看守洒布路段，严禁各种车辆及非施工人

图 2-22　人工补洒施工

员进入。

待乳化沥青破乳、水分蒸发完成，或稀释沥青中的稀释剂基本挥发完成后，紧跟着铺筑沥青层，确保黏层不受污染。

4. 施工总结

① 由于路面施工时道路附属设施施工已基本完成，因此洒布施工前需要对道路附属构筑物（包括路缘石、防撞墩、平石、护栏、隔离带、边沟、护坡等）采取有效措施进行保护。

② 路缘石、平石、防撞墩等混凝土或石质材料需要采取覆盖方式进行保护，覆盖材料可选择不透水的塑料膜或使用泥浆涂刷外露表面部分。

③ 洒布车辆需要在缘石一侧加设挡板，并在实际操作前进行喷洒试验以确定挡板的实际效果。

④ 洒布施工时要注意天气变化，风力大于五级时应暂停作业。

第三章
面层施工

第一节 ▶ 沥青混合料面层施工

扫码看视频

沥青混合料
面层施工

一、热拌改性沥青混合料面层施工

1. 施工现场图

机械摊铺沥青面层施工现场图见图 3-1。

2. 注意事项

① 施工作业人员应按规定穿工作服、防热鞋，佩戴手套等劳动保护用品。

② 粘在车轮上的材料应及时进行清理，防止遗洒现象发生。

③ 在道路上洒布透层油、黏层油时应使用专业洒布机具作业。

④ 施工区域应设专人值守，非施工人员严禁入内。

⑤ 五级（含）以上风力时，不得进行沥青洒布作业。

图 3-1 机械摊铺沥青面层施工现场

⑥ 施工作业时，禁止对机械进行维护、保养工作。

3. 施工做法详解

工艺流程 ⟩⟩⟩⟩

测量放线→改性沥青混合料运输→沥青混合料摊铺→压实及成型。

（1）测量放线

① 根据设计文件在施工现场测设道路中线、边线线位和高程，采用 5m 方格网的形式或根据摊铺机行走宽度将摊铺厚度标志于道路表面。

② 对道路面内检查井外露高程利用十字线法进行进一步量测复核。可采用在路缘石侧面弹线的方式标注边缘摊铺厚度。

在检验合格的道路下卧层上按摊铺机铺设宽度进行测量放线：沿道路中线方向每 10m 设一个高程控制点，控制点设置在摊铺机行走区域两侧；交叉路口及广场施工，应用 5m× 5m 高程方格网控制。变坡与弯道处基准桩应加密。

（2）改性沥青混合料运输

① 沥青混合料宜采用较大吨位的运料车运输，但不得超载运输，不得急刹车、急弯调头使透层、封层、黏层造成损伤。运料车的运力应在保证摊铺施工基础上稍有富余，施工过程中摊铺机前方应有运料车等候。等候的运料车多于 5 辆后开始摊铺。

② 运料车每次使用前后必须清扫干净，在车厢板上涂一薄层防止沥青黏结的隔离剂或防粘剂，但不得有余液积聚在车厢底部。从拌和机向运料车上装料时，应多次挪动汽车位置，平衡装料，以减少混合料离析。运料车运输混合料时应用苫布覆盖，保温、防雨、防污染。

③ 运料车进入摊铺现场时，轮胎上不得沾有泥土等可能污染路面的脏物，否则宜设水池洗净轮胎后再进入工程现场。沥青混合料在摊铺地点凭运料单接收，若混合料不符合施工温度要求，或已经结成团块、已遭雨淋的混合料不得铺筑。

④ 摊铺过程中运料车应在摊铺机前 100～300mm 处停住，空挡等候，由摊铺机推动前进开始缓缓卸料，避免撞击摊铺机。在有条件时，运料车可将混合料卸入转运车经二次拌和后向摊铺机连续均匀地供料。运料车每次卸料必须倒净，如有剩余，应及时清除，防止硬结。

图 3-2　沥青混合料摊铺施工现场

⑤ 如发现有沥青混合料沿车厢板滴漏时，应采取措施以予避免。

（3）沥青混合料摊铺（图 3-2）

① 摊铺机开工前应提前 0.5～1h 预热熨平板至不低于 100℃。铺筑过程中应选择使用熨平板的振捣或夯锤压实装置，使之具有适宜的振动频率和振幅，以提高路面的初始压实度。熨平板加宽连接应仔细调节至摊铺的混合料没有明显的离析痕迹。

② 摊铺机呈梯队作业进行联合摊铺时，纵缝相邻的摊铺搭接应有 10～20cm 的重叠宽度。

③ 摊铺机必须缓慢、均匀、连续不间断地摊铺，不得随意变换速度或中途停顿，以提高平整度，减少混合料的离析。摊铺速度宜控制在 2～4m/min，对改性沥青宜放慢至 1～3m/min（摊铺时行走最佳速度由试验段得出的数据确定）。当发现混合料出现明显的离析、波浪、裂缝、拖痕时，应分析原因，予以消除。

④ 摊铺机应采用自动找平方式，下面层宜采用钢丝绳引导的高程控制方式，中面层采用浮动基准梁找平或非接触式平衡梁控制方式，上面层宜采用非接触式平衡梁或雪橇式摊铺厚度控制方式。直接接触式平衡梁的轮子不得黏附沥青。经摊铺机初步压实的摊铺层应符合平整度、横坡的要求。

⑤ 摊铺机的螺旋布料器应相应于摊铺速度调整到保持一个稳定的速度均衡地转动，两侧应保持有不少于送料器 2/3 高度的混合料，以减少在摊铺过程中混合料的离析。

（4）压实及成型

① 沥青混凝土的压实层最大厚度不宜大于100mm，沥青稳定碎石混合料的压实层厚度不宜大于120mm，但当采用大功率压路机且经试验证明能达到压实度时允许增大到150mm。

② 进行沥青路面施工（图3-3）时应配备足够数量的压路机，选择合理的压路机组合方式及初压、复压、终压（包括成型）的碾压步骤，以达到最佳碾压效果。铺筑双车道沥青路面的压路机数量不宜少于5台。施工气温低、风大、碾压层薄时，压路机数量应适当增加。

图3-3　沥青混合料面层施工现场

③ 碾压过程中压路机钢轮需要及时清理，可涂刷1：1的植物油与水混合液以防止粘连。

④ 压路机应以慢而均匀的速度碾压，压路机的碾压路线及碾压方向不应突然改变而导致混合料推移。碾压区的长度应大体稳定，两端的折返位置应随摊铺机前进而推进，横向不得在相同的断面上。

⑤ 终压应紧接在复压后进行，终压温度、速度应符合规定。如经复压后已无明显轮迹时可免去终压。终压可选用双轮钢筒式压路机或关闭振动的振动压路机，碾压不宜少于2遍，至无明显轮迹为止。终压收面过程中，应由专人用3m直尺在横向、纵向检查路面的平整度，如发现平整度不理想，应用压路机及时补压。

⑥ 压路机不得在未碾压成型路段上转向、调头、加水或停留。在当天成型的路面上，不得停放各种机械设备或车辆，不得散落矿料、油料等杂物。

4. 施工总结

① 洒布机作业必须有专人指挥。作业前，指挥人员应检查现场作业路段，确认检查井井盖盖牢、人员和其他施工机械撤出作业路段后，方可向洒布机操作人员发出作业指令。

② 沥青洒布前应进行试喷，确认合格。试喷时，油嘴前方3m内不得有人。沥青喷洒前，必须对检查井、闸井、雨水口采取覆盖等安全防护措施。

③ 沥青洒布时，施工人员应位于沥青洒布机的上风向，并宜距喷洒边缘2m以外。

④ 沥青洒布车作业和压路机运行中，现场人员不得攀登机械，严禁触摸机械的传动机构。

⑤ 热拌沥青混合料碾压过程中，应由作业组长统一指挥，协调作业人员、机械、车辆之间的相互配合关系，保持安全作业。

⑥ 两台以上压路机联合作业时，前后间距不得小于3m，左右间距不得小于1m。

二、大孔隙排水式沥青混合料面层施工

1. 施工现场图

大孔隙排水式沥青混合料（OGFC）面层施工现场图见图3-4。

2. 注意事项

与热拌改性沥青混合料面层施工注意事项相同。

图 3-4　大孔隙排水式沥青混合料面层施工现场

3. 施工做法详解

工艺流程 ▶▶▶▶

测量放线→OGFC 施工→OGFC 摊铺→压实及成型→封闭养护→开放交通。

（1）**测量放线**　与热拌改性沥青混合料面层施工测量放线方法相同。

（2）**OGFC 施工**　OGFC 正常施工温度范围参见表 3-1。

表 3-1　OGFC 正常施工温度范围

	工序	控制温度/℃	测量部位
生产温度	改性沥青加热温度	160～170	沥青加热罐
	集料加热温度	180～190	热料提升斗
	混合料出厂温度	170～185	运料车
	混合料到场温度	≥165	运料车
	混合料废弃温度	>195 或<140	运料车
施工温度	摊铺温度	≥160	摊铺机
	初压温度	≥150	摊铺层内部
	复压温度	≥130	碾压层内部
	终压温度	≥100	碾压层内部
	开放交通温度	≤50	路表面

（3）**OGFC 摊铺**

① 摊铺机开工前应提前 0.5～1h 预热熨平板至不低于 100℃。铺筑过程中应选择使用熨平板的振捣或夯锤压实装置，使之具有适宜的振动频率和振幅，以提高路面的初始压实度。熨平板加宽连接应仔细调节至摊铺的混合料没有明显的离析痕迹。

② 摊铺机呈梯队作业进行联合摊铺时，纵缝相邻的摊铺搭接应有 10～20cm 的重叠宽度。

③ 摊铺机必须缓慢、均匀、连续不间断地摊铺，不得随意变换速度或中途停顿，以提高平整度，减少混合料的离析。摊铺速度宜控制在 2～4m/min，对改性沥青宜放慢至 1～3m/min（摊铺时行走最佳速度由试验段得出的数据确定）。当发现混合料出现明显的离析、波浪、裂缝、拖痕时，应分析原因，予以消除。

④ 摊铺机应采用自动找平方式，下面层宜采用钢丝绳引导的高程控制方式，中面层采用浮动基准梁找平或非接触式平衡梁控制方式，上面层宜采用非接触式平衡梁或雪橇式摊铺厚度控制方式。直接接触式平衡梁的轮子不得黏附沥青。经摊铺机初步压实的摊铺层应符合平整度、横坡的要求。

⑤ 摊铺机的螺旋布料器应相应于摊铺速度调整到保持一个稳定的速度均衡地转动，两侧应保持有不少于送料器 2/3 高度的混合料，以减少在摊铺过程中混合料的离析。

⑥ 由于排水降噪环保型沥青混合料粗集料多，应调整好摊铺机振捣和振动级数，以确保足够的初始密度和不振碎集料。

（4）**压实及成型**

① 初压必须紧跟摊铺机，尽快完成，要求初压必须有两台双钢轮压路机（10～20t）。

② 复压应紧随初压工序进行，压实路段不宜过长，以保证复压的温度。

③ 压路机的行驶速度与压实遍数应根据摊铺机的摊铺速度和混合料压实控制温度通过试验段来确定，初压、复压和终压的压实速度参考表 3-2 的规定。

表 3-2　排水降噪环保型沥青混合料压实控制

压实过程	压实机械选择	压路机速度/(km/h)	碾压遍数
初压	110 型双钢轮静力压路机	1～2	2
复压	130 型双钢轮静力压路机	2～3	3～4
终压	110 型双钢轮静力压路机	1～2	2～3

④ 排水降噪环保型沥青路面的碾压应遵循紧跟、少水、均速、慢压的原则。为保证压实度与空隙率的双重要求，在碾压过程中要求压路机紧跟摊铺机以保证压实温度，先轻型后重型。压实时尽量不加振动，试铺后可以采用密度仪测量压实度，根据压实情况做适当调整。若压实度不能满足要求，则轻型压路机可适当加振。同时在压实过程中，为防止大空隙表面的水易渗入路面以下引起混合料降温加快，粘轮的水量要调成雾状。

⑤ 当上面层采用分段碾压时，分段不应明显，压路机每次往返时，不能停在同一断面附近。

⑥ 在有超高的路段施工时，应先从低的一边开始碾压，逐步向高的一边碾压。

（5）**封闭养护**　对于铺筑好的沥青层，应严格控制交通，做好封闭保护，封闭现场应由专人看护。已铺筑的道路要保持整洁，不得造成污染，严禁在沥青层上堆放其他施工项目产生的土或杂物，严禁在已铺筑沥青层上制作、堆放水泥砂浆。

（6）**开放交通**　对于 OGFC 路面，应待摊铺路面层完全自然冷却，混合料表面温度低于 50℃后，方可开放交通。

需要提早开放交通时，可采用洒水冷却方式降低混合料温度至 50℃以下后，方可开放交通。

4. 施工总结

① 洒布机作业必须有专人指挥。作业前，指挥人员应检查现场作业路段，确认检查井井盖盖牢、人员和其他施工机械撤出作业路段后，方可向洒布机操作人员发出作业指令。

② 沥青洒布前应进行试喷，确认合格。试喷时，油嘴前方 3m 内不得有人。沥青喷洒前，必须对检查井、闸井、雨水口采取覆盖等安全防护措施。

③ 沥青洒布时，施工人员应位于沥青洒布机的上风向，并宜距喷洒边缘 2m 以外。

④ 热拌沥青混合料碾压过程中，应由作业组长统一指挥，协调作业人员、机械、车辆之间的相互配合关系，保持安全作业。

三、冷拌沥青混合料面层施工

1. 施工现场图

冷拌沥青混合料面层施工现场图见图 3-5。

图 3-5　冷拌沥青混合料面层施工现场

2. 注意事项

① 粘在车轮上的材料应及时进行清理，防止遗洒现象发生。

② 在道路上洒布透层油、黏层油时应使用专业洒布机具作业。

③ 施工区域应设专人值守，非施工人员严禁入内。

④ 施工作业时，禁止对机械进行维护、保养工作。

3. 施工做法详解

工艺流程 》》》

测量放线→冷拌沥青混合料运输→冷拌沥青混合料摊铺→冷拌沥青混合料路面的压实及成型→养护及开放交通。

（1）**测量放线**　与热拌改性沥青混合料面层施工注意事项相同。

（2）**冷拌沥青混合料运输**

① 冷拌沥青混合料宜采用较大吨位的运料车运输，但不得超载运输，不得急刹车、急弯调头。

② 运料车的运输距离要适当，防止因运输时间过长造成破乳而产生废料。

③ 卸料必须倒净，如有剩余，应及时清除，防止硬结。

（3）**冷拌沥青混合料摊铺**

① 冷拌沥青混合料采用机械摊铺。

② 铺筑过程如发现冷拌沥青混合料出现破乳现象则材料不能继续使用。

③ 冷拌沥青混合料路面施工的最低气温应符合要求，寒冷季节遇大风降温，不能保证迅速压实时不得铺筑冷拌沥青混合料。冷拌沥青混合料的最低摊铺温度根据气温、下卧层表面温度、摊铺层厚度与冷拌沥青混合料种类经试验确定，城镇快速路、主干路不宜在气温低于 15℃ 条件下施工。每天施工开始阶段宜采用接近控制温度上限的混合料。

（4）**冷拌沥青混合料路面的压实及成型**

① 压实成型的沥青路面应符合压实度及平整度的要求。

② 沥青混凝土的压实层最大厚度不宜大于 100mm，沥青稳定碎石混合料的压实层厚度不宜大于 120mm，但当采用大功率压路机且经试验证明能达到压实度时允许增大到 150mm。

③ 冷拌沥青混合料初压应使用 6t 左右的轻型压路机碾压 1～2 遍，且以不产生推移、发裂为度。

④ 在轻型压路机使混合料初步稳定后，再用轮胎压路机或钢筒式压路机碾压 1～2 遍。

⑤ 当乳化沥青开始破乳、混合料由褐色转变成黑色时，改用 12～15t 的轮胎压路机碾压，将水分挤出，复压 2～3 遍后停止，待晾晒一段时间，水分基本蒸发后继续复压至密实为止。

⑥ 当压实过程中有推移现象时应停止碾压，待稳定后再碾压。当天不能完全压实时，可在较高气温状态下补充碾压。

⑦ 当缺乏轮胎压路机时，也可采用钢筒式压路机或较轻的振动压路机（图3-6）碾压。

⑧ 乳化沥青混合料路面的上封层应在压实成型、路面水分完全蒸发后加铺。

（5）**养护及开放交通** 乳化沥青混合料路面施工结束后宜封闭交通2～6h，并注意做好早期养护。开放交通初期，应设专人指挥，车速不得超过20km/h，不得刹车或调头。

图3-6 轻型振动压路机施工现场

4. **施工总结**

① 沥青洒布前应进行试喷，确认合格。试喷时，油嘴前方3m内不得有人。沥青喷洒前，必须对检查井、闸井、雨水口采取覆盖等安全防护措施。

② 沥青洒布时，施工人员应位于沥青洒布机的上风向，并宜距喷洒边缘2m以外。

③ 热拌沥青混合料碾压过程中，应由作业组长统一指挥，协调作业人员、机械、车辆之间的相互配合关系，保持安全作业。

④ 两台以上压路机联合作业时，前后间距不得小于3m，左右间距不得小于1m。

四、机械摊铺沥青混合料及热拌再生沥青混合料面层施工

1. **施工现场图**

机械摊铺热拌再生沥青混合料面层施工现场图见图3-7。

图3-7 机械摊铺热拌再生沥青混合料面层施工现场

2. **注意事项**

① 沥青混合料摊铺前应对下承层进行验收，检查项目应包括：线位、高程、宽度、厚度、横纵坡度、压实度、清洁度等。旧沥青路面或下卧层已被污染时，必须清洗或经铣刨处理后方可铺筑沥青混合料。

② 设定摊铺机行走路线，保证基准桩、桩基准绳的位置、高程准确，建议使用摊铺机滑靴控制摊铺厚度，也可使用无接触式平衡梁进行高程控制。摊铺时应严格控制摊铺机行走方向。

③ 路缘石或平石宜在摊铺前安砌完毕，应保持位置准确、牢固。

3. **施工做法详解**

工艺流程 ▷▷▷▷ ·····························

测量放线→热拌沥青混合料运输→热拌沥青混合料摊铺→热拌沥青混合料路面的压实及成型→封闭养护→开放交通。

（1）**测量放线**

① 根据设计文件在施工现场测设道路中线、边线线位（图3-8）和高程，采用5m方格

图 3-8　道路放线

网的形式或根据摊铺机行走宽度将摊铺厚度标志于道路表面。

② 对道路面内检查井外露高程利用十字线法进行进一步量测复核。可采用在路缘石侧面弹线的方式标注边缘摊铺厚度。

③ 在检验合格的道路下卧层上按摊铺机铺设宽度进行测量放线：沿道路中线方向每 10m 设一个高程控制点，控制点设置在摊铺机行走区域两侧；交叉路口及广场施工，应用 5m× 5m 高程方格网控制。变坡与弯道处基准桩应加密。

（2）热拌沥青混合料运输

① 热拌沥青混合料宜采用较大吨位的运料车运输，但不得超载运输，不得急刹车、急弯调头使透层、封层、黏层造成损伤。运料车的运力应在保证摊铺施工基础上稍有富余，施工过程中摊铺机前方应有运料车等候。等候的运料车多于 5 辆后开始摊铺。

② 运料车每次使用前后必须清扫干净，在车厢板上涂一薄层防止沥青黏结的隔离剂或防粘剂，但不得有余液积聚在车厢底部。从拌和机向运料车上装料时，应多次挪动汽车位置，平衡装料，以减少混合料离析。运料车运输混合料时应用苫布覆盖，保温、防雨、防污染。

③ 运料车进入摊铺现场时，轮胎上不得沾有泥土等可能污染路面的脏物，否则宜设水池洗净轮胎后再进入工程现场。沥青混合料在摊铺地点凭运料单接收，若混合料不符合施工温度要求，或已经结成团块、已遭雨淋的混合料不得铺筑。

④ 摊铺过程中运料车应在摊铺机前 100～300mm 处停住，空挡等候，由摊铺机推动前进开始缓缓卸料，避免撞击摊铺机。在有条件时，运料车可将混合料卸入转运车经二次拌和后向摊铺机连续均匀地供料。运料车每次卸料必须倒净，如有剩余，应及时清除，防止硬结。

⑤ 如发现有沥青混合料沿车厢板滴漏时，应采取措施予以避免。

（3）热拌沥青混合料摊铺

① 摊铺机开工前应提前 0.1～1h 预热熨平板至不低于 100℃。铺筑过程中应选择使用熨平板的振捣或夯锤压实装置，使之具有适宜的振动频率和振幅，以提高路面的初始压实度。熨平板加宽连接应仔细调节至摊铺的混合料没有明显的离析痕迹。

② 摊铺机呈梯队作业进行联合摊铺时，纵缝相邻的摊铺搭接应有 10～20cm 的重叠宽度，如图 3-9 所示。

③ 摊铺机必须缓慢、均匀、连续不间断地摊铺，不得随意变换速度或中途停顿，以提高平整度，减少混合料的离析。摊铺速度宜控制在 2～4min，对改性沥青宜放慢至 1～3min（摊铺时行走最佳速度由试验段

图 3-9　摊铺机呈梯队作业

得出的数据确定）。当发现混合料出现明显的离析、波浪、裂缝、拖痕时，应分析原因，予以消除。

④ 摊铺机应采用自动找平方式，下面层宜采用钢丝绳引导的高程控制方式，中面层采用浮动基准梁找平或非接触式平衡梁控制方式，上面层宜采用非接触式平衡梁或雪橇式摊铺厚度控制方式。直接接触式平衡梁的轮子不得黏附沥青。经摊铺机初步压实的摊铺层应符合平整度、横坡的要求。

⑤ 摊铺机的螺旋布料器应相应于摊铺速度调整到保持一个稳定的速度均衡地转动，两侧应保持有不少于送料器 2/3 高度的混合料，以减少在摊铺过程中混合料的离析。

⑥ 用机械摊铺的混合料，不宜用人工反复修整。

⑦ 接缝。沥青路面的施工必须接缝紧密、连接平顺，不得产生明显的接缝离析。上下层的纵缝应错开 150mm（热接缝）或 300～400mm（冷接缝）以上。相邻两幅及上下层的横向接缝均应错位 1m 以上。接缝施工应用 3m 直尺检查，确保平整度符合要求。

纵向接缝部位的施工应符合下列要求。

摊铺时采用梯队作业的纵缝应采用热接缝，将已铺部分留下 100～200mm 宽暂不碾压，作为后续部分的基准面，然后做跨缝碾压以消除缝迹。

当半幅施工或因特殊原因而产生纵向冷接缝时，宜加设挡板或使用切刀切齐，也可在混合料尚未完全冷却前用镐刨除边缘留下毛槎，但不宜在冷却后采用切割机做纵向切缝。加铺另半幅前应涂洒少量沥青，重叠在已铺层上 50～100mm，再铲走铺在前半幅上面的混合料，碾压时由边向中碾压留下 100～150mm，再跨缝挤紧压实。或者先在已压实路面上行走碾压新铺层 150mm 左右，然后再压实新铺部分。

表面层横向接缝应采用垂直的平接缝，以下各层可采用自然碾压的斜接缝，沥青层较厚时也可做阶梯形接缝（图 3-10）。

| (a) 斜接缝 | (b) 阶梯形接缝 | (c) 平接缝 |

图 3-10 横向接缝的几种形式

斜接缝的搭接长度与层厚有关，宜为 0.4～0.8m。搭接处应洒少量沥青，混合料中的粗集料颗粒应予剔除，并补上细料，搭接平整，充分压实。阶梯形接缝的台阶经铣刨而成，并洒黏层沥青，搭接长度不宜小于 3m。

对于平接缝，宜趁尚未冷透时用凿岩机或人工垂直刨除端部层厚不足的部分，使工作缝成直角连接。当采用切割机制作平接缝时，宜在铺设当天混合料冷却但尚未结硬时进行。刨除或切割不得损伤下层路面。切割时留下的泥水必须冲洗干净，待切除断面干燥后涂刷黏层油。使用 3m 杠尺检测接缝处的平整度，不符合平整度要求的部分予以清除。摊铺前用熨平板预热，使接槎软化，保证新旧接槎粘接牢固。接缝碾压时，可沿道路垂直方向进行横向碾压，第一遍碾压时碾压轮大部分压在已完成的路面上，只有 10～15cm 压在新铺一侧，以后每碾压一遍就向新铺一侧延展 15～20cm，直至全部碾压轮压在新铺一侧为止结束横向碾压，改为纵向碾压，充分压实至达到压实度要求。碾压连接处应平顺，严禁在接缝处转向。

⑧ 热拌沥青混合料采用机械摊铺，摊铺温度应符合表 3-3 的规定。城镇快速路、主干

路宜采用两台以上摊铺机联合摊铺。

表 3-3　热拌沥青混合料施工温度　　　　　　　　　　单位：℃

施工工序		石油沥青的标号			
		50 号	70 号	90 号	110 号
沥青加热温度①		160～170	155～165	150～160	145～155
矿料加热温度	间隙式拌和机	集料加热温度比沥青温度高 10～30			
	连续式拌和机	集料加热温度比沥青温度高 5～10			
沥青混合料出料温度		150～170	145～165	140～160	135～155
混合料贮料仓贮存温度		矿(贮)料过程中温度降低不超过 10			
混合料废弃温度 ＞		200	195	190	185
运输到现场温度 ≥		145～165	140～155	135～145	130～140
混合料摊铺温度② ≥		140～160	135～150	130～140	125～135
开始碾压的混合料内部温度 ≥		80～85	70～80	65～75	60～70
		75	70	60	55
开放交通的路表温度 ≤		50	50	50	45

① 常温下宜用低值，地温下宜用高值。

② 视压路机类型而定。轮胎压路机取高值，振动压路机取低值。

（4）热拌沥青混合料路面的压实及成型

① 压实成型的沥青路面应符合压实度及平整度的要求。

② 沥青混凝土的压实层最大厚度不宜大于 100mm，沥青稳定碎石混合料的压实层厚度不宜大于 120mm，但当采用大功率压路机且经试验证明能达到压实度时允许增大到 150mm。

③ 沥青路面施工应配备足够数量的压路机，选择合理的压路机组合方式及初压、复压、终压（包括成型）的碾压步骤，以达到最佳碾压效果。铺筑双车道沥青路面的压路机数量不宜少于 5 台。施工气温低、风大、碾压层薄时，压路机数量应适当增加。

④ 碾压过程中压路机钢轮需要及时清理，可涂刷 1∶1 的植物油与水混合液以防止粘碾。

⑤ 压路机应以慢而均匀的速度碾压，压路机的碾压速度应符合表 3-4 的规定。压路机的碾压路线及碾压方向不应突然改变而导致混合料推移。碾压区的长度应大体稳定，两端的折返位置应随摊铺机前进而推进，横向不得在相同的断面上。

表 3-4　压路机碾压速度　　　　　　　　　　单位：km/h

压路机类型	初压		复压		终压	
	适宜	最大	适宜	最大	适宜	最大
钢筒压路机	1.5～2	3	2.5～3.5	5	2.5～3.5	5
轮胎压路机	—	—	3.5～4.5	6	4～6	8
振动压路机	1.5～2(静压)	5(静压)	1.5～2(振动)	1.5～2(振动)	2～3(静压)	5(静压)

⑥ 压路机的碾压温度应符规定的要求，并根据混合料种类、压路机、气温、层厚等情况经试压确定。在不产生严重推移和裂缝的前提下，初压、复压、终压都应在尽可能高的温度下进行。同时不得在低温状况下进行反复碾压，使石料棱角磨损、压碎，破坏集料嵌挤。

⑦ 沥青混合料的初压应符合下列要求。

热拌沥青混合料初压温度应以能稳定混合料，且不产生推移、发裂为度。

压路机应以慢而均匀的速度从外侧向中心碾压，在超高路段则由低向高碾压，在坡道上应将驱动轮从低处向高处碾压。

初压应采用重型双钢轮振动压路机碾压 1～2 遍（前进、后退组合为 1 遍），前进时不挂振，后退时挂振。前进转为倒退时操作应平稳，停机换向时应提前减速再慢慢停车，操作要柔和，不能紧急制动。

每次停车换向不能在同一横截面上，即每次倒轴应向前推进，呈阶梯形，纵向推进距离为 2～3m。

碾压过程中相邻碾压带挂振时的重叠度不大于 10cm，不挂振时的重叠度不小于 20cm。

压路机碾压过程中应保持碾压轮的清洁，如有混合料粘碾现象时必须立即清除。可向碾轮喷洒少量的自来水或加中性洗涤剂的自来水，禁止使用柴油喷洒碾轮而腐蚀热拌沥青混合料路面。对于喷水量要进行严格控制，需呈雾状喷洒，不得漫流，以防止混合料降温过快。

初压应在紧跟摊铺机后碾压，并保持较短的初压区长度，以尽快使表面压实，减少热量散失。对摊铺后初始压实度较大，经实践证明采用振动压路机或轮胎压路机直接碾压无严重推移而有良好效果时，可免去初压直接进入复压工序。

⑧ 复压应紧跟在初压后进行，并应符合下列要求。

复压应紧跟在初压后开始，且不得随意停顿。压路机碾压段的总长度应尽量缩短，通常不超过 60～80m。复压温度、速度应符合规定，相邻碾压带应重叠后轮 $\frac{1}{3}$～$\frac{1}{2}$ 轮宽。采用不同型号的压路机组合碾压时宜安排每一台压路机做全幅碾压。防止不同部位的压实度不均匀。

对粗集料为主的较大粒径的混合料，尤其是大粒径沥青稳定碎石基层，宜优先采用振动压路机复压。厚度小于 30mm 的薄沥青层不宜采用振动压路机碾压。振动压路机的振动频率宜为 35～50Hz，振幅宜为 0.3～0.8mm。层厚较大时选用高频率大振幅，以产生较大的激振力，厚度较薄时采用高频率低振幅，以防止集料破碎。相邻碾压带重叠宽度为 100～200mm。振动压路机折返时应先停止振动。

复压 3 遍时，随时检测路面压实度，压实度检测采用湿度密度仪。根据检测结果，确定是否达到密实度，如若达不到密实度，需要立即增加碾压遍数，直至达到密实度要求为止。

当采用三轮钢筒压路机时，总质量不宜小于 12t，相邻碾压带宜重叠后轮的 1/2 宽度，并不应少于 200mm。

对路面边缘、加宽及港湾式停车带等大型压路机难以碾压的部位，宜采用小型振动压路机或振动夯板做补充碾压（图 3-11）。

⑨ 终压应紧接在复压后进行，终压温度、速度应符合规定。如经复压后已无明显轮迹时可免去终压。终压可选用双轮钢筒压路机或关闭振动的振动压路机碾压不宜少于 2 遍，至无明显轮迹为止。终压收面过程中，应由专人用 3m 直尺在横向、纵向检查路面的平整度，如发现平整度不理想，则用压路机及时补压。

图 3-11 小型振动压路机施工

⑩ 压路机不得在未碾压成型路段上转向、调头、加水或停留。在当天成型的路面上，不得停放各种机械设备或车辆，不得散落矿料、油料等杂物。

（5）**封闭养护** 铺筑好的沥青层应严格控制交通，做好封闭保护，封闭现场应由专人看护。已铺筑的道路要保持整洁，不得造成污染，严禁在沥青层上堆放其他施工项目产生的土或杂物，严禁在已铺沥青层上制作、堆放水泥砂浆。

（6）开放交通　热拌沥青混合料路面应待摊铺路面层完全自然冷却，混合料表面温度低于50℃后，方可开放交通。

4. 施工总结

① 道路范围内的雨水口、检查井等应按设计标高预调高程。

② 与现况路面衔接处切成直槎，用直尺靠验，高程应符合要求，新老路面衔接应直顺、平整。

③ 透层油喷洒宜在成活基层表面稍干后进行，按设计规定用量喷洒。喷洒后应立即撒布石屑。

④ 热拌沥青混合料摊铺时，下卧层表面应干燥、清洁，无冰、雪、霜等。快速路、主干路热拌沥青混合料摊铺施工环境温度不宜低于10℃。环境温度较低时，应准备好挡风、加热、保温工具和设备等。沥青混合料的最低摊铺温度见表3-5。

表3-5　沥青混合料的最低摊铺温度　　　　　　　　　　　　　　单位：℃

下卧层的表面温度	相应于下列不同摊铺层厚度的最低摊铺温度（普通沥青混合料）		
	<50mm	50～80mm	>80mm
<5	不允许	不允许	140
5～10	不允许	140	135
10～15	145	138	132
15～20	140	135	130
20～25	138	132	128
25～30	132	130	126
>30	130	125	124

五、人工摊铺热拌沥青混合料面层施工

1. 施工现场图

人工摊铺热拌沥青混合料面层施工现场图见图3-12。

2. 注意事项

沥青混合料人工摊铺前应对下承层进行验收，检查项目应包括：线位、高程、宽度、厚度、横纵坡度、压实度、清洁度等。旧沥青路面或下卧层已被污染时，必须清洗或经铣刨处理后方可铺筑沥青混合料。

3. 施工做法详解

工艺流程 ≫≫≫≫ ·································

测量放线→热拌沥青混合料运输→沥青混合料摊铺→搂平→碾压→筛补→接茬。

（1）测量放线

① 根据设计文件在施工现场测设道路中线、边线线位和高程，采用5m方格网的形式将摊铺厚度标志于道路表面。变坡与弯道处基准桩应加密。

② 对道路面内检查井（图3-13）外露高程利用十字线法进行进一步量测复核。可采用在路缘石侧面弹线的方式标注边缘摊铺厚度。

图 3-12 人工摊铺热拌沥青混合料面层施工现场

图 3-13 检查井施工现场

（2）热拌沥青混合料运输

① 热拌沥青混合料宜采用较大吨位的运料车运输，但不得超载运输，不得急刹车、急弯调头使透层、封层、黏层造成损伤。运料车运输混合料时应用苫布覆盖，保温、防雨、防污染。

② 运料车进入摊铺现场时，轮胎上不得沾有泥土等可能污染路面的脏物，否则宜设水池洗净轮胎后进入工程现场。沥青混合料在摊铺地点凭运料单接收，若混合料不符合施工温度要求，或已经结成团块、已遭雨淋的混合料不得铺筑。

（3）沥青混合料摊铺

① 路幅宽度小于 20m 时应尽量采用全幅摊铺，保持横向齐头顺序前进，当路宽超过 20m 时采用分条摊铺。

② 摊铺应自路边开始，逐渐移向中心。注意检查两侧路缘石及雨水口周围情况，如有松动情况必须立即进行处理。

③ 采用扣锹摊铺时，要求锹锹重叠，用推车或装载机摊铺时应使用热锹摊平。

④ 摊铺施工人员要求职责明确，摊铺路线相对固定，防止相互干扰。

⑤ 热拌沥青混合料的松铺系数应根据混合料类型、施工机械和施工工艺等通过试验段确定，松铺系数可参照表 3-6 进行初选。摊铺过程中应随时检查摊铺层厚度及路拱、横坡。

表 3-6　热拌沥青混合料的松铺系数

种类	人工摊铺	种类	人工摊铺
沥青混凝土	1.25～1.50	沥青碎石	1.20～1.45

⑥ 摊铺段落要保证压路机正常行驶，不易过短，一般可参考表 3-7。

表 3-7　热拌沥青混合料的摊铺长度参考

无风时的气温/℃	摊铺段落长度/m	
	有建筑物防风路段	开阔路段
5～10	30～60	25～30
10～15	60～100	30～50
15～25	100～150	50～80
＞25	150～200	80～100

（4）搂平

① 搂平工作紧跟摊铺施工，随铺随搂，以路边路缘石弹线为准，向路中方格网平砖

图 3-14　搂平施工现场

搂平。窄于 9m 路宽，要全幅进行搂平（图 3-14）。

② 按摊铺宽度，由技术熟练人员分条迅速搂平，每人搂平宽度以 1.5～2.0m 为宜。搂平时要注意两人重叠部位的平整和颗粒均匀，虚厚掌握准确，相互配合紧密。

③ 设置专人负责全断面搂平找细工作，超出允许误差时，要及时进行修整。同时要随时使用 3m 直尺或水准仪检查平整度。

（5）碾压　参见机械摊铺沥青混合料及热拌再生沥青混合料面层施工中相关内容。

（6）筛补

① 沥青混合料要求粗细一致，不必强调细光。

② 对于局部粗麻现象，应在碾压一遍后用手工筛细料热修补，筛在碾压方向前方，随筛随压，但需要随时注意安全。

③ 石油沥青混凝土低于 70℃时应停止筛补，以免产生掉渣现象。

（7）接槎

① 横缝与纵缝都采用直槎热接。

② 为保证下次接槎质量，路面碾压成活后应立即划线用镐刨直槎，槎缝应与路线方向垂直或平行。刨除不得损伤下层路面。使用 3m 直尺检测接缝处的平整度，不符合平整度要求的部分予以清除。刨除后断面涂刷黏层油。

4. 施工总结

正式摊铺前，先进行试摊铺，用来检验：沥青混合料配比是否准确合理；压路机配备是否合理，初压、复压、终压三个阶段的碾压开始及结束温度，遍数及压路机吨位和碾速是否合适；确定沥青混合料摊铺松铺系数；检验施工人员的实际施工操作程序及人员配备是否合理；检验摊铺实际效果，量测各检验指标是否符合质量标准要求。

六、沥青贯入式面层施工

1. 施工现场照片

沥青贯入式面层施工现场图见图 3-15。

2. 注意事项

① 沥青贯入式路面施工前，基层必须清扫干净。当需要安装路缘石时，应在路缘石安装完成后施工。路缘石应予以遮盖。

② 对于乳化沥青贯入式路面（根据下承层基层类型），必须浇洒透层或黏层沥青。沥青贯入式路面厚度小于或等于 5cm 时，也应浇洒透层或黏层沥青。

③ 沥青贯入式面层宜在干燥和较热的季节施工，并宜在日最高温度低于 15℃到来以前半

图 3-15　沥青贯入式面层施工现场

个月结束。

3. 施工做法详解

工艺流程 ▶▶▶▶ ⋯⋯⋯⋯⋯⋯⋯⋯⋯⋯⋯⋯⋯⋯⋯⋯⋯⋯⋯⋯⋯⋯⋯⋯⋯⋯⋯

洒布透（黏）层油→主层石料施工→第一遍喷洒沥青、撒嵌缝料→第二遍喷洒沥青→罩面→铺砂初期养护。

（1）**洒布透（黏）层油** 施工时应根据路面宽度、洒油方式（图 3-16）、设备性能以及环境条件合理划分洒油宽度。确定每次洒油宽度后要做好标志，可用撒布少量石灰等材料作为标志。洒油接缝要做好处理，纵向接缝要重叠 10～15cm，横向接缝要重叠 20～30cm。对于局部露白或纵槎未能搭接好的情况，需要进行人工找补。正式洒油前要进行试验段施工，以对机械设备配备情况、人员操作熟练程度、材料使用效果及使用量进行验证。

（2）**主层石料施工** 采用摊铺机、平地机或人工摊铺主层集料，铺筑后严禁车辆通行。摊铺时根据设计厚度及压实系数确定松铺厚度，按照：松铺厚度＝设计厚度×压实系数，保证结构层厚度和设计横坡的要求。压实系数根据施工方式和试验段数据确定，试摊铺时人工摊铺可取 1.3～1.4，机械摊铺可取 1.2～1.25。摊铺时严格控制石料质量，石料堆底土要及时进行清理。

图 3-16　洒油施工现场

撒布后应采用 6～8t 的轻型钢筒压路机自路两侧向路中心碾压，碾压速度宜为 2km/h，每次轮迹重叠约 30cm，碾压一遍后检验路拱和纵向坡度，当不符合要求时，应调整找平后再压。然后用重型的钢轮压路机碾压，每次轮迹重叠 1/2 左右，宜碾压 4～6 遍，直至主层集料嵌挤稳定，表面平整，无明显轮迹，压实度达到设计要求。

整个碾压过程要求封闭社会交通，同时在施工中严禁施工机动车辆在上面掉头、转弯、刹车以防止表面松动。

在碾压过程中，如遇"弹簧"现象，应立即停止碾压，根据实际情况进行处理后再开始恢复碾压；如出现推移现象应适量洒水，整平后压实。

碾压要注意适度，防止发生过碾。如发生过碾，发现碎石呈圆球形或形成石粉过多，应将过碾部分碎石挖出，筛除细小石料、石粉，添加带有棱角的新料后重新进行碾压。

碎石压实后使用 15～25cm 的碎石嵌缝，并仔细扫墁均匀，使嵌缝料嵌入缝隙之内，洒水后进行碾压。碾压 3～5 遍后对质量进行检查，保证嵌缝至碎石紧密排列，碾压密实，均匀一致后准备喷洒沥青。

（3）**第一遍喷洒沥青、撒嵌缝料** 在喷洒沥青前，应将碎石表面清洁干净，保持干燥。碎石表面没有石粉，同时要注意对道路附属构筑物的成品做好保护工作。

根据要求均匀喷洒沥青，及时撒布嵌缝料使之均匀覆盖，撒布数量以均匀不重叠为宜。嵌缝料的撒布紧随沥青的喷洒，做到随洒随扫墁，对局部不均匀处及时进行找补。

嵌缝料在使用前应进行过筛处理，筛孔选择为 5mm 以清除石粉和浮土。有条件的也可采用水洗的方式去除浮土和石粉。

嵌缝料扫匀后立即用 8～12t 的钢筒压路机碾压，轮迹重叠轮宽的 1/2 左右，宜碾压 4～6 遍，直至稳定为止。碾压时随压随扫，使嵌缝料均匀嵌固。因气温较高使碾压过程中发生较大推移现象时，应立即停止碾压，待气温稍低时再继续碾压。

（4）**第二遍喷洒沥青**　第一遍嵌缝料碾压成活后，立即进行第二遍喷洒沥青。施工要求与第一遍相同。碾压时宜上重碾，碾压速度控制在 40m/min。

一般情况下当天碾压 2～3 遍，使得嵌缝料与下层结合牢固，第二天再碾压 4～6 遍，压制表面平整稍泛油迹，初步形成密实不透水的面层为止。

碾压中尽量避免找补，如有嵌缝料不均匀以及露油处可适当少量点补，并扫匀压实。

如发生粘碾现象，可根据实际情况选择中性隔离剂或食用植物油作为防粘措施，也可适当撒少量小一级的嵌缝料。

根据实际施工能力确定施工面积，各工序做到紧密衔接，以防止热沥青冷却造成粘接能力下降或产生尘土污染影响施工质量。

（5）**罩面**　罩面前应对路面进行清扫，喷洒沥青，自道路两侧开始向路中逐条推进。每次喷洒沥青时每段道路端点位置都应铺设彩条布或塑料布，避免出现沥青聚集区域形成油丁现象。凡出现油丁、油包，均需进行铲除。

沥青喷洒完成后立即撒布封层料，将粒料压入油中，趁热进行碾压。碾压使用 6～8t 的压路机，碾压 2～4 遍。

碾压至表面没有粒料后使用粗砂罩面（图 3-17），厚度不超过 5mm，此项作业宜在日间气温较高时段进行，以保证粗砂进入沥青中。

图 3-17　罩面施工现场

（6）**铺砂初期养护**　在沥青完全凝结后开始初期养护工作，注意交通量，在初期应逐步增加。放行通车后，如发现有局部泛油位置，应补撒封层罩面小料，并仔细扫墁均匀。如封面石屑被行车带走，甩出油多时应扫回扫匀漏油部位，油少时则将散失的浮石屑扫出路面。

4. 施工总结

① 碎石碾压成活时降低用水量，同时洒水作业要在午间以前完成。

② 喷油时间选择在上午 10 点之后，且要在下午 3 点前完成；地表温度低于 5℃时不要进行喷油施工。

③ 喷油与撒嵌缝料紧密相连，每次撒布长度要尽量缩短，喷油要保持均匀，一次喷足，减少找补。遇有风天气应避免进行喷油施工。

④ 施工前做好准备工作，保证喷油、撒料、扫墁、碾压等工序环节紧密衔接，中途没有间断、等候。

⑤ 沥青贯入式面层允许偏差应符合表 3-8 的规定。

表 3-8　沥青贯入式面层允许偏差

项目	允许偏差/mm	检测频率			检验方法
		范围/m	点数		
中心偏位	≤20	100	1		用经纬仪测量
纵断高程	±15	20	1		用水准仪测量
平整度	≤7	20	路宽/m	<9	1	用 3m 直尺或塞尺连续两次测量,取最大值
				9~15	2	
				>15	3	
宽度	不小于设计值	40	1		用钢尺测量
沥青总用量	±0.5%	每个工作日、每层	1		T0982
横坡	不反坡且不大于±0.3%	20	路宽/m	<9	2	用水准仪测量
				9~15	4	
				>15	6	
井框与路面的高差	≤5	每座	1		用尺测量,取最大值

七、沥青表面处置面层施工

1. 施工现场图

沥青表面处置面层施工现场图见图 3-18。

2. 注意事项

① 在环境最高温度低于 15℃ 时,不得进行沥青表面处治施工。

② 风力达到 4 级以上时不宜进行施工。

③ 降雨前不得进行沥青泼洒工作。

3. 施工做法详解

图 3-18　沥青表面处置面层施工现场

工艺流程

透层油施工→洒布第一层沥青和集料→碾压→洒布第二、三层沥青和集料→养护、开放交通。

(1) 透层油施工

① 在清扫干净的碎 (砾) 石路面上铺筑沥青表面处置面层时,应喷洒透层油。在旧沥青路面、水泥混凝土路面、块石路面上铺筑沥青表面处置面层时,可在第一层沥青用量中增加 10%~20%,不再另洒透层油或黏层油。

② 施工时应根据路面宽度、洒油方式和设备性能以及周边环境条件合理划分洒油宽度。确定每次洒油宽度后要做好标志,可用撒布少量石灰等材料作为标志。洒油接缝要做好处理。纵向接缝要重叠 10~15cm,横向接缝要重叠 20~30cm。对于局部露白或纵槎未能搭接好的情况,需要进行人工找补。正式洒油前要进行试验段施工,以对机械设备配备情况、人员操作熟练程度、材料使用效果及使用量进行验证。

(2) 洒布第一层沥青和集料　层铺法沥青表面处置面层宜采用沥青洒布车及集料撒布机联合作业。沥青洒布车喷洒沥青 (图 3-19) 时应保持稳定速度和喷洒量,并保持整个洒布宽度,喷洒均匀。小规模工程可采用机动或手摇的手工沥青洒布机洒布沥青。

① 沥青的洒布温度根据气温及沥青标号选择,石油沥青宜为 130~170℃,乳化沥青在常温下洒布,加温洒布的乳液温度不得超过 60℃。前后两车喷洒的接槎处用铁板或建筑纸

图 3-19 沥青洒布车喷洒沥青施工现场

铺 1~1.5m，使搭接良好。分几幅浇洒时，纵向搭接宽度宜为 100~150mm。洒布第二、三层沥青的搭接缝应错开。

② 洒布主层沥青后应立即用集料撒布机或人工撒布第一层主集料。撒布集料后应及时扫匀，达到全面覆盖、厚度一致、集料不重叠也不露出沥青的要求。局部有缺料时适当找补，积料过多时将多余集料扫出。两幅搭接处，第一幅洒布沥青应暂留 100~150mm 宽度不撒布石料，待第二幅一起撒布。

（3）**碾压**　撒布主集料后，不必等全段撒布完，可立即用 6~8t 的钢筒双轮压路机从路边向路中心碾压 3~4 遍，每次轮迹重叠约 300mm。碾压速度开始不宜超过 2km/h，以后可适当增加。

（4）**洒布第二、三层沥青和集料**　第二、三层的施工方法和要求应与第一层相同，但可以采用 8t 以上的压路机碾压。

（5）**养护、开放交通**

① 除乳化沥青表面处治应待破乳、水分蒸发并基本成型后方可通车外，沥青表面处置面层在碾压结束后即可开放交通，并通过开放交通补充压实，成型稳定。

② 在通车初期应设专人指挥交通或设置障碍物控制行车，限制行车速度不超过 20km/h，严禁畜力车及铁轮车行驶，使路面全部宽度均匀压实。

③ 沥青表面处置面层应注意初期养护。当发现有泛油时，应在泛油处补撒与最后一层石料规格相同的嵌缝料并扫匀，过多的浮料应扫出路外。

4. 施工总结

沥青表面处置面层允许偏差应符合表 3-9 的规定。

表 3-9　沥青表面处置面层允许偏差

项目	允许偏差/mm	检测频率			检验方法
		范围	点数		
纵断高程	±15mm	100m	1		用水准仪测量
中线偏位	≤20mm	20m	1		用经纬仪测量
平整度	≤7mm	20m	路宽/m	<9	1	用 3m 直尺和塞尺连续测量两次，取较大值
				9~15	2	
				>15	3	
宽度	不小于设计规定	40m	1		用钢尺测量
横坡	±0.3%且不反坡	20m	路宽/m	<9	2	用水准仪测量
				9~15	4	
				>15	6	
厚度	-5~+10mm	1000m²	1		钻孔，用钢尺测量
弯沉值	符合设计要求	设计要求时	—		弯沉仪测定
沥青总用量	±0.5%总用量	每个工作日，每层	1		T0982

第二节 ▶ 水泥混凝土、料石及预制砖面层施工

扫码看视频

水泥混凝土
面层施工

一、水泥混凝土面层施工

1. 示意图和施工现场图

水泥混凝土接缝示意图和面层施工现场图分别见图 3-20 及图 3-21。

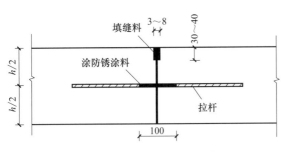

图 3-20 水泥混凝土接缝示意

图 3-21 水泥混凝土面层施工现场

2. 注意事项

① 养护期间，进行封闭，断绝交通，不得上人和施工机械。

② 养护时间必须大于规定时间。或者达到混凝土设计强度的 75%，养护时间大于 7d 后方可恢复交通。

③ 切缝、灌缝等工艺应立即进行，避免缝被杂物填实或污染。

3. 施工做法详解

工艺流程

模板安装→钢筋设置→混凝土摊铺→接缝处理→抹面、拉毛→养护→拆模。

（1）**模板安装** 根据设计图纸放出路线中心线及路面边线；在路线两旁布设临时水准点，以便施工时就近对路面进行标高复核。在处理好的基层或做好的调平层上，清扫杂物及浮土，然后再支立模板，模板高度与路面高度相齐平，宜采用钢模板。模板的制作与立模应符合下列规定。

① 模板应与混凝土的摊铺机械相匹配，模板的高度与混凝土板厚度一致；钢模板应直顺、平整，每 1m 设置 1 处支撑装置。木模板应选用质地坚实、变形小，无腐朽、扭曲、裂纹的木料。木模板（图 3-22）直线部分板厚不宜小于 5cm，每 0.8～1m 设 1 处支撑设置。弯道部分板厚宜为 1.5～3cm，每 0.5～0.8m 设 1 处支撑装置，模板与混凝土接触面及模板顶面应刨光。其高度应与混凝土板厚一致。模板内侧面、顶面要刨

图 3-22 木模板安装施工

光，拼缝紧密牢固，边角平整无缺口。

② 模板制作允许偏差应符合表 3-10 的规定。

表 3-10　模板制作允许偏差

检测项目	施工方式		
	三辊轴机组	轨道摊铺机	小型机具
高度/mm	±1	±1	±2
局部变形/mm	±2	±2	±3
两垂直边夹角/(°)	90±2	90±1	90±3
顶面平整度/mm	±1	±1	±2
侧面平整度/mm	±2	±2	±3
纵向直顺度/mm	±2	±1	±3

③ 立模的平面位置与高程，应符合设计要求。模板按预定位置安放在基层上，两侧用铁钎打入基层以固定位置，模板顶面用水准仪核查其标高，不符合时予以调整，施工时应经常校验，严格控制模板标高和平面位置。模板接头应紧密平顺，不得有离缝、前后错槎、高低不平等现象。模板接头和模板与基层接触处均不得漏浆。模板与混凝土接触的表面应涂隔离剂。

(2) 钢筋设置　钢筋混凝土板中钢筋网片的安放应符合下列规定。

① 不得踩踏钢筋网片。

② 安放单层钢筋网片时，应在底部先摊铺一层混凝土拌和物，摊铺高度应在钢筋网片设计位置预加一定的沉落度。待钢筋网片安放就位后，再继续浇筑混凝土。

图 3-23　安放双层钢筋网片

③ 安放双层钢筋网片（图 3-23）时，对厚度不大于 25cm 的板，上下两层钢筋网片可事先用架立筋扎成骨架后一次安放就位。厚度大于 25cm 的，上下两层钢筋网片应分两次安放。安放角隅钢筋时，应先在安放钢筋的角隅处摊铺一层混凝土拌和物。摊铺高度应比钢筋设计位置预加一定的沉落度。角隅钢筋就位后，用混凝土拌和物压住。安放边缘钢筋时，应先沿边缘铺筑一层混凝土拌和物，拍实至钢筋设置高度，然后安放边缘钢筋，在两端弯起处，用混凝土拌和物压住。

④ 钢筋加工允许偏差应符合表 3-11 的规定。

表 3-11　钢筋加工允许偏差

项目	焊接钢筋网及骨架允许偏差/mm	绑扎钢筋网及骨架允许偏差/mm	检验频率		检验方法
			范围	点数	
钢筋网的长度与宽度	±10	±10	每检验批	抽查 10%	用钢尺测量
钢筋网眼尺寸	±10	±20			用钢尺测量
钢筋骨架宽度与高度	±5	±5			用钢尺测量
钢筋骨架的长度	±10	±10			用钢尺测量

⑤ 钢筋安装允许偏差应符合表 3-12 的规定。

⑥ 混凝土抗压强度达到 8.0MPa 及以上方可拆模。当缺乏强度实测数据时，侧模允许最早拆模时间宜符合表 3-13 的规定。

表 3-12　钢筋安装允许偏差

项目		允许偏差/mm	检验 范围	频率 点数	检验方法
受力钢筋	排距	±5			用钢尺测量
	间距	±10			
钢筋弯起点位置		20			用钢尺测量
箍筋、横向钢筋间距	绑扎钢筋网及钢筋骨架	±20	每检验批	抽查 10%	用钢尺测量
	焊接钢筋网及钢筋骨架	±10			
钢筋预埋位置	中心线位置	±5			用钢尺测量
	水平高差	±3			
钢筋保护层	距表面	±3			用钢尺测量
	距底面	±5			

表 3-13　混凝土侧模的允许最早拆模时间　　　　　　　　　　单位：h

类别	昼夜平均气温							
	−5℃	0℃	5℃	10℃	15℃	20℃	25℃	≥30℃
硅酸盐水泥、R 型水泥	240	120	60	36	34	28	24	18
道路、普通硅酸盐水泥	360	168	72	48	36	30	24	18
矿渣硅酸盐水泥	—	—	120	60	50	45	36	24

（3）混凝土摊铺

① 人工小型机具施工水泥混凝土路面层，应符合下列规定。

a. 混凝土松铺系数宜控制在 1.10～1.25。

b. 摊铺厚度达到混凝土板厚度的 2/3 时，应拔出模内钢钎，并填实钎洞。

c. 混凝土面层分两次摊铺时，上层混凝土的摊铺应在下层混凝土初凝前完成，且下层厚度宜为总厚度的 3/5。

d. 混凝土摊铺应与钢筋网、传力杆及边缘角隅钢筋的安放相配合。

e. 一块混凝土板应一次连续浇筑完毕。

f. 混凝土采用插入式振捣器振捣时，不应过振，且振动时间不宜少于 30s，移动间距不宜大于 50cm。使用平板振捣器振捣时应重叠 10～20cm，振捣器行进速度应均匀一致。

g. 真空脱水作业应符合下列要求。

真空脱水应在面层混凝土振捣后、抹面前进行。开机后应逐渐升高真空度，当达到要求的真空度，开始正常出水后，真空度应保持稳定，最大真空度不宜超过 0.085MPa，待达到规定脱水时间和脱水量时，应逐渐减小真空度。真空系统安装与吸水垫放置位置，应便于混凝土摊铺与面层脱水，不得出现未经吸水的脱空部位。混凝土试件，应与吸水作业同条件制作、同条件养护。真空吸水作业后，应重新压实整平，并拉毛、压痕或刻痕。

h. 成活应符合下列要求。

现场应采取防风、防晒等措施；抹面拉毛等应在跳板上进行，抹面时严禁在板面上洒水、撒水泥粉。采用机械抹面时，真空吸水完成后即可进行。先用带有浮动圆盘的重型抹面机粗抹，再用带有振动圆盘的轻型抹面机或人工细抹一遍。混凝土抹面不宜少于 4 次，先找平、抹平，待混凝土表面无泌水时再抹面，并依据水泥品种与气温控制抹面间隔时间。

② 三辊轴机组铺筑应符合下列规定。

a. 三辊轴机组铺筑混凝土面层（图 3-24）时，辊轴直径应与摊铺层厚度匹配，且必须同时配备一台安装插入式振捣器组的排式振捣机，振捣器的直径宜为 50～100mm，间距不应大于其有效作用半径的 1.5 倍，且不得大于 50cm。

图 3-24 三辊轴机组铺筑混凝土面层

b. 当面层铺装厚度小于 15cm 时，可采用振捣梁。其振捣频率宜为 50～100Hz，振捣加速度宜为（4～5）g（g 为重力加速度）。

c. 当一次摊铺双车道面层时，应配备纵缝拉杆插入机，并配有插入深度控制和拉杆间距调整装置。

d. 铺筑作业应符合下列要求。

卸料应均匀，布料应与摊铺速度相适应。

设有接缝拉杆的混凝土面层，应在面层施工中及时安设拉杆。

三辊轴整平机分段整平的作业单元长度宜为 20～30m，振捣机振实与三辊轴整平工序之间的时间间隔不宜超过 15min。

在一个作业单元长度内，应采用前进振动、后退静滚方式作业，最佳滚压遍数应经过试铺确定。

③ 采用轨道摊铺机铺筑时，最小摊铺宽度不宜小于 3.75m，并应符合下列规定。

a. 应根据设计车道按表 3-14 中的技术参数选择摊铺机。

表 3-14　轨道摊铺机基本技术参数

项目	发动机功率/kW	最大摊铺宽度/m	摊铺厚度/m	摊铺速度/(m/min)	整机质量/t
三车道轨道摊铺机	33～45	11.75～18.3	250～600	1～3	13～38
双车道轨道摊铺机	15～33	7.5～9.0	250-600	1～3	7～13
单车道轨道摊铺机	8～22	3.5～4.5	250～450	1～4	≤7

b. 坍落度宜控制在 20～40mm。不同坍落度时的松铺系数可参考表 3-15 确定，并按此计算出松铺高度。

表 3-15　松铺系数与坍落度的关系

坍落度/mm	5	10	20	30	40	50	60
松铺系数	1.30	1.25	1.22	1.19	1.17	1.15	1.12

c. 当施工钢筋混凝土面层时，宜选用两台箱形轨道摊铺机分两层两次布料。下层混凝土的布料长度应根据钢筋网片长度和混凝土凝结时间确定，且不宜超过 20m。

d. 轨道摊铺机振实作业应符合下列要求。

轨道摊铺机应配备振捣器组，当面板厚度超过 150mm、坍落度小于 30mm 时，必须插入振捣。

轨道摊铺机应配备振动梁或振动板，对混凝土表面进行振捣和修整。使用振动板振动提浆饰面时，提浆厚度宜控制在（4±1）mm。面层表面整平时，应及时清除余料，用抹平板完成表面修整。

（4）**接缝处理**

① 胀缝施工，应符合下列规定。

a. 胀缝应与路面中心线垂直，缝壁必须垂直，缝隙宽度必须一致；缝中不得连浆。缝隙上部应浇灌填缝料，下部应设置胀缝板。

b. 胀缝传力杆的活动端，可设在缝的一边或交错布置，固定后的传力杆必须平行于板面及路面中心线，其误差不得大于 5mm，传力杆的固定，可采用顶头模板固定或支架固定安装的方法。

② 缩缝的施工，应采用切缝法。当受条件限制时，可采用压缝法。

a. 切缝法施工（图 3-25）。当混凝土达到设计强度的 25%～30% 时，应采用切缝机进行切割。切缝用水冷却时，应防止切缝水渗入基层和土基。

b. 压缝法施工。当混凝土拌和物成活后，立即用振动压缝刀压缝。当压至规定深度时，应提出压缝刀，用原浆修平缝槽，严禁另外调浆。然后放入铁制或木制嵌条，再次修平缝槽，待混凝土拌和物初凝前泌水后，取出嵌条，形成缝槽。

图 3-25　切缝法施工现场

③ 施工缝的位置应与缩缝设计位置吻合。施工缝应与路面中心线垂直；多车道路面及民航机场道面的施工缝应避免设在同一横断面上。施工缝传力杆长度的一半锚固于混凝土中，另一半应涂沥青，允许滑动。传力杆必须与缝壁垂直。

④ 纵缝施工方法，应按纵缝设计要求确定，并应符合下列规定。

a. 平缝纵缝：对已浇混凝土板的缝隙应涂刷沥青，并应避免涂在拉杆上。浇筑邻板时，缝的上部应压成规定深度的缝槽。

b. 企口缝纵缝：宜先浇筑混凝土板凹榫的一边；缝壁应涂刷沥青。浇筑邻板时应靠缝壁进行。

c. 整幅浇筑纵缝的切缝或压缝，应符合前面缩缝的施工方法。

纵缝设置拉杆时，拉杆应采用螺纹钢筋，并应设置在板厚中间。设置拉杆的纵缝模板，应预先根据拉杆的设计位置放样打眼。

⑤ 混凝土板养护期满后，缝槽应及时填缝，在填缝前必须保持缝内清洁，防止砂石等杂物掉入。

⑥ 采用灌入式填缝的施工，应符合下列规定。

a. 灌注填缝料必须在缝槽干燥状态下进行，填缝料应与混凝土缝壁黏附紧密，不渗水。

b. 填缝料的灌注深度宜为 3～4cm。当缝槽大于 3～4cm 时，可填入多孔柔性衬底材料。填缝料的灌注高度，夏天宜与板面平；冬天稍低于板面。

c. 热灌填缝料加热时，应不断搅拌均匀，直至规定温度。当气温较低时，应用喷灯加热缝壁。施工完毕，应仔细检查填缝料与缝壁的黏结情况，有开脱处，应用喷灯小火烘烤，使其黏结紧密。

⑦ 填缝采用预制嵌缝条的施工，应符合下列规定。

a. 预制胀缝板嵌入前，缝壁应干燥，并清除缝内杂物，使嵌缝条与缝壁紧密结合。

b. 缩缝、纵缝、施工缝的预制嵌条缝，可在缝槽形成时嵌入。嵌缝条应顺直整齐。

(5) **抹面、拉毛**

① 吸水工艺布设条件及施工要点。

a. 混凝土面层作业中，经行夯充分振捣，找夯、找细、找平，混凝土表面初步整平（第一遍抹子之前），略具硬挺程度时候即可布设。

从浇筑起始块开始逐块循序进行。

b. 按混凝土面层成活块大小，布置气垫薄膜，真空泵应在混凝土板块外，有利排水、不妨碍其他作业处放置。

c. 铺放尼龙滤布，上放盖垫，并向混凝土板两边摊开，盖垫四周应伸出尼龙滤布 10cm。

d. 确保吸垫紧密贴合在混凝土表面，真空表读数应为 400～680mmHg（1mmHg＝133.32Pa）。

e. 真空吸水处理时间与混凝土板厚度有关，一般是 1cm 厚度用 1min 左右，但不允许在出水量很少的情况下长时间运输，否则水温会上升。水温越高，真空度下降越多，吸水能力越低。真空作业的混凝土板厚不宜超过 30cm。

f. 水达到预定的时间后，掀起盖垫的两个短边，露出尼龙布 2cm，继续抽出真空并逐渐减弱保持一个短的时间，以除去残留水分。

g. 经吸水后，混凝土表面进一步变硬，可立即抹面找平，靠近模板及接缝处由人工抹面刷毛或滚花。养护时应立即覆盖。

② 抹面、拉毛操作细节。

a. 水泥混凝土路面抹面及拉毛操作的好坏，可直接影响到平整度、粗糙度和抗磨性能，混凝土终凝前必须收水抹面。抹面前，先清边整缝，清除粘浆，修饰掉边、缺角。抹面一般

图 3-26 抹面机施工现场

用小型电动抹面机（图 3-26），先装上圆盘进行粗光，再装上细抹叶片进行精光。操作时来回抹平，操作人员来回抹面重叠一部分，初步抹面需在混凝土整平 10min 后进行，冬季施工还应延长时间。抹面机抹平后，有时再用拖光带横向轻轻拖拉几次。抹面后，当用食指稍微加压按下能出现 2mm 左右深度的凹痕时，即为最佳拉毛时间，拉毛深度 1～2mm。

b. 拉毛时，拉纹器靠住模板，顺横坡方向进行，一次进行中，中途不得停留，这样拉毛纹理顺畅美观且形成沟通的沟槽而利于排水。

(6) **养护** 当混凝土表面有相当硬度时，一般用手指轻压无痕迹，就可用湿草垫或湿麻袋覆盖，洒水养护时应注意水不能直接浇在混凝土表面上，当遇到大雨或大风时，要及时覆盖润湿草垫。每天用洒水车勤洒水养护，保持草垫或麻袋湿润。加入减水剂的混凝土强度 5d 可达 80％以上，此时可撤掉草垫或湿麻袋，放行通车后，仍需洒水养护 2～3d。

混凝土在养护期间和填缝前，应禁止车辆通行，在达到设计强度的 40％后，方可允许上人。在面层混凝土弯拉强度达到设计强度，且填缝完成前不得开放交通。

(7) **拆模** 拆模时先取下模板支撑、铁钎等，然后用扁头铁撬棍插入模板与混凝土之间，慢慢向外撬动，切勿损伤混凝土板边，拆下的模板应及时清理保养并放平堆好，防止变

形，以便转移他处使用。

4. 施工总结

① 采用机械施工时注意操作规程，对机械性能及使用方法应有详细的安全交底和技能培训。特种机械必须由有资质的机械手操作方能使用。

② 施工现场严格执行三相五线制，配电系统实行三级配电两级漏电保护，严格电工值班制度。

③ 运输车辆的进出场必须对车轮进行清理。

④ 养护时可采用锯末、无纺布等聚水，避免长流水。

⑤ 临近居民区施工作业时，采取低噪声振捣棒，降低噪声污染。

⑥ 混凝土路面允许偏差应符合表 3-16 的规定。

表 3-16　混凝土路面允许偏差

项目		允许偏差或规定值/mm		检验频率		检验方法
		城市快速路、主干路	次干路、支路	范围/m	点数	
纵断高程		±15		20	1	用水准仪测量
中线偏位		≤20		100	1	用经纬仪测量
平整度	标准偏差 σ	≤1.2	≤2	100	1	用测平仪检测
	最大间隙	≤3	≤5	20	1	用 3m 直尺和塞尺连续测量两次,取最大值
宽度		−20～0		40	1	用钢尺测量
横坡		±0.30% 且不反坡		20	1	用水准仪测量
井框与路面高差		≤3		每座	1	十字法,用直尺和塞尺测量,取最大值
相邻板高差		≤3		20	1	用钢板尺和塞尺测量
纵缝直顺度		≤10		100	1	用 20m 线和钢尺测量
横缝直顺度		≤10		40	1	
蜂窝麻面面积		≤2%		20	1	观察和用钢板尺测量

二、料石面层施工

1. 示意图和施工现场图

料石面层施工示意图和现场图分别见图 3-27 及图 3-28。

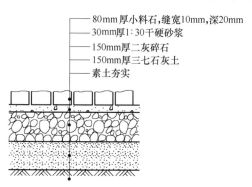

— 80mm厚小料石,缝宽10mm,深20mm
— 30mm厚1:30干硬砂浆
— 150mm厚二灰碎石
— 150mm厚三七石灰土
— 素土夯实

图 3-27　料石面层施工示意

图 3-28　料石面层施工现场

2. 注意事项

① 在有交通的情况下，作业区域设置红色锥桶警示，夜间施工要有足够的照明。

② 施工过程中产生的垃圾应及时清运，防止扬尘。

③ 施工过程中要做到活完料净脚下清。

④ 料石面层养护期间不得放行交通。

3. **施工做法详解**

工艺流程 ▶▶▶▶

测量放线→铺砌→修正、填缝→养护。

（1）**测量放线** 对基层进行验收，合格后方可进行下道工序。

按照控制点定出方格坐标线，并挂线，按分段冲筋（铺装样板条）随时检查位置与高程。

铺砌控制基线的设置距离，直线段宜为5～10m，曲线段应视情况适度加密。

（2）**铺砌** 石材铺装要轻拿轻放，用橡胶锤或木锤（钉橡胶）敲实（图3-29）。不得损坏石材边角。

铺砌时应采用干硬性水泥砂浆，虚铺系数应经试验确定。

铺砌中砂浆应饱满，且表面平整、稳定、缝隙均匀。与检查井等构筑物相接时，应平整、美观，不得反坡。不得用在料石下填塞砂浆或支垫方法找平。

伸缩缝材料应安放平直，并应与料石粘贴牢固。

（3）**修正、填缝** 铺好石材后应沿线检查平整度，发现有位移、不稳、翘角、与相邻板不平等现象，应立即修正。检查合格后，应及时灌缝（图3-30）。

图3-29 铺砌施工现场

图3-30 灌缝施工现场

（4）**养护** 铺砌面层完成后，必须封闭交通，并应湿润养护，当水泥砂浆达到设计强度后，方可开放交通。

4. **施工总结**

① 施工前需根据现场实际情况进行详细的安全交底，作业上空和周边无安全隐患后方可作业。

② 料石搬运过程中注意堆放高度不超过1.5m。

③ 材料搬运过程中轻拿轻放，保证料石的边角不受人为磕碰。砌筑过程中，拌和砂浆不在面层上直接进行，并及时清理落地砂浆，避免料石表面造成污染。

④ 料石面层允许偏差应符合表3-17规定。

表 3-17 料石面层允许偏差

项目	允许偏差 /mm	检验频率		检验方法
		范围/m	点数	
纵断高程	±10	10	1	用水准仪测量
中线偏位	≤20	100	1	用经纬仪测量
平整度	≤3	20	1	用3m直尺和塞尺连续2次测量,取最大值
宽度	不小于设计	40	1	用钢尺测量
横坡	±0.3%且不反坡	20	1	用水准仪测量
井框与路面高差	≤3	每座	1	十字法,用直尺和塞尺量,取最大值
相邻块高差	≤2	20	1	用钢板尺测量
纵横缝直顺度	≤5	20	1	用20m线和钢尺测量
缝宽	−2～+3	20	1	用钢尺测量

三、预制砖面层施工

1. 施工现场图

预制砖（砌块）面层斜铺和平铺施工现场图见图 3-31 及图 3-32。

图 3-31 预制砖面层斜铺施工现场

图 3-32 预制砖面层平铺施工现场

2. 注意事项

① 在有交通的情况下，作业区域设置红色锥桶警示，夜间施工要有足够的照明。

② 施工过程中产生的垃圾应及时清运，防止扬尘。

③ 料石面层养护期间不得放行交通。

3. 施工做法详解

 工艺流程 ⫸⫸⫸ ·······························

测量放线→铺砌→修正、填缝→养护。

（1）**测量放线** 对基层进行验收，合格后方可进行下道工序。

按照控制点定出方格坐标线，并挂线，按分段冲筋（铺装样板条）随时检查位置与高程。

铺砌控制基线的设置距离，直线段宜为5～10m，曲线段应视情况适度加密。

（2）**铺砌** 石材铺装要轻拿轻放，用橡皮锤或木锤（钉橡皮）敲实。不得损坏石材边角。

铺砌应采用干硬性水泥砂浆，虚铺系数应经试验确定。

铺砌中砂浆应饱满，且表面平整、稳定、缝隙均匀。与检查井等构筑物相接时，应平整、美观，不得反坡。不得用在料石下填塞砂浆或支垫方法找平。

伸缩缝材料应安放平直，并应与料石粘贴牢固。

（3）**修正、填缝**　铺好石材后应沿线检查平整度，发现有位移、不稳、翘角、与相邻板不平等现象，应立即修正。检查合格后，应及时灌缝。

（4）**养护**　铺砌面层完成后，必须封闭交通，并应湿润养护，当水泥砂浆达到设计强度后，方可开放交通。

4. 施工总结

① 施工前需根据现场实际情况进行详细的安全交底，以及作业上空及周边无安全隐患后方可作业。

② 料石搬运过程中注意堆放高度不超过 1.5m。

③ 材料搬运过程中轻拿轻放，保证料石的边角不受人为磕碰。砌筑过程中，拌和砂浆不在面层上直接进行，并及时清理落地砂浆，避免料石表面造成污染。

④ 砌块的加工尺寸与外观质量应符合表 3-18 的规定。

表 3-18　砌块加工尺寸与外观质量允许偏差

项目		允许偏差/mm
长度、宽度		±2.0
厚度		±3.0
厚度差(同一砌块)		≤3.0
平整度		≤2.0
垂直度		≤2.0
正面粘皮及缺损的最大投影尺寸		≤5
缺棱掉角的最大投影尺寸		≤10
裂纹	非贯穿裂纹最大投影尺寸	≤10
	贯穿裂纹	不允许
分层		不允许
色差、杂色		不允许

第四章

道路附属工程施工

第一节 ▶ 地下人行道路施工

一、现浇钢筋混凝土地下人行通道施工

1. 示意图和施工现场图

地下通道导墙示意图和地下通道施工现场图分别见图 4-1 及图 4-2。

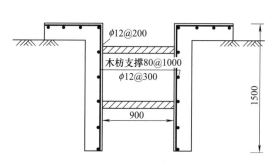

图 4-1 地下通道导墙示意

图 4-2 地下通道施工现场

2. 注意事项

① 基础混凝土施工中要有防雨设施，避免混凝土浇筑时，终凝前表面遭雨淋水冲。

② 现浇混凝土拆模后要及时覆盖并洒水养护，尤其是夏季气温高，防止混凝土表面出现干裂现象。

③ 当混凝土强度达到设计强度的 75% 以上时，方可拆除侧面模板。拆模时不要硬砸硬敲，损坏混凝土的表面及棱角。基础混凝土达到设计强度的 25% 以上时方可搭设墙体模板。

④ 各种施工机械要定期检查、保养；施工前施工人员要对操作人员进行交底；严禁无证上岗，违章驾驶。

⑤ 施工现场应经常洒水，运土车辆出场前应进行清洗。

⑥ 混凝土罐车退场前应在指定地点清洗料斗及轮胎。

⑦ 临近居民区施工作业时，采取低噪声振捣棒，降低噪声污染。

3. 施工做法详解

测量放线→基坑开挖→混凝土垫层→防水层施工→底板钢筋绑扎→底板模板支立→底板混凝土浇筑→侧墙钢筋绑扎→侧墙模板支立→侧墙混凝土浇筑→顶板模板支立→顶板钢筋绑扎→顶板混凝土浇筑→侧墙及顶板防水、保护层→基坑回填。

（1）测量放线

① 基槽放样　用全站仪定出通道的实际位置，根据通道位置放出基槽开挖边线（撒白灰线并打桩），经复核准确无误后，将控制桩钉在不易被扰动的地点，绘出坐标高程控制网，填写测量成果表，核验后，准备基槽开挖。

② 垫层放样（图4-3）　在开挖好并验收合格后的基底放出垫层结构边线并打桩挂线，要求挂线控制高程，在垫层结构范围内用混凝土灰饼或打桩挂线的方法控制垫层表面混凝土高程。

③ 底板、侧墙的放样　在完成的垫层混凝土上弹底板结构线及模板检查线，在完成的底板混凝土上弹侧墙结构线及模板检查线。

④ 顶板放样　在已支设好的顶板底模上弹出侧模边线及检查线，用水准仪控制顶板排架高程。

（2）基坑开挖（图4-4）　基础土方采用机械开挖，人工配合，槽底留20cm由人工清除，避免扰动地基原状土。基槽挖至设计高程后，对槽底进行钎探试验，确定地基承载力，同时约请建设单位、勘察单位、设计单位、管理单位及监理单位对槽底进行验槽；如槽底土质不良或承载力不够，与各单位商定处理方法。

图4-3　垫层放样现场

图4-4　地下人行通道基坑开挖施工现场

（3）混凝土垫层　垫层模板可用方木支立，模板背后支撑牢固。垫层混凝土采用平板振捣器振捣密实，初凝前用木抹子将面层赶光压实。垫层混凝土强度达到后方可进行下一道工序。

（4）防水层施工　防水层施工应由有相应资质的专业施工单位进行。

卷材施工采用热熔满贴法，先将基层清扫干净，满刮一遍沥青冷底子油，待冷底子油干燥不粘脚以后，沿横通道方向铺贴防水卷材，卷材纵横向搭接宽度不少于10cm，每幅两端预留50cm留作侧墙防水时卷贴在侧墙上，保证整个通道防水层一体、严密，防水层施工完成后，用5mm厚C25豆石混凝土作保护层，用木抹子压光、赶实。

（5）底板钢筋绑扎（图4-5）

① 钢筋尺寸按设计图纸尺寸加工，钢筋表面干净、无锈迹、污垢，钢筋绑扎必须扎紧，不得有松动、位移等情况，绑丝头必须弯曲背向模板。

② 焊接钢筋前不得有水锈、油渍，焊缝处不得咬肉、裂纹、夹渣，焊皮应敲除干净。双面焊缝长度不小于 $5d$（d 为焊接钢筋最大直径），单面焊缝长度不小于 $10d$。

③ 严格控制墙体预埋钢筋位置，保证准确无误并与基础钢筋连接牢固。

④ 绑扎或焊接成形的钢筋必须牢固稳定，浇筑混凝土时不得松动和变形。

⑤ 钢筋加工与安装偏差应符合表 4-1 和表 4-2 的规定。

图 4-5　底板钢筋绑扎现场

表 4-1　钢筋加工允许偏差

序号	项目	允许偏差/mm	检验频率		检验方法
			范围	点数	
1	受力钢筋成形长度	−10～+5	每根（每一类型抽查10%且不少于 5 根）	1	用钢尺测量
2	箍筋尺寸	−3～0	—	2	用钢尺测量宽、高,各计一点

表 4-2　钢筋成形与安装允许偏差

序号	项目	允许偏差/mm	检验频率		检验方法
			范围	点数	
1	配置两排以上受力筋时钢筋的排距	±5	每 10m	2	用钢尺测量
2	受力筋间距	±10	—	2	用钢尺测量
3	箍筋间距	±20	—	2	五个箍筋间距测量一次
4	保护层厚度	±5	—	2	用钢尺测量

（6）**底板模板支立**　底板模板可选用组合钢模板或木模板现场拼装，模板必须稳定牢固，模板拼缝严密不露浆，模板隔离剂涂刷均匀，不得污染钢筋。基础模板允许偏差见表 4-3。

表 4-3　基础模板允许偏差

序号	项目		允许偏差/mm	检验频率		检验方法
				范围/m	点数	
1	相邻两板表面高差	刨光模板	≤2	20	2	用钢尺和塞尺测量
		不刨光模板	≤4			
		钢模板	≤2			
2	表面平整度	刨光模板	≤3	20	2	用 2m 直尺和塞尺测量
		不刨光模板	≤5			
		钢模板	≤3			
3	断面尺寸	宽度	±10	20	2	用钢尺测量
		高度	±10			
4	轴线偏位	杯槽中心线	≤10	20	1	用经纬仪测量
5	杯槽底面高程		−10～+5	20	1	用水准仪测量
6	预埋件	高程	±5	每个	1	用水准仪和钢尺测量
		偏位	≤15			

（7）**底板混凝土浇筑**　底板混凝土浇筑（图 4-6）应以变形缝为界跳仓施工。底板混凝土浇筑前先将模内杂物清理干净，远点使用泵车，近点使用溜槽，从两端向中间分层浇筑，分层振捣；分层厚度为振捣器作用部分长度的 1.25 倍，振捣棒移动间距不应超过振捣器作用半径的 1.5 倍，做到"快插慢拔"，振捣至混凝土表面平坦泛浆，不再下沉，不出现气泡为止；上一层混凝土振捣时插入下一层混凝土 5～10cm；振捣棒不许触碰钢筋和预埋件，振捣时设专人看模，严防跑模。混凝土浇筑完成后及时覆盖，洒水养护。

（8）**侧墙模板支立**（图 4-7）

图 4-6　底板混凝土浇筑施工现场　　　　　图 4-7　侧墙模板支立施工现场

① 按位置线安装墙体模板，模板应牢固，下口处加扫地方木，模内加方木支撑，以防模板在浇筑混凝土时松动、跑模。

② 按照模板设计方案先拼装好一侧模板并按位置线就位，然后安装拉杆及斜撑，安装套管及穿墙螺栓，穿墙螺栓规格和间距在模板设计中应明确规定。

③ 清扫墙内杂物，再安装另一侧模板，调整支撑至模板垂直后拧紧对拉螺栓。

④ 模板脱模剂涂刷应均匀，不得污染钢筋。

⑤ 模板安装完成后，检查扣件、螺栓是否牢固，模板拼缝及下口是否严密，并办理验收手续。

侧墙（顶板）模板安装允许偏差见表 4-4。

表 4-4　侧墙（顶板）模板安装允许偏差

项目		允许偏差/mm	检验频率		检验方法
			范围/m	点数	
相邻两板表面高差	刨光模板	2	20	4	用钢尺、塞尺测量
	钢模板	4			
	不刨光模板				
表面平整度	刨光模板	3		4	用 2m 直尺和塞尺测量
	钢模板				
	不刨光模板	5			
垂直度		≤0.1%H 且≤6		2	用垂线或经纬仪量
杯槽内尺寸		$\begin{matrix}+3\\-5\end{matrix}$		3	用钢尺测量，长、宽、高各 1 点
轴线偏位		10		2	用经纬仪测量，纵、横各 1 点
顶面高程		$\begin{matrix}+2\\-5\end{matrix}$		1	用水准仪测量

注：H 为横板高度（mm）。

（9）侧墙混凝土浇筑

① 在现浇混凝土前，对侧墙顶面高程进行标示，且提前复核无误。

② 在浇筑前对模板、支撑、钢筋、预埋件、预留孔洞等进行检查，检查支架、支撑的稳定性、牢固性、模板板缝的严密性和对拉螺栓的可靠性，并使其符合设计和施工要求。

③ 检查钢筋、预埋件、预留洞口等的安装位置是否符合设计要求。

④ 与底板的湿接部位，应事先凿毛，并使其表面洁净。对湿接部位视其干燥程度，适当洒水润湿；木模板也应润湿。在浇筑前清除钢筋上的油渍和黏附在模板上的泥土等杂物，模板的缝隙和洞口应封堵严密，模板内不得存有积水。

⑤ 侧墙混凝土宜分层对称进行浇筑，两侧墙混凝土高差不宜大于30cm，宜一次浇筑完成。采用插入式振捣器振捣时，浇筑层厚度为振捣器作用部分长度的1.25倍。浇筑过程中严格控制浇筑速度，不可过快，混凝土自由落差不大于2m。振捣时采用插入式振捣棒，移动间距不得超过振捣棒作用半径的1.5倍，且保持与侧模的距离在5～10cm，插入下层混凝土5～10cm，每一处振捣完毕后边振动边徐徐拔出振捣棒。振捣时避免碰撞模板、钢筋等，在每一处振捣部位延续时间应使混凝土表面呈现浮浆和不再沉落为度。

⑥ 混凝土浇筑完成后，应覆盖洒水，浇水次数应能保持混凝土湿润，养护期不少于14d。当混凝土强度达到设计强度的70%以上时，方可拆除模板。

（10）基坑回填

① 混凝土结构拆除模板后，将基槽底部杂物清理干净，排除积水、平整基底，现浇侧墙结构混凝土强度应达到设计要求后方可进行回填。槽底因水浸泡致使无法达到承载力的软弱土层，应视情况予以挖除，或换填砂砾等隔离水层。

② 按设计要求选择回填土，回填土中不得含有有机物、冻土及大于50mm粒径的砖、石等硬块。回填用土应选择含水量适宜的回填土料，若土的含水量过高且不具备降低含水量的条件，不能达到规定的密实度时，应回填石灰土、砂、砂砾等材料。

③ 回填时，两侧对称分层回填，分层压实，两侧高差不得超过30cm。

每层铺土厚度应根据夯实或压实机具的性能确定，土层的松铺厚度应符合以下规定：压路机20～30cm；动力夯实机20～25cm；木夯≤20cm。

④ 沟槽回填土的压实度，应按照设计要求，无规定时，不应小于90%；绿地农田范围内的沟槽回填土，表层50cm范围内不宜压实，应预留沉降量并将表面整平。

4. 施工总结

① 进行详细的施工安全交底，施工过程中，每道工序都应由施工人员向班组进行有针对性的书面和口头安全交底，安全交底单交接手续要齐全，切实起到对班组安全生产的指导作用。

② 开挖沟槽前必须了解清楚土质情况、地下水位及各种管线埋置情况，施工过程中采取可靠支撑防护。

③ 基槽开挖完成后，及时对土方进行苫盖，防止产生扬尘现象。

④ 施工完成后，对施工中使用的苫盖设施及遗留的固体废弃物要及时进行回收，设专门地点进行处理。

⑤ 钢筋混凝土结构允许偏差符合表4-5的规定。

表 4-5　钢筋混凝土结构允许偏差

项目	允许偏差/mm	检验频率		检验方法
		范围/m	点数	
地道底板顶面高程	± 10		1	用水准仪测量,宽厚各1点
地道净宽	± 20		2	用钢尺测量,宽厚各1点
墙高	± 10		2	用钢尺测量,每侧1点
中线偏位	$\leqslant 10$	20	2	用钢尺测量,每侧1点
墙面垂直度	$\leqslant 10$		2	用垂线和钢尺测量,每侧1点
墙面平整度	$\leqslant 5$		2	用2m直尺、塞尺测量,每侧1点
顶板挠度	$\leqslant L/1000$ 且 <10		2	用钢尺测量
现浇顶板底面平整度	$\leqslant 5$	10	2	用2m直尺、塞尺测量

二、装配式钢筋混凝土地下人行通道施工

1. 施工现场图

装配式钢筋混凝土地下人行通道施工现场图见图4-8。

图 4-8　装配式钢筋混凝土地下
人行通道施工现场

2. 注意事项

① 临近居民区施工作业时,采取低噪声振捣棒,降低噪声污染。

② 预制构件应采取必要的保护措施,防止棱角磕碰。

③ 施工现场应经常洒水,运土车辆出场前应进行清洗。

④ 混凝土罐车退场前应在指定地点清洗料斗及轮胎。

⑤ 大雪、大雾及5级以上大风天气时禁止进行吊装作业。

⑥ 基槽开挖完成后,及时对土方进行苫盖,防止产生扬尘现象。

⑦ 施工完成后,对施工中使用的苫盖设施及遗留的固体废弃物要及时进行回收,设专门地点进行处理。

3. 施工做法详解

工艺流程

测量放线→基坑开挖→混凝土垫层→防水层施工→底板钢筋绑扎→底板模板支立→底板混凝土浇筑→侧墙模板支立→侧墙混凝土浇筑→预制墙板安装→基坑回填。

（1）测量放线

① 基槽放样　用全站仪定出通道的实际位置,根据通道位置放出基槽开挖边线（撒白灰线并打桩）,经复核准确无误后,将控制桩钉在不易被扰动的地点,绘出坐标高程控制网,填写测量成果表,核验后,准备基槽开挖。

② 垫层放样　在开挖好并验收合格后的基底放出垫层结构边线并打桩挂线,要求挂线控制高程,在垫层结构范围内用混凝土灰饼或打桩挂线的方法控制垫层表面混凝土高程。

③ 底板、侧墙的放样　在完成的垫层混凝土上弹底板结构线及模板检查线,在完成的

底板混凝土上弹侧墙结构线及模板检查线。

（2）**基坑开挖**　基础土方采用机械开挖，人工配合，槽底留 20cm 由人工清除，避免扰动地基原状土，基槽挖至设计高程后，对槽底进行钎探试验，确定地基承载力，同时约请建设单位、勘察单位、设计单位、管理单位及监理单位对槽底进行验槽；如槽底土质不良或承载力不够，与各单位商定处理方法。

（3）**混凝土垫层**　垫层模板可用方木支立，模板背后支撑牢固。垫层混凝土采用平板振捣器振捣密实，初凝前用木抹子将面层赶光压实。垫层混凝土强度达到后方可进行下一道工序。

（4）**防水层施工**　防水层施工应由有相应资质的专业施工单位进行。

卷材施工采用热熔满贴法，先将基层清扫干净，满刮一遍沥青冷底子油，待冷底子油干燥不粘脚以后，沿横通道方向铺贴防水卷材，卷材纵横向搭接宽度不少于 10cm，每幅两端预留 50cm 留作侧墙防水时卷贴在侧墙上，保证整个通道防水层一体、严密，防水层施工完成后，用 5mm 厚 C25 豆石混凝土作保护层，用木抹子压光、赶实。

（5）**底板钢筋绑扎**

① 钢筋尺寸按设计图纸尺寸加工，钢筋表面干净，无锈迹、污垢，钢筋绑扎必须扎紧，不得有松动、位移等情况，绑丝头必须弯曲背向模板。

② 焊接钢筋前不得有水锈、油渍，焊缝处不得咬肉、裂纹、夹渣，焊皮应敲除干净。双面焊缝长度不小于 $5d$，单面焊缝长度不小于 $10d$（d 为焊接钢筋直径）。

③ 严格控制墙体预埋钢筋位置，保证准确无误并与基础钢筋连接牢固。

④ 绑扎或焊接成形的钢筋必须牢固稳定，浇筑混凝土时不得松动和变形。

⑤ 钢筋加工与安装偏差应符合本书表 4-1、表 4-2 的规定。

（6）**底板模板支立**　底板模板可选用组合钢模板或木模板现场拼装，模板必须稳定牢固，模板拼缝严密不露浆，模板隔离剂涂刷均匀，不得污染钢筋。基础模板允许偏差见表 4-3。

（7）**底板混凝土浇筑**　底板混凝土浇筑应以变形缝为界跳仓施工。底板混凝土浇筑前先将模内杂物清理干净，远点使用泵车，近点使用溜槽，从两端向中间分层浇筑，分层振捣；分层厚度为振捣器作用部分长度的 1.25 倍，振捣棒移动间距不应超过振捣器作用半径的 1.5 倍，做到"快插慢拔"，振捣至混凝土表面平坦泛浆，不再下沉，不出现气泡为止；上一层混凝土振捣时插入下一层混凝土 5～10cm；振捣棒不许触碰钢筋和预埋件，振捣时设专人看模，严防跑模。混凝土浇筑完成后及时覆盖洒水养护。

（8）**侧墙模板支立**

① 按位置线安装墙体模板，模板应牢固，下口处加扫地方木，模内加方木支撑，以防模板在浇筑混凝土时松动、跑模。

② 按照模板设计方案先拼装好一侧模板并按位置线就位，然后安装拉杆及斜撑，安装套管及穿墙螺栓，穿墙螺栓规格和间距在模板设计中应明确规定。

③ 清扫墙内杂物，再安装另一侧模板，调整支撑至模板垂直后拧紧对拉螺栓。

④ 模板脱模剂涂刷应均匀，不得污染钢筋。

⑤ 模板安装完成后，检查扣件、螺栓是否牢固，模板拼缝及下口是否严密，并办理验收手续。

侧墙（顶板）模板安装允许偏差见表 4-4。

（9）**侧墙混凝土浇筑**

与现浇钢筋混凝土地下人行通道施工工艺相同。

（10）预制墙板安装

与现浇钢筋混凝土地下人行通道施工工艺相同。

（11）基坑回填

与现浇钢筋混凝土地下人行通道施工工艺相同。

4. 施工总结

① 进行详细的施工安全交底，施工过程中，每道工序都应由施工人员向班组进行有针对性的书面和口头安全交底，安全交底的交接手续要齐全，切实起到对班组安全生产的指导作用。

② 开挖沟槽前必须了解清楚土质情况、地下水位及各种管线埋置情况，施工过程中采取可靠支撑防护。

③ 施工现场严格执行三相五线制，配电系统实行三级配电两级漏电保护，严格电工值班制度。

④ 各种施工机械要定期检查、保养；施工前施工人员要对操作人员进行交底；严禁无证上岗，违章驾驶。

⑤ 吊车作业时，其吊臂下严禁站人，信号工不得违规指挥。

⑥ 墙板安装就位后，将墙板固定后方可松钩。

⑦ 预制墙板、预制顶板允许偏差应符合表 4-6 和表 4-7 的规定。

表 4-6　预制墙板允许偏差

项目	允许偏差/mm	检验频率		检验方法
		范围	点数	
厚、高	±5	每个构件（每类抽查板的 10%且不少于 5 块）	1	用钢尺测量，每抽查一块板（序号 1,2,3,4,5），各 1 点
宽度	−10～0		1	
侧弯	≤L/1000		1	
板面对角线	≤10		1	
外露面平整度	≤5		2	用 2m 直尺、塞尺测量，每侧 1 点
麻面	≤1%		1	用钢尺测量麻面总面积

注：L 为墙板长度（mm）。

表 4-7　预制顶板允许偏差

项目	允许偏差/mm	检验频率		检验方法
		范围	点数	
厚、高	±5	每个构件（每类抽查总数的 20%）	1	用钢尺测量
宽度	−10～0		1	
侧弯	±10		1	
对角线长度	≤10		2	
外露面平整度	≤5		1	用 2m 直尺、塞尺测量
麻面	≤1%		1	用钢尺测量麻面总面积

⑧ 墙板、顶板安装允许偏差应符合表 4-8 的规定。

表 4-8　墙板、顶板安装允许偏差

项目	允许偏差/mm	检验频率		检验方法
		范围	点数	
中线偏位	≤10	每块	2	拉线用钢尺测量
墙板内顶面高程	±5		2	用水准仪测量
墙板垂直度	0.15%H 且≤5		4	用垂线和钢尺测量
板间高差	≤5		4	用钢板尺和塞尺测量

项目	允许偏差/mm	检验频率		检验方法
		范围	点数	
相邻板顶面错台	≤10	每座地道	20%板缝	用钢尺测量
板端压墙长度	±10		6	检查隐蔽验收记录,用钢尺测量,每侧3点

注:*H* 为墙板全高（mm）。

第二节 ▶ 挡土墙施工

一、现浇钢筋混凝土挡土墙施工

1. 示意图和施工现场图

挡土墙支护施工示意图和现场图分别见图 4-9 及图 4-10。

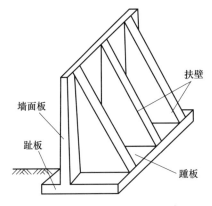

图 4-9　挡土墙支护施工示意

图 4-10　挡土墙支护现场

2. 注意事项

① 各种施工机械要定期检查、保养；施工前施工人员要对操作人员进行交底；严禁无证上岗，违章驾驶。

② 施工现场应经常洒水，运土车辆出场前应进行清洗。

③ 混凝土罐车退场前应在指定地点清洗料斗及轮胎。

④ 临近居民区施工作业时，采取低噪声振捣棒，降低噪声污染。

⑤ 基槽开挖完成后，及时对土方进行苫盖，防止产生扬尘现象。

⑥ 施工完成后对施工中使用的苫盖设施及遗留的固体废弃物，要及时进行回收，设专门地点进行处理。

3. 施工做法详解

工艺流程 ＞＞＞＞＞ ⋯⋯⋯⋯⋯⋯⋯⋯⋯⋯⋯⋯⋯⋯⋯⋯⋯⋯⋯⋯⋯⋯⋯⋯⋯

测量放线→基础土方开挖→基础处理→基础钢筋绑扎→支立基础模板→基础混凝土浇筑→墙体钢筋绑扎→支立墙体模板→墙体混凝土浇筑→养护及拆模→挡土墙顶混凝土浇筑→回填土。

（1）**测量放线**

① 基槽放样 用全站仪定出通道的实际位置，根据通道位置放出基槽开挖边线（撒白灰线并打桩），经复核准确无误后，将控制桩钉在不易被扰动的地点，绘出坐标高程控制网，填写测量成果表，核验后，准备基槽开挖。

② 垫层放样 在开挖好并验收合格后的基底放出垫层结构边线并打桩挂线，要求挂线控制高程，在垫层结构范围内用混凝土灰饼或打桩挂线的方法控制垫层表面混凝土高程。

③ 底板、侧墙的放样 在完成的垫层混凝土上弹底板结构线及模板检查线，在完成的底板混凝土上弹侧墙结构线及模板检查线。

（2）**基础土方开挖** 基础土方采用机械开挖，人工配合，槽底留20cm由人工清除，避免扰动地基原状土。基槽挖至设计高程后，对槽底进行钎探试验，确定地基承载力，同时约请建设单位、勘察单位、设计单位、管理单位及监理单位对槽底进行验槽；如槽底土质不良或承载力不够，与各单位商定处理办法。

（3）**基础处理** 基础处理方式应严格执行设计规定，一般情况城镇道路中多采用石灰、粉煤灰、砂砾混合料进行基础处理。用压实机械分层碾压密实，根据压实机械的性能确定每层厚度，最大宜为20cm，最小为10cm，含水量保持在最佳含水量的$-1.0\%\sim+1.5\%$范围内，压实度符合质量验收标准。

图4-11 挡土墙基础钢筋绑扎施工现场

（4）**基础钢筋绑扎**（图4-11）

① 施工时测量人员放出基础边线。

② 钢筋尺寸按设计图纸尺寸加工，钢筋表面干净，无锈迹、污垢，钢筋绑扎必须扎紧，不得有松动、位移等情况，绑丝头必须弯曲背向模板。

③ 焊接钢筋前不得有水锈、油渍，焊缝处不得咬肉、裂纹、夹渣，焊皮应敲除干净。双面焊缝长度不小于$5d$，单面焊缝长度不小于$10d$（d为焊接钢筋的直径）。

④ 严格控制墙体预埋钢筋位置，保证准确无误并与基础钢筋连接牢固。

⑤ 绑扎或焊接成形的钢筋必须牢固稳定，浇筑混凝土时不得松动和变形。

（5）**支立基础模板** 使用钢模板支模，模板必须稳定牢固，模板拼缝严密，不露浆，模板隔离剂涂刷均匀，不得污染钢筋。在挡土墙基础错台或分段处留沉降缝，沉降缝缝宽2cm，填塞沥青木丝板。

（6）**基础混凝土浇筑**（图4-12） 施工中使用振捣棒振捣，做到充分均匀振捣密实，避免露筋和出现蜂窝、孔洞。基础混凝土初凝前将与墙体连接部位的混凝土进行凿毛处理，以保证墙体混凝土与基础混凝土结合紧密。混凝土浇筑完成后及时覆盖，洒水养护。

（7）**支立墙体模板**（图4-13）

① 按位置线安装墙体模板，模板应牢固，下口处加扫地方木，模内加方木支撑，以防模板在浇筑混凝土时松动、跑模。

② 按照模板设计方案先拼装好一侧模板并按位置线就位，然后安装拉杆及斜撑，安装套管及穿墙螺栓，穿墙螺栓规格和间距在模板设计中应明确规定。

图 4-12　挡土墙基础混凝土浇筑施工现场

图 4-13　支立墙体模板施工现场

③ 清扫墙内杂物，再安装另一侧模板，调整支撑至模板垂直后拧紧对拉螺栓。

④ 模板脱模剂涂刷应均匀，不得污染钢筋。

⑤ 模板安装完成后，检查扣件、螺栓是否牢固，模板拼缝及下口是否严密，并办理验收手续。

（8）养护及拆模

① 混凝土浇筑完成后，应覆盖并洒水养护，洒水次数应能保持混凝土湿润，养护期不少于 7d。

② 当混凝土强度达到设计强度的 75％以上时，方可拆除侧面模板。

③ 逐段松开并拆除拉杆，一次松开长度不宜过大，不允许以猛烈的敲打和强扭等方式进行。

④ 逐块拆除模板，拆除时注意保护墙体，防止损坏。

⑤ 将模板与支撑拆除后应进行维修整理，分类妥善存放。

（9）挡土墙顶混凝土浇筑（图 4-14）　浇筑前将墙顶凿毛刷素浆，以利混凝土上下结合牢固。按照设计的纵断高程控制模板高程，模板内侧压紧泡沫塑料条，严禁漏浆污染墙面。

（10）回填土　不得使用杂质和腐殖土，回填分层进行，根据选用的压实机具确定每层虚铺厚度。挡土墙背后回填透水层应保证设计宽度和厚度，随填土进度同步进行，填土时不得污染透水层。泄水孔应按设计位置施工，泄水孔应贯通，不得堵塞。

4. 施工总结

① 基础混凝土施工中要有防雨设施，避免混凝土浇筑时，终凝前表面遭雨淋水冲。

图 4-14　挡土墙顶混凝土浇筑施工现场

② 现浇混凝土拆模后要及时覆盖并洒水养护，尤其是夏季气温高，防止混凝土表面出现干裂现象。

③ 当混凝土强度达到设计强度的 75％以上时，方可拆除侧面模板。拆模时不要硬砸硬敲，以免损坏混凝土的表面及棱角。基础混凝土达到设计强度的 25％以上时方可搭设墙体模板。

④ 进行详细的施工安全交底，施工过程中，每道工序应由施工人员向班组进行有针对

性的书面和口头安全交底，安全交底单交接手续要齐全，切实起到对班组安全生产的指导作用。

⑤ 开挖沟槽前必须了解清楚土质情况、地下水位及各种管线埋置情况，施工过程中采取可靠支撑防护。

⑥ 现浇钢筋混凝土挡土墙允许偏差应符合表4-9的规定。

表4-9　现浇钢筋混凝土挡土墙允许偏差

项目		规定值或允许偏差/mm	检验频率		检验方法
			范围	点数	
长度		±20	每座	1	用钢尺测量
断面尺	厚	±5		1	用钢尺测量
	高	±5		1	
垂直度		0.15%H且≤10	20m	1	用经纬仪或垂线检测
外漏面平整度		≤5		1	用2m直尺和塞尺测量,取最大值
顶面高程		±5			用水准仪测量

注：H为挡土墙板高度（mm）。

二、砌体挡土墙施工

1. 示意图和施工现场图

砌体挡土墙示意图和施工现场图分别见图4-15及图4-16。

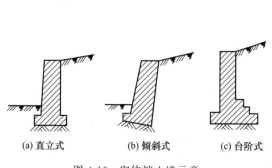

(a) 直立式　　　　(b) 倾斜式　　　　(c) 台阶式

图4-15　砌体挡土墙示意

图4-16　砌体挡土墙施工现场

2. 注意事项

① 切割机具操作和临时用电应符合有关安全用电使用管理规定。

② 砌块切割时，应搭设加工棚，加工棚具有隔音降噪功能和除尘设施，切割人员应佩戴防噪、防尘、护目、鞋盖等防护用品。

③ 墙面砌筑时，防止砂浆流到墙面造成表面污染。

④ 现场搬运砌块时应轻搬轻放，防止砌块表面损坏和碰撞已砌好的墙体。

⑤ 砌体砌筑完成后，未经有关人员检查验收，轴线桩、水准点不得扰动和拆除。

3. 施工做法详解

工艺流程

测量放线→基槽开挖→基础砌筑→墙体砌筑→勾缝→墙体养护。

（1）测量放线　根据设计图纸，按照道路、桥梁施工中线、高程点测放挡土墙的平面位置和纵断高程。

（2）**基槽开挖** 采用机械开挖，人工配合，槽底留 20cm 由人工清除，避免扰动地基原状土，基槽挖至设计高程后，对槽底进行钎探试验，确定地基承载力，同时约请建设单位、勘察单位、设计单位、管理单位及监理单位对槽底进行验槽，如槽底土质不良不适宜做挡土墙基础或承载力不够，与各单位商定处理方法。

（3）**基础砌筑**

① 按照设计要求，测定砌筑外露面边线及内面边线，并立好线杆，挂线（曲线段挂线杆应加密）。

② 砌筑前应将料石表面清扫干净，用水湿润。砌筑砂浆的强度应符合设计要求，稠度按表 4-10 的要求控制，加入塑化剂时砌体强度降低不得大于 10%。

表 4-10　砌筑用砂浆稠度　　　　　　　　　　　　单位：mm

稠度	砌块种类		
	块石	料石	砖、砌块
正常条件	5~7	7~10	7~10
干热季节或石料砌块吸水率大	10	—	—

③ 基础砌筑时，基础第一层应生浆，即在开始砌筑前先铺砂浆 30~50mm，然后选用较大、整齐的石块，大面朝下，放稳放平。从第二块开始，应分层卧砌，并应按上下错缝，内外搭接，不得采用外面侧立石块中间填心的砌法。

④ 基础转角和交接处应同时砌筑，对不能同时砌筑而必须留置的临时间断处，应留成斜棱。

⑤ 挡土墙基础与原有构筑物基础相衔接时，基础结合部位应按设计要求处理。

⑥ 基础砌筑时，石块间较大的空隙应先填塞砂浆，后用碎石嵌塞，不得采用先摆碎石块，后塞砂浆或干填碎石块方法。

⑦ 基础的最上一层，宜选用较大的片石砌筑。转角处和交接处，应选用较大的平石砌筑。

⑧ 基础灰缝厚度为 20~30mm，砂浆应饱满，石块之间不得有相互接触现象。

（4）**墙体砌筑**

① 分段砌筑时，分段位置应设在基础变形缝或伸缩缝处，各段水平砌缝应一致。相邻砌筑高差不宜超过 1.2m。缝板安装应位置准确、牢固，缝板材料应符合设计要求。

② 相邻挡土墙体设计高差较大时应先砌筑高墙段，挡土墙每天连续砌筑高度不宜超过 1.2m，砌筑中墙体不得移位变形。

③ 预埋管、预埋件及砌筑预留口应位置准确。为防止泄水孔堵塞，在墙背后填筑反滤材料，反滤材料的级配要按设计要求施工。

④ 挡土墙外露面应留深 1~2cm 的勾缝槽，按设计要求勾缝。

⑤ 砌筑挡土墙应保证砌体宽（厚）度符合设计要求，砌筑中应经常校正挂线位置。

⑥ 砌体底面应卧浆铺砌，立缝填浆捣实，不得有空缝和贯通立缝。砌筑中断时，应将砌好的石层空隙用砂浆填满。再砌筑时石层表面应清扫干净，洒水湿润。工作缝应留斜槎。

⑦ 墙体片石砌筑：宜以 2~3 层石块组成一个工作层，每个工作层的水平缝应大致找平。立缝应相互错开，不得贯通；应选用大尺寸的片石砌筑砌体下部；转角外边缘处应用较大及较方正的片石长短交替与内层砌块咬砌。砌筑外露面应选择有平面的石块，使砌体表面

整齐，不得使用小石块镶垫。砌体中的石块应大小搭配、相互错叠、咬接牢固，较大石块应宽面朝下，石块之间应用砂浆填灌密实，不得干砌。较大空隙灌缝后，应用挤浆法填缝，挤浆时，可用小锤将小石块轻轻敲入较大空隙中。

图 4-17　墙体块石砌筑施工现场

⑧ 墙体块石砌筑（图 4-17）：每层块石都应高度一致，每砌高 0.7～1.2m 找平一次。砌筑块石，错缝应按规定排列，同一层中用一丁一顺或用一层丁石一层顺石。灰缝宽度宜为2～3cm。砌筑填心石，灰缝应彼此错开，水平缝不得大于 3cm，垂直灰缝不得大于 4cm，个别空隙较大的，应在砂浆中挤浆填缝，塞小石块。砌筑方法如下。

a. 丁顺叠砌：一层丁石与一层顺石相互叠加组砌而成，先丁后顺，竖向灰缝错开 1/4 石长。

b. 丁顺组砌：同层石中用丁砌石和顺砌石交替相隔砌成。丁石长度为基础厚度，顺石厚度一般为基础厚度的 1/3，上层丁石应砌于下层顺石的中部，上下层竖向灰缝至少错 1/4 石长。

⑨ 墙体砌筑镶面石：镶面石表面四周应加修整，其修整进深不应小于 70mm，尾部应较修整部分略缩小，镶面丁石的长度，不应短于顺石的 1.5 倍，每层镶面石均应事先按规定灰缝宽及错缝要求配好石料，再用铺浆法顺序砌筑，应随砌随填缝。

砌筑前应先计算层数，选好料。砌筑曲线段镶面石时应从曲线部分开始，并应先安角石。

每层镶面石均应采用一丁一顺砌法，砌缝宽度应均匀，不应大于 2cm。相邻两层的立缝应错开不得小于 10cm，在丁石的上层和下层不得有立缝。所有立缝均应垂直。一层镶面石砌筑完毕，方可砌填心石，其高度应与镶面石平齐。砌筑过程中应随时用水平尺及垂线校核。在同一部位使用同类石料。

（5）勾缝

① 砌体勾缝除设计有规定外，一般可采用平缝或凸缝，浆砌较规则的块材时，可采用凹缝。

② 勾缝前应将石面清理干净，勾缝宽度应均匀美观，深（厚）度为 1～2cm，勾缝完成后注意浇水养护。

③ 勾缝砂浆宜用过筛砂，勾缝砂浆强度不应低于砌体砂浆强度，勾缝应嵌入砌缝内2cm，缝槽深度不足时，应凿够深度后再勾缝。除料石砌体勾凹缝外，其他砌体勾缝一般勾平缝。片石、块石、粗料石缝宽不宜大于 2cm，细料石缝宽不宜大于 50mm。

④ 勾缝前须对墙面进行修整，再将墙面洒水湿润，勾缝的顺序是从上到下，先勾水平缝后勾竖直缝（图 4-18）。勾缝后应用扫帚用力清除余灰，做好成品保护工作，避免砌体碰撞、震动、承重。

⑤ 成活的灰缝，水平缝与竖直缝应深浅一致、交圈对口、密实光滑，搭接处平整，阳角方正，阴角处不能上下直通，不能有丢缝、瞎缝现象。灰缝应整齐、拐角圆滑、宽度一致、不出毛刺，不得空鼓、脱落。

（6）**墙体养护** 墙体养护应在砂浆初凝后，洒水或覆盖养护 7～14d，养护期间应避免碰撞、震动或承重。

4. 施工总结

① 施工前编制专项安全技术方案，并对施工管理和操作人员进行详细的安全技术交底。

② 砌筑高度超过 1.2m 时应搭设脚手架。向脚手架上运石块时，严禁投抛。脚手架上只能放一层石料，且不得集中堆放。

图 4-18　挡土墙勾缝施工现场

③ 汽车运输石料时，石料不应高出槽帮，车槽内不得乘人；人工搬运石料时，作业人员应协调配合，动作一致。

④ 落地灰和垃圾应及时清理，分类堆放，并装袋或封闭清运到指定地点。现场严禁抛掷砂石、白灰。

⑤ 砌筑挡土墙允许偏差应符合表 4-11 的规定。

表 4-11　砌筑挡土墙允许偏差

项目		允许偏差、规定值/mm				检验频率		检验方法
		料石	块石、片石		预制块	范围	点数	
断面尺寸		0 ±10	不小于设计要求			20m	2	用钢尺测量，上下各1点
基底高程	土方	±20	±20	±20	±20		2	用水准仪测量
	石方	±100	±100	±100	±100		2	
顶面工程		±10	±15	±20	±10		2	
轴线偏位		≤10	≤15	≤15	≤10		2	用经纬仪测量
墙面垂直度		≤0.15%H 且≤20	≤0.15%H 且≤30	≤0.15%H 且≤30	≤0.15%H 且≤20		2 2	用垂线检测
平整度		≤5	≤30	≤30	≤5		2	用2m线和钢尺测量
水平缝平直度		≤10	—	—	≤10		1	用20m线和钢尺测量
墙面坡度		不陡于设计要求						用坡度板检验

注：H 为构筑物全高。

三、加筋挡土墙施工

1. 示意图和施工现场图

加筋挡土墙示意图和施工现场图分别见图 4-19 及图 4-20。

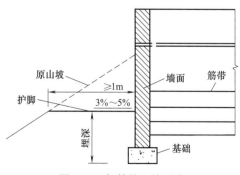

图 4-19　加筋挡土墙示意

图 4-20　加筋挡土墙施工现场

2．注意事项

① 开挖挡土墙沟槽前必须了解清楚土质情况、地下水位及各种管线埋置情况，施工过程中采取可靠支撑防护。

② 施工现场严格执行三相五线制，配电系统实行三级配电两级漏电保护，严格电工值班制度。

③ 各种施工机械要定期检查、保养；施工前施工员要对操作人员进行交底；严禁无证上岗，违章驾驶。

④ 基槽开挖完成后，及时对土方进行苫盖，防止产生扬尘现象。

⑤ 施工完成后对施工中使用的苫盖设施及遗留的固体废弃物，要及时进行回收，设专门地点进行处理。

⑥ 施工现场应经常洒水，运土车辆出场前应进行清洗。

⑦ 临近居民区施工作业时，采取降噪措施，严格控制作业时间，尽量避免夜间施工。

3．施工做法详解

工艺流程

测量放线→基坑开挖→基础混凝土浇筑→安装面板→筋带铺设→填料、摊铺→填料碾压。

（1）测量放线

① 挡土墙基础放样　依据设计挡土墙基础坐标，用全站仪测设出挡土墙基础位置和纵断高程，放出基础开挖边线和槽底边线，槽底边线符合设计和施工要求。做好挡土墙基础测量控制桩的保护工作。

② 垫层、基础模板放样　在开挖好并验收合格后的基底放出垫层结构边线并打桩挂线，要求挂线控制高程，在垫层结构范围内用混凝土灰饼或打桩挂线的方法控制垫层表面混凝土高程。在垫层上放出基础位置和预埋件位置线，用墨斗弹出模板线，并进行基础混凝土顶面高程控制。

③ 挡墙板的安装　在验收合格的基础混凝土上测设安装控制线。

（2）基坑开挖　基坑采用机械开挖，人工配合，槽底留 20cm 由人工清除，避免扰动地基原状土，基槽挖至设计高程后，对槽底进行钎探试验，确定地基承载力，同时约请建设单位、勘察单位、设计单位、管理单位及监理单位对槽底进行验槽；如槽底土质不良或承载力不够，与各单位商定处理方法。

（3）基础混凝土浇筑　采用商品混凝土，混凝土配合比应符合设计强度要求。施工中使用振捣棒振捣，做到充分均匀振捣密实。基础混凝土初凝前将与墙体连接部位混凝土进行凿毛处理，以保证墙体混凝土与基础混凝土结合紧密。混凝土浇筑完成后及时覆盖并洒水养护。

（4）安装面板

① 安装第一层面板前，应在干净的条形基础顶面上准确划出面板外缘线，曲线段应适当加密控制点。然后在确定的外缘线上定点并进行水平测量，按板长划线分割、整平板基座。

② 安装面板可从墙端和沉降缝两侧开始，采用适当的吊装设备或人工抬运，吊线安装就位。面板排列应交错布置，不可使相邻面板的水平缝处于同一水平线上。安装时单块面板

倾斜度一般可比设计要求内倾 1% 左右，作为填料压实时面板在侧向压力作用下的变形值。任何情况下严禁面板外倾。

③ 面板安砌时用水泥砂浆砌筑调平。除排水缝外，水平缝及竖缝内侧均全部进行勾缝处理，板外侧应简单勾缝、保持整洁。排水缝一般每 3m 设置一道，用干砌竖缝代替。同层相邻面板水平误差不大于 10mm，当缝宽较大时，宜用沥青软木进行填塞。安装缝应均匀、平顺、美观，不得在未完成填土作业的面板上安装上一层面板。严禁采用在板下支垫碎石或铁片的方法调整水平误差，以免造成应力集中，损坏面板。面板安砌完成后，应使用专用夹具对面板进行临时固定，固定后方可回填填料。

④ 每层面板的填料碾压稳定后，应对面板的水平和垂直方向用垂球或挂线检查，以便及时校正，防止偏差积累。每安装 2～3 层面板应全面检查一次安砌质量，超过规定者须及时纠正。检查项目包括轴线偏差、垂度或坡度、平整度、面板破损情况、相邻面板高差、板缝宽和最大宽度等。

（5）筋带铺设

① 筋带下料　应根据包装规格及整个工点的各断面筋带设计长度统筹提前安排，合理下料，避免边铺边下料，以免造成筋带材料的浪费或人为随意性造成尺寸误差。

② 筋带铺设　筋带应按设计的长度和根数铺设在有 3% 横向侧坡的平整压实填土上（使筋带端比前端高 5～10cm）。筋带应拉直、拉紧，不得有卷曲、扭结。筋带应尽量垂直于墙面并呈扇形、辐射状均匀敞开，并分布均匀。根据不同材料的筋带与面板的连接方式，将筋带与面板连接牢固。

筋带铺设时，边铺边用填料固定其铺设位置。先用填料在筋带的中后部成若干纵列压住筋带材料，填料的多少和疏密以足以能固定住筋带的位置为宜，再逐根检查，确保拉直、拉紧，然后按设计摊铺填料。

每层筋带铺设后都要进行检查验收，检查内容包括筋带铺设的长度、根数、均匀程度、平整度、连接方式、与面板连接处的松紧情况等。

（6）填料、摊铺　填料可采用机械、人工相结合的方式进行摊铺。当采用机械摊铺筋料时，必须辅以人工作业。人工作业就是用人工就近将填料搬运和摊铺在筋带上。当用推土机摊铺填料时，筋带上的填料覆盖厚度不小于 20cm。未压实的加筋体，一般不允许运输车辆在上面行驶；若需临时行驶，则填料厚度不得小于 30cm，同时其车速不得大于 5km/h，并不准急刹车，以免造成筋带的错位。填料的每层摊铺厚度可根据填料种类，压实机具等确定，并不得大于 30cm。

（7）填料碾压

① 压路机应选用振动式压路机或光轮压路机，严禁用单足碾。距面板 1.0m 范围内及拐角处严禁用重型机械碾压，宜用 5t 以下压路机或振动夯等轻型机械压实。

② 填料碾压时应先从筋带长度的 1/2 处开始，向筋带尾部碾压，然后再从 1/2 处向墙边碾压。碾压时压路机运行方向宜垂直于筋带，且下一次碾压的轮迹与上一次碾压的轮迹重叠的宽度应不小于轮进的 1/3。第一遍宜慢慢轻压，以免拥土将筋带推起或错位，第二遍以后可稍快并重压。每次应碾压整个横向碾压范围后再进行下一遍碾压，碾压的遍数以达到规定的压实度为准。压路机不得在未经压实的填料上急剧改变运行方向和急刹车。

③ 加筋体每层碾压完成后进行压实度检查。检测点应相互错开，随机选定，面板后 1m 范围内至少有 1 个检测点（每 500m² 或每 50m 长）。

④ 铺土碾压过程中应按照施工方案观测挡土墙板位移并做记录。

4. 施工总结

① 进行详细的施工安全交底，施工过程中，每道工序都应由施工人员向班组进行有针对性的书面和口头安全交底，安全交底单交接手续要齐全，切实起到对班组安全生产的指导作用。

② 混凝土面板可竖向堆放，也可平放，但应防止扣环变形和碰坏边角部位。平放时高度不宜超过 5 块，板块间用方木衬垫。土工带应堆放在通风遮光的室内。

③ 不得在未完成填土作业的面板上安装上一层面板，确保面板插销孔和板块翼缘不受损坏。

④ 加筋土体完工后应按设计要求及时修筑护角。

⑤ 加筋土挡土墙总体允许偏差应符合表 4-12 的规定。

表 4-12　加筋土挡土墙总体允许偏差

项目		允许偏差/mm	检验频率		检验方法
			范围	点数	
墙顶线位	路堤式	$-100\sim+50$	20m	3	用 20m 线和钢尺测量
	路肩式	±50			
墙顶高程	路堤式	±50		3	用水准仪测量
	路肩式	±50			
墙面倾斜度		$+(\leqslant0.5\%H)$ 且 $\leqslant+50$；$-(\leqslant1.0\%H)$ 且 $\geqslant-100$		2	用垂线或坡度板测量
墙面板缝宽		±10		5	用钢尺测量
墙面平整度		$\leqslant15$		3	用 2m 直尺、塞尺测量

注：1. 墙面倾斜度"+"指向外；"-"指向内。

2. H 为挡墙板高度。

四、装配式钢筋混凝土挡土墙施工

1. 施工现场图

装配式钢筋混凝土挡土墙施工现场图见图 4-21。

图 4-21　装配式钢筋混凝土挡土墙施工现场

2. 注意事项

① 开挖挡土墙沟槽前必须了解清楚土质情况、地下水位及各种管线埋置情况，施工过程中采取可靠支撑防护。

② 施工现场严格执行三相五线制，配电系统实行三级配电两级漏电保护，严格电工值班制度。

③ 各种施工机械要定期检查、保养；施工前施工人员要对操作人员进行交底；严禁无证上岗，违章驾驶。

④ 吊车作业时，其吊臂下严禁站人，信号工不得违规指挥。

⑤ 挡土墙板安装就位后，将肋板预留钢板与基础预留钢板点焊固定后方可松沟。

⑥ 大雪、大雾及 5 级以上大风天气时禁止进行吊装作业。

⑦ 基槽开挖完成后，及时对土方进行苫盖，防止产生扬尘现象。

⑧ 施工完成后对施工中使用的苫盖设施及遗留的固体废弃物，要及时进行回收，设专

门地点进行处理。

3. 施工做法详解

工艺流程

测量放线→基础土方开挖→基础处理→基础钢筋绑扎→基础模板支立→基础混凝土浇筑→挡土墙板安装→基础钢筋二次绑扎→基础混凝土二次浇筑→板缝间灌注豆石混凝土→挡土墙顶混凝土浇筑→回填土。

（1）测量放线

① 挡土墙基础放样：依据设计挡墙基础坐标用全站仪测设出挡墙基础位置和纵断高程，放出基础开挖边线和槽底边线，槽底边线符合设计和施工要求。做好挡墙基础测量控制桩的保护工作。

② 垫层、基础模板放样：在开挖好并验收合格后的基底放出垫层结构边线并打桩挂线，要求挂线控制高程，在垫层结构范围内用混凝土灰饼或打桩挂线的方法控制垫层表面混凝土高程。在垫层上放出基础位置和预埋件位置线，用墨斗弹出模板线，并进行基础混凝土顶面高程控制。

③ 挡墙板的安装：在验收合格的基础混凝土上测设安装控制线。

（2）基础土方开挖 参见本书装配式钢筋混凝土地下人行通道施工中的相关内容。

（3）基础处理 基础处理方式应严格执行设计规定，一般情况城镇道路中多采用石灰、粉煤灰、砂砾混合料进行基础处理。用压实机械分层碾压密实，根据压实机械的性能确定每层厚度，最大宜为20cm，最小为10cm，含水量保持在最佳含水量的 $-10\%\sim+15\%$ 范围内，压实度符合质量验收标准。基础处理完成后按照设计位置开挖杯形槽。

（4）基础钢筋绑扎

① 施工时测量人员放出基础边线及预埋钢板位置线。

② 钢筋尺寸按设计图纸尺寸加工，钢筋表面干净无锈迹污垢，钢筋绑扎必须扎紧，不得有松动、位移等情况，绑丝头必须弯曲背向模板。

③ 焊接钢筋前不得有水锈油渍，焊缝处不得有咬肉、裂纹、夹渣，焊皮应敲除干净，双面焊缝长度不小于 $5d$，单面焊缝长度不小于 $10d$（d 为焊接钢筋的直径）。

④ 严格控制基础预埋钢板位置，保证正确无误并与基础钢筋焊接牢固。

⑤ 绑扎或焊接成型的钢筋必须牢固稳定，杯槽部位钢筋在浇筑混凝土时不得松动和变形。

（5）基础模板支立 使用钢模板支模，支安模板必须稳定牢固，模板拼缝严密，不露浆，模板隔离剂涂刷均匀，不得污染钢筋。在挡土墙基础错台或分段处留沉降缝，其位置应与预制墙板组拼段缝位置相对应，沉降缝缝宽2cm，填塞沥青木丝板。基础模板允许偏差见表4-3。

（6）基础混凝土浇筑 混凝土浇筑分层进行，分层厚度为振捣器作用部分长度的1.25倍，浇筑过程中严格控制浇筑速度，不可过快，混凝土自由落差不大于2m。振捣采用插入式振捣棒，振捣时移动间距不得超过振捣棒作用半径的1.5倍，且保持与侧模的距离在5～10cm，插入下层混凝土每一处振捣完毕后边振动边徐徐拔出振捣棒，振捣时避免碰撞模板、钢筋及预埋钢板等，在每一处振捣部位延续时间应使混凝土表面呈现浮浆和不再沉落为度。浇筑完成进行洒水养护，洒水以混凝土面保持湿润为度。

基础混凝土初凝前按设计要求进行压槽处理，以保证二次混凝土与一次混凝土结合紧密。

（7）**挡土墙板安装**

① 现浇基础混凝土强度达到设计强度的 75％，预制挡土墙板达到设计强度的 100％ 时方可安装，安装前复核基础高程、挡土墙线位、预埋钢板位置、悬臂式挡土墙的杯槽尺寸及位置，无误后，在基础上弹出控制线，进行挡土墙板的安装。

② 吊装挡土墙板时采用吊车吊装，人工配合，用经纬仪控制挡土墙板的垂直度，板缝间距应均匀，预制墙板组拼缝应与基础变形缝吻合。墙板就位后将基础钢板与挡土墙扶壁钢板用钢筋焊接为一体，并用三角钢板焊接，使板体与基础焊接牢固。

③ 挡土墙板安装完成后对肋板与基础连接件采取防锈处理，刷防锈漆两遍。

（8）**基础钢筋二次绑扎** 挡土墙板与基础安装牢固后，绑扎二次基础钢筋，钢筋绑扎应与预埋钢筋连接牢固。

（9）**基础混凝土二次浇筑** 参见（6）中相关规定。

（10）**板缝间灌注豆石混凝土** 灌注前将板缝清理干净，墙板两侧用木板卡牢，缝隙处用密封条密封，灌注时插捣密实，不得出现漏浆，以防污染墙面。板缝用原浆勾缝，应密实、平顺、美观。

（11）**挡土墙顶混凝土浇筑** 浇筑前将墙顶凿毛刷素浆，以利混凝土上下结合牢固。按挡土墙设计墙顶高程控制模板高程，模板内侧压紧泡沫塑料条，严禁漏浆污染墙面。

混凝土浇筑及养护参见（6）中相关规定。

（12）**回填土** 不得使用杂质和腐殖土，回填分层进行，根据选用的压实机具确定每层虚铺厚度。挡土墙背后回填透水层应保证设计宽度和厚度，随填土进度同步进行，填土时不得污染滤层。泄水孔应按设计位置施工，泄水孔应贯通，不得堵塞。

4. 施工总结

① 基础处理混合料碾压完成后应进行封闭养护，养护期间不得上车及施工机械。

② 基础混凝土施工中要有防雨设施，避免混凝土浇筑时，终凝前表面遭雨淋水冲。

③ 预制构件应采取必要的保护措施，防止棱角磕碰。

④ 挡土墙后的填土应在混凝土强度达到设计强度后进行。

⑤ 挡土墙板安装允许偏差应符合表 4-13 的规定。

表 4-13　挡土墙板安装允许偏差

项目		允许偏差/mm	检验频率		检验方法
			范围	点数	
墙面垂直度		≤0.15％H 且≤15	20m	1	用垂线挂全高测量
垂直度		≤10		1	用 20m 线和钢尺测量
板间错台		≤5		1	用钢板尺和塞尺测量
预埋件	高程	±5	每个	1	用水准仪测量
	偏位	±15			用钢尺测量

第三节 ▶ 铸铁检查井盖及路缘石施工

扫码看视频

铸铁检查井盖安装施工

一、铸铁检查井盖安装施工

1. 示意图和施工现场图

检查井安装示意图和施工现场图分别见图 4-22 及图 4-23。

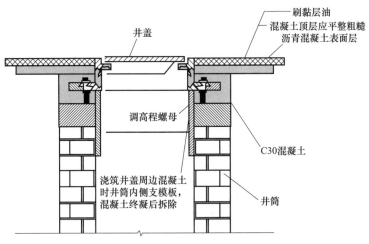

图 4-22　检查井安装示意

图 4-23　检查井安装施工现场

2. 注意事项

① 采取相应措施保证铸铁井盖座下的混凝土浇筑密实。

② 对井盖就位进行检查验收，验收合格后才能浇筑混凝土。

3. 施工做法详解

工艺流程 ▶▶▶▶

开挖井盖安装槽→调整井筒高程→安装井圈、井盖→支井筒内模板→验收井盖安装质量→浇筑混凝土→养护拆模。

（1）**开挖井盖安装槽**　待基层施工结束后，将检查井周边基层材料挖至检查井井墙顶，横向挖除至检查井井墙外缘，清除拓宽松散的土体和基层材料。

（2）**调整井筒高程**　将井筒砌至安装井盖所需要的高程，形成井盖安装基面，井盖安装基面应水平、坚实，以便于安装井盖座圈。

（3）**安装井圈、井盖**　安装井圈、井盖分为五防井盖施工和普通井盖施工两种施工方法。

① 五防井盖施工　预制混凝土井圈安装前对检查井墙顶进行润湿，然后采用 M15 水泥砂浆坐浆，砂浆应嵌缝饱满、密实、无空鼓现象，当设计无具体要求时，应采用 1:2.5 水泥砂浆。检查预制混凝土井圈预埋螺栓位置，将井盖座套入预埋螺栓，使用螺栓上的安装螺

母调整井盖高程。井盖安装高程可以利用周边已铺好的沥青路面或路缘石做基准面，在井盖顶面用小线拉双十字线控制。如螺栓长度过小，可将螺栓加长 5～10cm，以满足坐浆混凝土厚度大于 5cm 的要求。

② 普通井盖施工　井盖安装前，井筒范围的基面应清理干净，无浮渣、松散料。井盖座下可用 3～4 块同强度等级混凝土垫块调整高程。在井盖顶面用小线拉双十字线，利用周边已铺好的沥青路面或路缘石做井盖安装高程的基准面，调整井盖安装高程。

（4）支井筒内模板（图 4-24）　将木胶板在井筒内紧密放置，使用前应涂刷脱模剂。使

用长度适合的钢筋或木杆将模板与井筒顶紧，保证模板与井墙无缝隙、不漏浆。

（5）验收井盖安装质量　井盖安装就位后，质检人员应对就位后的井盖位置高程进行验收。验收合格后应申请监理单位验收，监理单位验收合格后进行混凝土浇筑。

（6）浇筑混凝土　浇筑混凝土时，应先将井盖安装槽进行湿润。混凝土浇

图 4-24　支井筒内模板安装施工现场

筑至沥青表面层底面为止，浇筑过程中控制好混凝土的浇筑速度，并振捣均匀、密实后，用木抹子成活，混凝土要平整、密实，表面成活后进行拉毛，确保表面粗糙，以保证与新铺筑路面结合紧密。

（7）养护拆模　混凝土达到标准强度后即可拆除井筒内模板，若混凝土外露面有轻微瑕疵，可随即修理。若井盖座下混凝土有空洞，应拆除重新浇筑，及时安装混凝土进行洒水养护。

特殊情况下，经业主、监理同意，开挖井盖安装槽直径可超出井筒外径范围 50～60cm，然后按上述施工方法逐项施工。

4. 施工总结

① 井盖就位完成并验收合格后，应防止受到外力冲击产生位移。

② 混凝土浇筑完成后养护过程中，应防止受到车辆碾压，在混凝土强度达到 70% 后方可通行车辆。

③ 井盖安装允许偏差和检验方法见表 4-14。

表 4-14　井盖安装允许偏差和检验方法

项目		允许偏差/mm	检验频率	检验方法
井盖安装	中心偏置	±5	每座 1 点	全站仪或用尺测量
	顶面高程（与路面设计高程相同）	0，−5	每座 3 点	挂双十字线用尺测量
	井盖开启方向及牢固度	沿行车方向开	每座各 1 点	目测
混凝土浇筑后高程与沥青中面层顶高差		0，−5	每座 3 点	3m 直尺检测
混凝土强度		满足设计要求	每浇筑批 1 组	强度试验

二、路缘石施工

1. 示意图和施工现场图

路缘石施工做法示意图和施工现场图分别见图 4-25 及图 4-26。

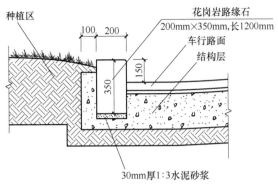

图 4-25 路缘石施工做法示意

图 4-26 路缘石现场施工现场

2. 注意事项

① 在有交通的情况下，作业区域设置红色锥筒警示，夜间施工要有足够的照明。

② 运输前检查路缘石质量，有断裂危险及人身安全时不得搬运。

③ 路缘石安装就位时，不得将手置于两块路缘石之间。

④ 调整路缘石高程时，相互呼应，防止砸伤手脚。

⑤ 人工切断路缘石，力度适中，集中精神。

⑥ 外弃土方及时清运，还土及时苫盖、洒水，防止扬尘。

3. 施工做法详解

工艺流程

测量放线→路缘石安装→浇筑背后支撑→灌缝→养护。

（1）**测量放线** 路缘石安装控制桩测设，直线部分桩距 10～15m，弯道部分桩距 5～10m，路口处桩距 1～5m。

（2）**路缘石安装**（**图 4-27**） 根据测量测设的位置及高程，进行基底找平。路缘石调整块应用机械切割成型或以同等级混凝土制作。路缘石垫层用水泥砂浆找平，按放线位置安装路缘石。路缘石应以干硬性砂浆铺砌，砂浆应饱满、厚度均匀。相邻路缘石缝隙宽度用木条或塑料条控制。路缘石安装后，必须再挂线，调整路缘石至顺直、圆滑、平整，对路缘石进行平面及高程检测，对超过规范要求处应及时调整。无障碍路缘石、盲道路口路缘石按设计要求施工。

（3）**浇筑背后支撑** 路缘石后背用水泥混凝土浇筑三角支撑，水泥混凝土强度符合要求时方可进行下道工序施工。还土夯实宽度不应小于 50cm，高度不应小于 15cm，压实度不应小于 90％。

（4）**灌缝** 灌缝（**图 4-28**）前先将路缘石缝内的土及杂物剔除干净，并用水润湿。路缘石间灌缝宜采用 M10 水泥砂浆，要求饱满密实，整洁坚实。

（5）**养护** 路缘石灌缝养护期不得少于 3d，并应适当洒水养护，养护期间不得碰撞。

4. 施工总结

① 施工前需根据现场实际情况进行详细的安全交底。

② 路缘石质量大于 25kg 时，应使用专用工具，由两人或多人抬运，动作应协调一致。

③ 路缘石灌缝养护期不得少于 3d，养护期间不得放行交通。

图 4-27 路缘石安装施工现场

图 4-28 路缘石灌缝施工

④ 泼洒沥青黏层油或铺筑沥青混凝土前，在路缘石顶面进行覆盖防护，防止污染。

⑤ 路缘石安砌允许偏差应符合表 4-15 的要求。

表 4-15 路缘石安砌允许偏差

项目	允许偏差/mm	检验频率		检验方法
		范围/mm	点数	
直顺度	≤10	100	1	用 20m 线和钢尺测量①
相邻块高差	≤3	20	1	用钢板尺和塞尺测量①
缝宽	±3	20	1	用钢尺测量
顶面高程	±10	20	1	用水准仪测量

① 随机抽样，量 3 点取最大值。

第四节 ▶ 边沟及雨水排放施工

一、浇筑混凝土边沟施工

1. 施工现场图

图 4-29 浇筑混凝土边沟施工现场

浇筑混凝土边沟施工现场图见图 4-29。

2. 注意事项

① 使用吊车起吊施工设备和材料前，应与吊车司机、信号工一起勘查现场，根据槽深、土质、施工环境等，确定吊车距槽边的安全距离，起吊前应检查设备的制动装置是否灵敏有效、吊钩要设有防脱钩装置且性能可靠。

② 挖槽或吊物时，施工机械不得在架空输电线路下方作业，当在架空输电线路下方一侧作业时，与线路的水平、垂直安全距离须符合规定要求，如因施工场地施工条件限制，不能满足与输电线路的安全距离，应事前和有关部门共同研究，

在采取必要的安全措施后，方可施工。

③ 施工现场暂存的渣土、灰土、粉煤灰、水泥等散体材料应集中存放，必须采取密闭或密目网覆盖等措施。

④ 施工完成后，及时进行施工现场清理，拆除临时设施，多余材料及建筑垃圾清运出现场，做到工完场清。

3. 施工做法详解

工艺流程 ≫≫≫

测量放线→沟槽开挖→基础支模→钢筋加工→安装基础钢筋→变形缝施工→浇筑基础混凝土→安装侧墙或边坡钢筋→侧墙支模→浇筑侧墙混凝土→养护→回填。

（1）测量放线

① 施工前由测量人员根据测绘单位提供的测量导线点进行复测与闭合，加密导线点、水准点，以满足施工测量控制的需要。对边沟开挖的断面进行放样及水准控制点的复测。

② 对边沟设计位置进行测量放线，确定边沟的施工中线、开槽上口线、开槽深度、下口宽度等。

（2）沟槽开挖

① 开槽前，应根据施工环境和施工需要确定土方开挖、运弃、暂存方案，选择存土场地。采用机械或人工进行开槽，在使用机械开挖时，为防止超挖或扰动槽底土层，基底预留20cm厚的土层，由人工清底。

② 梯形边沟结构形式：开槽时按照设计平面位置、高程、坡度进行测量放线，放出护坡坡脚和坡顶线。对边坡基底进行修整，对松软部位进行夯打密实，按设计坡度挂线进行削坡和整平。

③ 矩形边沟结构形式：开槽时按照设计平面位置、高程进行测量放线，结构以外两侧工作宽度，应保证施工作业方便，结构两侧采用机械夯实时，每侧工作宽度都应满足机械操作的需要。开槽采用直槽施工时，应根据土质情况、施工环境、施槽深等，经计算选择支撑材料和支撑方式。

④ 人工清挖槽底时，应按照测量测设的控制高程和宽度予以控制，不得扰动或破坏槽底原状土层结构。

⑤ 开挖时应严格控制槽底高程，对槽底土壤发生扰动的部位应与建设、勘察、设计、监理单位协商，确定处理方法。

（3）基础支模

① 矩形边沟基础垫层施工完成，密度或强度符合施工要求后，由测量人员对边沟底板外边线进行放线，将沉降缝作为施工段落分界，测设底板顶面高程，以控制支模高度和钢筋安装位置。

② 矩形断面边沟结构的底板支模和侧墙支模应分开进行。

③ 模板可采用木模板、钢制模板或钢木组合模板。支撑模板应确保结构尺寸和设计结构位置准确，模板应具有足够的刚度、强度和稳定性，能够承受浇筑混凝土的侧压力及施工中所产生的荷载，模板的支撑应便于拆卸，模板接缝严密，不得漏浆，模板不应与脚手架发生联系。

④ 基础模板允许偏差参见表4-3的相关内容。

（4）**钢筋加工**

① 钢筋加工与绑扎应符合 4-2 中的相关要求。

② 钢筋加工与安装偏差应符合表 4-1 和表 4-2 的规定。

（5）**变形缝施工**

① 安装变形缝与钢筋同时进行。止水带、填缝料的规格、型号、安装位置应符合设计要求，应确保安装牢固，并与结构中心对正。

② 止水带接头应采用热接并使用专业工具进行施工。止水带的安装应与施工段落的端部支模同步进行。止水带的固定钢筋应事先制作成形，安装时不得使用铁钉、铅丝等穿透止水带。

（6）**浇筑基础混凝土** 基础混凝土浇筑施工应符合表 4-3 中的相关要求。

（7）**安装侧墙或边坡钢筋** 安装侧墙或边坡钢筋应符合表 4-4 中的相关要求。

图 4-30 混凝土边沟侧墙支模

（8）**侧墙支模**（图 4-30）

① 模板可采用木模板、钢制模板或钢木组合模板。支搭模板应确保结构尺寸和设计结构位置准确，模板应具有足够的刚度、强度和稳定性，能够承受浇筑混凝土的侧压力及施工中所产生的荷载，模板的支搭应便于拆卸，模板接缝严密，不得漏浆。

② 矩形边沟侧墙内侧模板之间应加内撑，以防止模板位移。外侧模板的支撑杆件与槽帮、槽底的支点接触面应根据支点的承载力进行核算，确定所需设置垫板的支撑面积和厚度；不得直接支设在槽帮和槽底的土层上。

③ 边沟结构的支模以沉降缝为界，将底板和沟坡整体安装或分别安装。

④ 预留孔洞的成型宜选用有一定刚度、便于拆卸的材料进行制作，安装位置和尺寸必须满足设计要求。

（9）**浇筑侧墙混凝土** 浇筑侧墙混凝土施工应符合表 4-2 中的相关要求。

（10）**养护** 混凝土养护应符合表 4-2 中的相关要求。

（11）**回填**

① 矩形边沟沟槽回填土应确保结构安全，应在两侧墙之间临时进行支撑，沟槽内有管道时，其管顶以上 50cm 范围内不得使用碾压机械进行压实，管顶必须有一定厚度的压实土层，其覆土厚度应按压实机械的规格和管道的设计承载力，通过计算确定。

② 其他要求应符合表 4-2 中的相关要求。

4. **施工总结**

① 沟底及沟坡混凝土成活后应及时覆盖并适时适量洒水养护，养护期间不得踩踏或堆放施工材料。

② 浇筑混凝土时应防止料斗碰撞模板，并严格控制混凝土浇筑的自由下落高度，防止混凝土出现离析或冲砸模板和钢筋骨架。

③ 拆除模板时应根据混凝土试件的试验，证明混凝土已经达到施工规程所要求的强度

后，方可进行。

④ 模板拆除时应按要求的顺序进行，不得用撬棍硬扳硬撬，以防止混凝土棱角破坏。

⑤ 回填土时沟槽两侧应对称回填，高差不大于 30cm，两侧墙之间必须设置临时且稳固的支撑。

⑥ 现浇混凝土边沟允许偏差见表 4-16。

表 4-16　现浇混凝土边沟允许偏差

项目	规定值或允许偏差 /mm	检验频率		检验方法
		范围/m	点数	
沟底高程	−10～0	20	2	用水准仪测量
平整度	≤10	20	2	用 3m 直尺和塞尺连续测量,取两尺最大值
断面尺寸	不小于设计规定	10	2	用钢尺量测,每侧计一点
厚度	0～+10	20	2	用尺测量,每侧及底板各计一点

二、砌体边沟施工

1. 示意图和施工现场图

边沟示意图和现场施工图分别见图 4-31 及图 4-32。

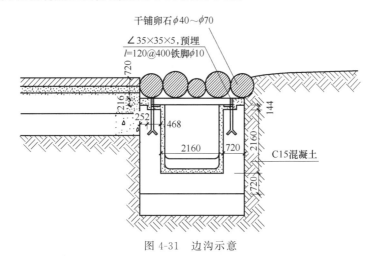

图 4-31　边沟示意

2. 注意事项

① 浆砌边沟施工中加强对混凝土基础和石块、预制混凝土砌块勾抹的水泥砂浆进行养护，根据天气情况进行覆盖或适时洒水养护。

② 浆砌边沟基底活坡面在养护期间应将施工区域进行封闭，防止施工人员和施工机械进入。

③ 运输砂石、土方、渣土和垃圾的车辆，必须密闭运输，防止在运输过程中遗撒。

图 4-32　边沟现场施工

④ 施工现场内部施工道路必须进行硬化处理，做到不泥泞、不扬尘。保持施工区环境

卫生，及时清理垃圾，运至指定地点。

3. 施工做法详解

工艺流程

测量放线→沟槽开挖→基础处理→结构砌筑→抹面或灌浆或勾缝→养护。

（1）测量放线

① 施工前由测量人员根据甲方或当地测绘单位提供的测量导线点的复测与闭合，对水准点进行复测，对施工部位准备好平面控制点，加密导线点、水准点，以满足施工测量控制的需要。对边沟开挖的断面进行放样及水准控制点的复测。

② 对边沟设计位置进行测量放线，确定边沟的施工中线、开槽上口线、开槽深度、下口宽度等。

（2）沟槽开挖

① 开槽前，应根据施工环境和施工需要确定土方开挖、运弃、暂存方案，选择存土场地。在使用机械开挖时，为防止超挖或扰动槽底土层，基底预留20cm厚的土层，由人工清底。

② 基槽开挖后经验槽合格，按设计要求，测定砌筑外露面边线及内面边线，并立好线杆，挂线，曲线段挂线杆应加密。

（3）基础处理

① 边沟基础应坚固可靠，基槽承载力应符合设计要求。严禁扰动基础下稳定的土体，如有超挖应按相关规定进行处理。

② 地基软弱时，必须对基础进行处理，应及时与设计方确定加固处理方法。

（4）结构砌筑

① 结构砌筑的要点如下。

a. 砌筑前检查基础尺寸、中线及高程，应符合要求。边沟底部的基础及坡面应平整、密实，局部凹陷处应挖成台阶与墙身同时砌筑。

b. 边沟两侧坡面及两端面砌筑应平顺。边坡背后与基底面结合应紧密。坡面顶与边坡间缝隙应封严。局部边坡镶砌时应切入坡面，与周边衔接应平顺。

c. 按照设计要求的沟内底部尺寸，施测出砌筑外露面边线和内面边线，并立好线杆挂线，遇曲线段时线杆挂线应加密。

d. 浆砌边沟按设计要求长度需要留置的伸缩缝，应垂直、贯通，止水材料应填塞饱满。采取分段砌筑时，相邻高差不得超过1.2m，且分段位置宜设置在沉降缝处。

e. 边沟侧面需要预埋排水管道或预留口时，其位置应准确。

② 机砖结构砌筑要点。

a. 使用机砖砌筑边沟结构的，在砌筑前视天气情况将机砖用水浸透。

b. 当混凝土基础验收合格，抗压强度达到设计强度的75%时，基础面处理平整并洒水润湿后，方可铺浆砌筑。

c. 砌筑机砖应满铺满挤，上下搭砌，砌砖的水平和竖向灰缝宽度宜为10mm，并不得有竖向通缝。曲线段的竖向内侧灰缝宽度不应小于5mm；外侧灰缝宽度不应大于13mm，允许偏差为±2mm。

d. 砌筑机砖应上下错缝、内外搭接，宜采用一顺一丁或三顺一丁砌法，侧墙宜采用五顺一丁砌法，但最下一层和最上一层应采用丁砖砌筑。

e. 砌筑直墙应挂线，砌体表面应平直，随砌随找，不得敲打找平，每米高的墙体砖层数应一致。若设计为直墙，墙高超过 1.2m 时，宜立"皮数杆"；墙高小于 1.2m 时，应拉通线，每日砌筑高度不应超过 1.2m。若设计为斜坡墙，砌筑高度不受限制。

f. 砖墙（或斜坡墙）的伸缩缝与底板的伸缩缝应垂直贯通，缝的间隙尺寸应符合设计要求，并砌筑齐整，缝内挤出的砂浆应随砌随清除。

g. 转角处和交接处应随墙体同时砌筑，当砌筑需要间断时，应预留阶梯形斜槎；接砌时，应将斜槎黏附的杂物清理干净，重铺水泥砂浆。

③ 混凝土砌块结构边沟砌筑（图 4-33）要点如下。

a. 当基础验收合格，方可铺浆砌筑。若基础为混凝土结构时，混凝土抗压强度应达到设计强度的 75% 时，方可进行砌筑。

b. 采用混凝土砌块砌筑边沟的沟底和两侧坡墙时，应严格按照设计坡度先进行冲筋，作为整体砌筑的控制样板，冲筋间距宜为 5m 左右。经检验合格后，将空当进行填充砌筑，并随时使用小线或杠尺，控制砌块的平整度、纵横缝缝宽、相邻砌块高差等。

图 4-33　混凝土砌块结构边沟砌筑

c. 砌筑混凝土砌块卧底和勾缝采用的水泥砂浆，严格按照设计要求进行拌制；基础面处理平整和洒水润湿后，方可按照设计卧浆厚度铺浆砌筑。

d. 在混凝土砌块砌筑时应轻轻安放，使用橡胶锤或木制墩锤敲打使其稳定，但不得损伤砌块的边角。

e. 砂浆层不平时，应拆掉砌块重新用砂浆找平，严禁向砌块底部填塞砂浆或支垫碎砖块等。

④ 石块结构边沟砌筑（图 4-34）要点如下。

图 4-34　石块结构边沟砌筑

a. 基础底部垫层施工完成后，进行边沟底部的块石或片石砌筑，将石料表面黏附的泥土等杂物清除干净，并用水润湿。

b. 在首层、转角处、交叉处应选择体积较大、较为平整的石材进行砌筑，并应将石块的大面向下安放。

c. 浆砌块石、片石砌筑应交错嵌紧，砌石应坐浆饱满、咬口紧密、基底和坡面上下及内外互相搭砌、上下错缝、勾缝密实。严禁有叠砌、贴砌、浮塞、孔洞、通缝等现象。浆砌混凝土砌块浆砌坐浆应饱满、密实，不得有孔洞、悬浆等现象。

d. 同一墙体每天连续砌筑高度不宜超过 1.2m，块石砌体应采用铺浆法砌筑，砌筑时，石块宜分层卧砌，并将石块大面向下或向上，且上下错缝，内外搭砌，在同层内应设拉结石，中距不应大于 2m，不得采用外面侧立石块、中间填心的砌筑方式，并不得有空缝。

e. 砌筑作业间歇时，应留阶梯形槎，并将已经砌好的侧墙石块的空隙用砂浆填满，继续砌筑时，将断面的表面清扫干净，洒水润湿。

（5）抹面或灌浆或勾缝

① 机砖墙体有抹面要求时，应在砌筑时将挤出的砂浆刮平，将砌体表面泥土等杂物清理干净，并将表面洒水润湿。水泥砂浆抹面宜分为两道抹成，第一道抹成后应使用杠尺刮平，并将表面划出纹道；完成后，进行第二道砂浆抹面，分成两次压实抹光。抹面作业有间歇时，施工缝留成阶梯形，在接槎时，应将接槎处均匀涂刷水泥净浆一道，并依次抹压使接槎严密，阴阳角应抹成圆角。

② 抹面砂浆终凝后，应及时保持湿润养护，养护时间不少于14d。

③ 边沟底表面的水泥砂浆抹面，可一次完成，抹面前应将底板表面清扫干净、洒水润湿，随抹随用杠尺刮平，压实或拍实后，用木抹子搓平，再用铁抹子分两遍赶光压实。

④ 水泥砂浆抹面质量应符合下列要求：砂浆与基层及各层间应黏结紧密、牢固，不得有空鼓及裂纹等现象。抹面平整度允许偏差不大于5mm，接槎应平整，阴阳角清晰直顺。

⑤ 墙体为清水墙时，应选用边角整齐、颜色均匀、规格一致的砖，在砌筑时应随砌随将砖缝凿出深度10mm的凹缝。对存在的未通灰缝应予以凿开，并将墙面上黏结的砂浆、泥土等杂物清除干净，洒水润湿墙面。勾缝砂浆塞入灰缝中，应压实拉平，深浅一致，横竖缝交接处应平整，凹缝宜比墙面凹入3~4mm，勾完一段应及时将墙面清扫干净，灰缝不得有搭槎、毛刺、舌头灰等现象。

⑥ 砌筑完成时，经对砌筑的平整度、纵横缝缝宽、相邻砌块高差等检验合格后，进行砌块之间的勾缝。

⑦ 沟底和侧墙（边坡）砌筑后，在勾缝前应将所有石块的外露面黏结的砂浆、泥土及杂物清除干净，并洒水润湿。

⑧ 石块之间的缝隙使用水泥砂浆进行勾缝，砂浆强度等级应符合设计要求，当设计无规定时，砂浆强度等级不得低于M10。勾缝时应保持砌筑的自然缝，勾凸缝时灰缝应整齐，弧线圆滑，宽度一致，并赶光压实，不得出现毛刺、裂纹、空鼓、脱落。

（6）养护 砌筑完成后进行养护，根据天气情况适时安排洒水或覆盖养护。

4. 施工总结

① 边沟开槽施工根据开槽深度和土质情况，严格按照施工设计坡度放坡。若开槽深度超过5m，必须编制专项施工方案，并经过专家论证后，方可组织实施。

② 沟槽上部堆土高度不得超过1m，且堆土底部距沟槽边缘应不小于1m。

③ 搬运和砌筑石块、预制块时，作业人员应精神集中，并提醒护坡底部作业人员注意，应采取防止砸伤手脚和滚落砸伤他人的措施。使用的工具应放在便于取用和稳妥处，作业中随时将作业范围内的碎石、碎块等清理干净，作业下方不得有人。

④ 砌筑排水沟或截水沟允许偏差应符合表4-17的规定。

表4-17 砌筑排水沟或截水沟允许偏差

项目	允许偏差/mm		检验频率		检查方法
			范围/mm	点数	
轴线偏位	≤30		100	2	用经纬仪和钢尺测量
沟断面尺寸	砌石	±20	40	1	用钢尺测量
	砌块	±10			

项目	允许偏差/mm		检验频率		检查方法
			范围/mm	点数	
沟底高程	砌石	±20	20	1	用水准仪测量
	砌块	±10			
墙面垂直度	砌石	≤30		2	用垂线、钢尺测量
	砌块	≤15			
墙面平整度	砌石	≤30	40	2	用2m直尺、塞尺测量
	砌块	≤10			
边线直顺度	砌石	≤20		2	用20m小线和钢尺测量
	砌块	≤10			
盖板压墙长度	±20			2	用钢尺测量

三、雨水口施工

1. 施工现场图

雨水口施工现场图见图4-35。

2. 注意事项

① 砌筑作业应集中、快速完成。

② 下班前未完成，必须在四周设置围栏和安全标志。

③ 外弃土方及时清运，还土及时苫盖、洒水，防止扬尘。

扫码看视频

雨水口施工

图4-35 雨水口施工现场

3. 施工做法详解

工艺流程 ➤➤➤➤

测量放线→挖槽→混凝土基础→井墙砌筑及勾缝→水泥砂浆泛水找坡→过梁安装、井圈及井箅安装→回填。

（1）**测量放线** 根据设计图纸，按道路设计边线及支管位置确定雨水口位置，定出雨水口中心线桩，使雨水口长边必须重合道路边线（弯道部分除外），并放出雨水口开挖边线。

（2）**挖槽** 按设计雨水口位置及外形尺寸，开挖雨水口槽，每侧宜留出30～50cm肥槽。人工开挖雨水口槽，必须严格按照开挖边线进行开挖。开挖时，应核对雨水口位置。平行于路边修正位置，并挖至设计深度。槽底应夯实，当为松软土质时，应换填石灰土，及时浇筑混凝土基础。采用预制雨水口时，若槽底为松软土质，应换填石灰土后夯实，并应根据雨水口底厚度，校核高程，宜低20～30mm铺砂垫层。

（3）**混凝土基础** 在浇筑基础混凝土前，应对槽底进行仔细夯实，遇水要排除，槽底松软时应夯筑3：7灰土基础。

基础混凝土强度等级应符合设计及标准图集要求。混凝土厚度一般为100mm，根据设计要求及标准图集，确定基础尺寸。

混凝土浇筑时，采用人工振捣密实，表面用木抹子抹毛面。浇筑完成后，宜采用覆盖和洒水养护的方法。

在基础上放出雨水口侧墙位置线并安放好雨水支管。管端外露雨水口内壁长度不大于

2cm，管端面完整无破损。

（4）**井墙砌筑及勾缝**　雨水口混凝土基础强度达到设计或规范要求后，方可进行雨水口的砌筑。

选择数量合适、质量合格的砖，运送至砌筑现场。砌筑井墙前一天，砖应浇水湿润（冬期除外）。

根据试验室提供的水泥砂浆配合比，现场搅拌水泥砂浆。

砂浆应随拌随用，应从拌和后 2.5h 内用完，砂浆若有泌水现象时，应在砌筑前重新拌和。

按井墙位置挂线，先砌筑一层井墙，根据长宽尺寸，核对对角线尺寸，核对方正。当立缘石内有 50cm 宽平石，且使用宽度小于或等于 50cm 雨水口框时，宜与平石贴路面一侧在一条直线上。

砌筑井墙，灰浆应饱满，随砌随勾缝，管顶应发两皮砖券，砌至设计标高。

（5）**水泥砂浆泛水找坡**　雨水口底使用水泥砂浆抹出向雨水口集水的泛水坡。

（6）**过梁、井圈及井算安装**　雨水口井框、井算应完整、无损，安装平稳、牢固，顶面高程应符合设计要求。使用预制混凝土井圈安装时，底部铺 20mm 厚 1:3 水泥砂浆，位置要求准确，与雨水口墙内壁一致，井圈顶与路面齐平或稍低，不得凸出。就地浇筑井圈，模板应支立牢固，浇筑混凝土后应及时养护。

（7）**回填**　回填井周基槽，其压实度应按照道路设计要求，回填时采用低强度等级混凝土或石灰粉、煤灰、砂砾掺加水泥。

4. 施工总结

① 雨水口回填料未达到设计强度的 75% 时，不得放行交通。

② 泼洒沥青黏层油或铺筑沥青混凝土前，在雨水口顶面进行覆盖防护，防止污染。

图 4-36　雨水支管施工现场

四、雨水支管施工

1. 施工现场图

雨水支管施工现场图见图 4-36。

2. 注意事项

① 施工前需根据现场实际情况进行详细的安全交底。

② 施工前在槽四周设置安全标志，非作业人员不得入内。

③ 砌筑作业应集中、快速完成。

④ 下班前未完成，必须在四周设置围栏和安全标志。

⑤ 外弃土方及时清运，还土及时苦盖、洒水，防止扬尘。

3. 施工做法详解

工艺流程 ▶▶▶▶ ....

测量放线→挖槽→浇筑基础→稳管→浇筑包封混凝土→回填。

（1）**测量放线**　按设计数据放出雨水支管的位置及高程后，核对预留接口尺寸、位置是否准确，如有出入应及时调整。

（2）**挖槽** 进行雨水口支管槽开挖，每侧肥槽预留宽度以便于安放支管施工为宜，槽底应坚实。

（3）**浇筑基础** 按照设计尺寸开槽施工后，进行混凝土垫层施工，采用平板振捣器振捣密实，根据标高控制线，进行表面刮杠找平，待垫层混凝土强度符合要求后方可进行下道工序施工。

（4）**稳管** 管节安装前应进行外观检查，检查管体外观及管体的承口、插口尺寸，承口、插口工作面的平整度，检查合格后方可进行施工。在基础上安放雨水支管，管道就位后，应在管两侧加楔形混凝土垫块，以防止滚管。管道安装时应将管道流水面中心、高程逐节调整，确保管道纵断面高程及平面位置准确，以减少错口现象。管端面露于井内，其长度不大于20cm。支管应直顺，管内应清洁，不得有错口、反坡、凹兜存水、管内接口灰浆外露（舌头灰）及破损现象。

（5）**浇筑包封混凝土** 位于道路基层内的雨水支管应做360°混凝土全包封。浇筑管座混凝土前平基应凿毛，冲洗干净，平基与管节接触的三角部位，应用与管座混凝土同强度等级混凝土填捣密实，浇筑管座混凝土时，应两侧同时进行，以防止管节偏移。混凝土浇筑后应进行养护，达到规定强度后方可进行下道工序施工。

（6）**回填** 清除槽底杂物，槽底至管顶以上50cm范围内不得使用含有有机物、冻块或粒径大于50mm的砖、石的土壤。沟槽两侧分层对称回填，两侧高差不得大于30cm，沟槽底至管底以上50mm的范围内应采用人工还土，超过管顶50cm以上可采用机械还土，回填时应分层铺设夯实，每层铺设夯实厚度依据所采用的压实机具确定。位于道路结构层内的沟槽部位采用同等道路结构材料回填并按道路结构压实标准进行压实，必要时可回填低强度等级混凝土。

4. 施工总结

① 雨水支管包封混凝土未达到设计强度的75%时，不得放行交通。

② 雨水支管与雨水口允许偏差应符合表4-18的规定。

表4-18 雨水支管及雨水口允许偏差

项目	允许偏差/mm	检验频率		检验方法
		范围	点数	
井框与井壁吻合	≤10	每座	1	用钢尺测量
井框与周边路面吻合	−10～0		1	用直尺靠量
雨水口与路边线间距	≤20		1	用钢尺测量
井内尺寸	0～+20		1	用钢尺测量，取最大值

第五节 ▶ 护坡施工

一、土钉支护

1. 示意图和施工现场图

土钉墙施工示意图和施工现场图分别见图4-37及图4-38。

2. 注意事项

① 成孔后应及时安插土钉主筋，立即注浆，防止塌孔。

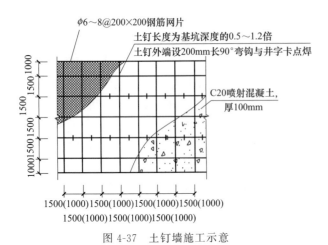

图 4-37　土钉墙施工示意

图 4-38　土钉墙现场施工现场

② 施工过程中，应注意保护定位控制桩和水准基点桩，防止碰撞产生位移。

3. 施工做法详解

施工工艺流程

排水设施的设置→基坑开挖→边坡修理→设置土钉→钻孔→插入土钉钢筋→注浆→铺钢筋网→喷射面层→土钉现场测试。

（1）排水设施的设置

① 水是土钉支护结构最为敏感的问题，不但要在施工前做好降排水工作，还要充分考虑土钉支护结构工作期间地表水及地下水的处理，设置排水构造措施。

② 基坑四周地表应加以修整并构筑明沟排水和水泥砂浆或混凝土地面，严防地表水向下渗流。

③ 基坑边有透水层或渗水土层时，混凝土面层上要做泄水孔，按间距 1.5～2.0m 均布插设长 0.4～0.6m、直径 40mm 的塑料排水管，外管口略向下倾斜。

④ 为了排除积聚在基坑内的渗水和雨水，应在坑底设置排水沟和集水井（图 4-39）。排水沟应离开坡脚 0.5～1.0m，严防冲刷坡脚。排水沟和集水井宜采用砖砌并用砂浆抹面以防止渗漏。坑内积水应及时排除。

图 4-39　集水井施工

（2）基坑开挖

① 基坑要按设计要求严格分层分段开挖，在完成上一层作业面土钉与喷射混凝土面达到设计强度的 70% 以前，不得进行下一层土层的开挖。每层开挖最大深度取决于在支护投入工作前土壁可以自稳而不发生滑移破坏的能力，实际工程中常取基坑每层挖深与土钉竖向间距相等。每层开挖的水平分段也取决于土壁自稳能力，且与支护施工流程相互衔接，一般多为 10～20m 长。当基坑面积较大时，允许在距离基坑四周边坡 8～10m 的基坑中部自由开挖，但应注意与分层作业区的开挖相协调。

② 挖土要选用对坡面土体扰动小的挖土设备和方法，严禁边壁出现超挖或造成边壁土体松动。坡面经机械开挖后要采用小型机械或人工进行切削清坡，以使坡度与坡面平整度达到设计要求。

(3) 边坡修理　为防止基坑边坡的裸露土体塌陷，对于易塌的土体可采取下列措施。

① 对修整后的边坡，立即喷上一层薄的混凝土，强度等级不宜低于 C20，凝结后再进行钻孔。

② 在作业面上先构筑钢筋网，再喷射混凝土面层，钢筋保护层厚度不宜小于 20mm，面层厚度不宜小于 80mm，而后进行钻孔和设置土钉。

③ 在水平方向上分小段间隔开挖。

④ 先将作业深度上的边壁做成斜坡，待钻孔并设置土钉后再清坡。

⑤ 在开挖前，沿开挖面垂直击入钢筋或钢管，或注浆加固土体。

(4) 设置土钉

① 若土层地质条件较差，在每步开挖后应尽快做好面层，即对修整后的边壁立即喷上一层薄混凝土或砂浆；若土质较好，可省去该道面层。

② 对于土钉设置，通常的做法是先在土体上成孔，然后置入土钉钢筋并沿全长注浆，也可以是采用专门设备将土钉钢筋击入土体，如图 4-40 所示。

(5) 钻孔

① 钻孔前应根据设计要求定出孔位并做出标记和编号，钻孔时要保证位置正确（上下左右及角度），防止高低参差不齐和相互交错。

② 钻进时要比设计深度多钻进 100～200mm，以防止孔深不够。

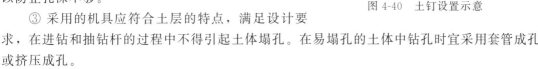

图 4-40　土钉设置示意

③ 采用的机具应符合土层的特点，满足设计要求，在进钻和抽钻杆的过程中不得引起土体塌孔。在易塌孔的土体中钻孔时宜采用套管成孔或挤压成孔。

(6) 插入土钉钢筋

① 插入土钉钢筋前要进行清孔检查，若孔中出现局部渗水、塌孔或掉落松土，应立即处理。土钉钢筋置入孔中前，要先在钢筋上安装对中定位支架，以保证钢筋处于孔位中心且注浆后其保护层厚度不小于 25mm。支架沿钉长的间距可为 2～3m，支架可为金属或塑料件，以不妨碍浆体自由流动为宜。

(7) 注浆（图 4-41）

① 注浆材料宜选用水泥浆、水泥砂架。注浆用水泥砂浆的水灰比不宜超过 0.4～0.45，当用水泥净浆时水灰比不宜超过 0.45～0.5，并宜加入适量的速凝剂等外加剂以促进早凝和控制泌水。

② 一般可采用重力、低压（0.4～0.6MPa）或高压（1～2MPa）注浆，水平孔应采用低压

图 4-41　注浆操作

或高压注浆。压力注浆时应在孔口或规定位置设置止浆塞,注满后保持压力 3~5min。重力注浆以满孔为止,但在浆体初凝前需补浆 1~2 次。

③ 对于向下倾角的土钉,进行重力注浆或低压注浆时宜采用底部注装方式,注浆导管底端应插至距孔底 250~500mm 处,在注浆的同时将导管匀速缓慢地撤出。注浆过程中注浆导管口应始终埋在浆体表面以下,以保证孔中气体能全部逸出。

④ 注浆时要采取必要的排气措施。对于水平土钉的钻孔,应用孔口部压力注浆或分段压力注浆,此时需配排气管并与土钉钢筋绑扎牢固,在注浆前与土钉钢筋同时送入孔中。

⑤ 向孔内注入浆体的充盈系数必须大于1。每次向孔内注浆时,宜预先计算所需的浆体体积并根据注浆泵的冲程数计算出实际向孔内注入的浆体体积,以确认实际注浆量超过孔内容积。

⑥ 注浆材料应拌和均匀,随拌随用,一次拌和的水泥浆、水泥砂浆应在初凝前用完。

图 4-42　铺钢筋网

⑦ 注浆前应将孔内残留或松动的杂土清除干净。注浆开始或中途停止超过 30min 时,应用水或稀水泥浆润滑注浆泵及其管路。

⑧ 为提高土钉抗拔能力,还可采用二次注浆工艺。

(8) 铺钢筋网 (图 4-42)

① 在喷混凝土之前,先按设计要求绑扎、固定钢筋网。面层内钢筋网片应牢固固定在边壁上并符合设计规定的保护层厚度要求。钢筋网片可用插入土中的钢筋固定,但在喷射混凝土时不应出现振动。

② 钢筋网片可焊接或绑扎而成,网格允许偏差为±10mm。铺设钢筋网时每边的搭接长度应不小于一个网格边长或 300mm,如为搭接焊则单面焊接长度不小于网片钢筋直径的 10 倍。网片与坡面间隙不小于 20mm。

③ 土钉与面层钢筋网的连接可通过垫片、螺母及土钉端部螺纹杆固定。垫片钢板厚 8~10mm,尺寸为 (200mm×200mm)~(300mm×300mm)。垫板下空隙需先用高强水泥砂浆填实,待砂浆达到一定强度后方可旋紧螺母以固定土钉。土钉钢筋也可通过井字加强钢筋直接焊接在钢筋网上等措施。

④ 当面层厚度大于 120mm 时宜采用双层钢筋网,第二层钢筋网应在第一层钢筋网被混凝土覆盖后铺设。

(9) 喷射面层 (图 4-43)

① 喷射混凝土的配合比应通过试验确定,粗骨料最大粒径不宜大于 12mm,水灰比不宜大于 0.45,并应通过外加剂来调节所需工作度和早强时间。当采用干法施工时,应事先对操作人员进行技术考核,以保证喷射混凝土的水灰比和质量达到设计要求。

② 喷射混凝土前,应对机械设备、风管路、水管路和电路进行全面检查和试运转。

图 4-43　喷射面层

为保证喷射混凝土厚度达到均匀的设计值，可在边壁上隔一定距离打入垂直短钢筋段作为厚度标志。喷射混凝土的射距宜保持在 0.6～1.0m，并使射流垂直于壁面。在有钢筋的部位可先喷钢筋的后方以防止钢筋背面出现空隙。喷射混凝土的路线可从壁面开挖层底部逐渐向上进行，但底部钢筋网搭接长度范围以内先不喷混凝土，待与下层钢筋网搭接绑扎之后再与下层壁面同时喷射混凝土。混凝土面接缝部分做成 45°角斜面搭接。当设计层厚度超过 100mm 时，混凝土应分两次喷射，一次喷射厚度不宜小于 40mm，且接缝错开。对于混凝土接缝，在继续喷射混凝土之前应清除浮浆碎屑，并喷少量水润湿。

③ 面层喷射混凝土终凝后 2h 应喷水养护，养护时间宜在 3～7d，养护视当地环境条件可采用喷水、覆盖浇水或喷涂养护剂等方法。

④ 喷射混凝土强度可用边长为 100mm 的立方体试块进行测定。制作试块时，将试模底面紧贴边壁，从侧向喷入混凝土，每批至少留取 3 组（每组 3 块）试件。

（10）土钉现场测试　土钉的施工监测应包括下列内容。

① 支护位移、沉降的观测；地表开裂状态（位置、裂宽）的观察；附近建筑物和重要管线等设施的变形测量和裂缝宽度观测；基坑渗、漏水和基坑内外地下水位的变化。

② 在支护施工阶段，每天监测不少于 1～2 次；在支护施工完成后、变形趋于稳定的情况下每天 1 次。监测过程应持续至整个基坑回填结束为止。

③ 观测点的设置：每个基坑观测点的总数不宜少于 3 个，间距不宜大于 30m。其位置应选在变形量最大或局部条件最为不利的地段。观测仪器宜用精密水准仪和精密经纬仪。

④ 当基坑附近有重要建筑物等设施时，也应在相应位置设置观测点，在可能的情况下，宜同时测定基坑边壁不同深度位置处的水平位移，以及地表距基坑边壁不同距离处的沉降。

⑤ 应特别加强雨天和雨后的监测，以及对各种可能危及支护安全的水害来源（如场地周围生产、生活用水，上下水管、贮水池罐、化粪池漏水，人工井点降水的排水，因开挖后土体变形造成管道漏水等）进行观察。

4. 施工总结

（1）**成孔**　孔径、孔深要保证，孔中杂物、碎土块及泥浆要清除干净。

（2）**推送土钉主筋就位**　土钉主筋应位于钻孔中心轴上，并保证推送过程中的钻孔壁不损坏，孔中无碎土泥浆堵塞。

（3）**喷射混凝土**　保证正确的配合比、水灰比及外加剂掺量比，并按实际操作规程进行养护。

（4）**注浆**　土钉一般采用压力注浆，注浆时一定要注满整个钉孔，以免减弱土钉的作用，影响土钉墙的稳定性。

（5）**施工**　应合理安排施工顺序，夜间作业应有足够的照明设备，防止砂浆配合比不准确。

二、边坡锚固

1. 示意图和施工现场图
边坡锚固墙示意图和边坡锚固施工现场图分别见图 4-44 及图 4-45。

2. 注意事项
① 土方开挖前，应编制详细的土方开挖方案，在取得支护结构设计单位认可后方可实施。

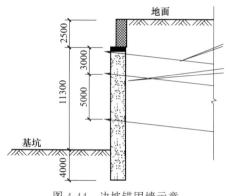

图 4-44 边坡锚固墙示意

图 4-45 边坡锚固施工现场

② 应严格遵循先撑后挖的原则。

③ 土方开挖宜以分层、分段、对称的方式进行，使支护结构受力均匀。

④ 挖土期间基槽严禁大量堆载。

3. 施工做法详解

施工工艺流程 ▷▷▷▷▷ ·······························

施工准备→测量放线→砌筑施工。

土钉墙可以提高施工速度，节省造价，同时又可以给外管线施工提供方便。土钉墙高度、锚杆直径、长度、锚固、预应力设计值、锁定值、桩径、桩间距等需经设计确定。桩间面层喷射 30～50mm 厚 C20 细石混凝土。

4. 施工总结

① 逐层夯实，严禁使用膨胀土和高塑性土，每层压实厚度不宜超过 20cm，根据碾压机具和填料性质应进行压实试验，确定填料分层厚度及碾压遍数，以正确地进行施工。

② 砌筑挡土墙外露面应留深 10～20mm 勾槽缝，按设计要求勾缝。

三、浆砌护坡施工

1. 示意图和施工现场图

护坡示意图和施工现场图分别见图 4-46 及图 4-47。

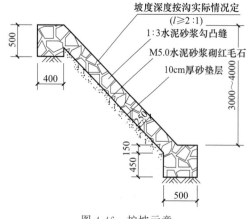

图 4-46 护坡示意

图 4-47 护坡施工现场

2．注意事项

① 场地平整、坚实、无障碍物，施工现场应划分作业区，安设防护栏杆并设安全标志。

② 搬运和砌筑石块、预制块时，作业人员应精神集中，提醒护坡底部作业人员注意，并应采取防止砸伤手脚和滚落砸伤他人的措施。使用的工具应放在便于取用和稳妥处，作业中随时将作业范围内的碎石、碎块等清理干净，作业下方不得有人。

③ 施工现场暂存的渣土、灰土、粉煤灰、水泥等散体材料应集中存放，必须采取密闭或密目网覆盖等措施。

④ 遇四级风以上天气不得进行土方作业。施工现场应当设专人负责保洁工作，并配备相应的洒水设备，及时进行洒水，减少扬尘污染。

3．施工做法详解

工艺流程

测量放线→边坡基底修整→边坡趾墙基础开槽→砌筑趾墙→砌筑护坡→水泥砂浆勾缝→养护。

(1) 测量放线　砌筑前按照设计平面位置、高程、坡度进行测量放线，放出护坡坡脚和坡顶线。

(2) 边坡基底修整

① 原坡面应平整、密实。对边坡基底进行修整，按设计坡度挂线进行削坡和整平，对松软部位用手夯拍实。

② 设计边坡有砂砾料基础垫层时，应自下而上铺筑，厚度要满足设计要求。

(3) 边坡趾墙基础开槽

① 采用机械或人工进行开槽，在使用机械开挖时，为防止超挖或扰动槽底土层，基底预留 20cm 厚的土层，由人工清底。

② 验槽合格后，测定砌筑外露面边线及内面边线，并立好线杆，进行挂线，曲线段挂线杆应加密布设。

③ 开槽断面应符合规范要求，在保证质量和安全的前提下，以少挖方、少占地为宜。

④ 边坡趾墙基础应坚固可靠，基槽承载力应符合设计要求。严禁扰动基础下稳定的土体，如发生超挖，应按有关规定进行处理。

⑤ 地基无法达到设计承载力时必须对基础进行处理，应及时与设计人员商定具体加固处理方法。

(4) 砌筑趾墙

① 砌筑趾墙时应保证趾墙砌体宽度和厚度符合设计要求，砌筑中应定期量测。

② 浆砌石底面应卧浆铺砌，立缝填浆捣实，不得有空缝和贯通立缝。砌筑中断时，应将砌好的石块空隙用砂浆填满。再砌筑时石块表面应清扫干净，洒水润湿，工作缝应留斜槎。

③ 趾墙砌筑时的浆砌片石、块石、混凝土砌块应分层交错嵌紧，不得有叠砌、松动、浮塞等现象。浆砌坐浆应饱满、密实，不得有孔洞、悬浆等现象。

④ 对石料空隙使用较小块体进行填充。

⑤ 石料灌缝使用的材料品质和配合比应满足设计要求。

⑥ 砌筑的石料等空隙应分层灌缝，用水泥砂浆随时灌缝后再进行插捣。

（5）砌筑护坡

① 料石规格应符合下列要求。

a. 丁石宽度不得小于石料的厚度，长度不得小于厚度的 1.5 倍，并应比相邻顺石宽度大 1.5 倍以上。顺石宽度不得小于石料的厚度，长度得不得小于厚度的 1.5 倍。

b. 角石一边不得小于石料的厚度，另一边不得小于厚度的 1.5 倍。修凿面进深：毛料石不得小于 10cm，粗料石不得小于 15cm。所有修凿面都应平整，四角方正，尾部大致凿平。护坡梯道、跌水槽结构按设计位置、结构尺寸、材料品质施工，与护坡结构同时安排施工。

② 护坡砌筑应从下而上进行。坡面局部有凹陷处，应挖成台阶与墙身同时砌筑。砌石应坐浆饱满、咬口紧密、内外搭砌、上下错缝、勾缝密实。严禁有叠砌、贴砌、浮塞、孔洞、通缝等现象。

③ 浆砌护坡设置泄水孔处，应按设计要求先施工反滤层，泄水孔的反滤层设置应与砌筑同时进行。

④ 护坡与趾墙基础沉降缝对齐，缝应垂直、贯通，缝内止水材料应填塞饱满。

⑤ 护坡砌筑，其护坡面与顶部及两侧端头与坡面衔接应平顺，护坡背后与基底坡面结合应紧密。局部边坡镶砌时应切入坡面，与周边衔接平顺，护坡墙顶与边坡间缝隙用水泥砂浆抹面封严。

（6）水泥砂浆勾缝

① 护坡砌筑完成后及时进行勾缝，勾缝用的水泥砂浆，必须满足设计要求。

② 外露面应留深 1～2cm 的勾缝槽，按设计要求勾缝。勾缝密实，缝宽均匀一致，不得有漏勾、裂缝、空鼓、脱落等现象。

（7）养护 根据天气情况采取保温保湿措施，及时进行覆盖，适时洒水养护。

4. 施工总结

① 浆砌护坡施工中加强对混凝土基础和石块、预制混凝土砌块勾抹的水泥砂浆进行养护，根据天气情况进行覆盖或适时洒水养护。

② 砌护底时，在养护期间应将施工区域进行封闭，防止施工机械进入。

③ 浆砌护坡顶部结构为施工到设计高程时，在坡顶应设置土埂，防止雨水流入未砌筑范围的基底，造成坡面结构形成水毁。

④ 护坡允许偏差应符合表 4-19 的规定。

表 4-19 护坡允许偏差

项目		允许偏差/mm			检测频率		检验方法
		浆砌块石	浆砌料石	混凝土砌块	范围	点数	
基底高程	土方	±20			20m	2	用水准仪测量
	石方	±100				2	
垫层厚度		±20				2	用钢尺测量
砌体厚度		不小于设计值			每沉降缝	2	用钢尺测量顶、底各一处
坡度		不小于设计值			每 20m	1	用坡度尺测量
平整度		≤30	≤15	≤10	每座	1	用 2m 直尺、塞尺测量
顶面高程		±50	±30	±30	每座	2	用水准仪测量两端部
顶面线形		≤30	≤10	≤10	100m	1	用 20m 线和钢尺测量

第一节 ▶ 基础施工

一、钻孔灌注桩基础施工

1. 示意图和施工现场图

钻孔灌注桩示意图和施工现场图分别见图 5-1 和图 5-2。

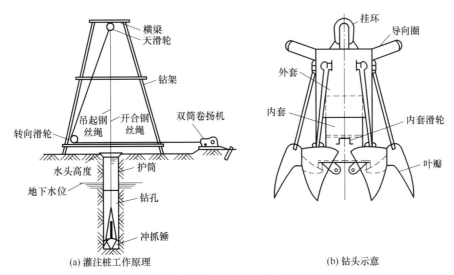

(a) 灌注桩工作原理　　　　　　　　　　　　(b) 钻头示意

图 5-1　钻孔灌注桩示意

2. 注意事项

① 运弃干渣土时应进行覆盖，防止扬尘；运弃带泥水的渣土时应用密封车厢，防止遗漏，污染道路。

② 成孔后应及时安放钢筋笼，并灌注混凝土，避免塌孔。

③ 吊放钢筋笼时应对中稳放，防止刮碰孔壁造成塌孔。

④ 合理安排施工顺序，防止因施工机械和车辆振动对

图 5-2　钻孔灌注桩施工现场

未达到规定强度的桩身混凝土产生不利影响。

⑤ 桩顶高于地面的桩完成后应加围挡和标志，防止施工机械和车辆碰撞。

3. 施工做法详解

工艺流程 ❯❯❯❯❯ ⋯⋯⋯⋯⋯⋯⋯⋯⋯⋯⋯⋯⋯⋯⋯⋯

埋设护筒→钻机就位→制备泥浆→钻孔→钻孔中故障的处理→安放钢筋笼→安放导管、灌注支架及储料漏斗→二次清孔→灌注水下混凝土→护筒拔出→清理桩头。

（1）埋设护筒（图 5-3） 埋设护筒前应校验桩位，确认正确。

① 护筒内径一般较桩径大 200～300mm。

② 护筒顶面宜高出施工水位或地下水位 2m，并高出施工地面 0.5m 以上。

③ 护筒埋设深度应符合施工设计规定。

④ 采用正（反）循环钻机、冲击钻机、旋挖钻机等钻孔时，护筒可以采用挖埋法设置。钢质护筒可以采用锤击法就位。挖埋法设置护筒时，回填土必须用黏性土分层夯实。

⑤ 采用全护筒冲抓钻机时，护筒由钻机在钻进中分节压入。

⑥ 护筒埋设允许偏差：顶面中心偏位 50mm，垂直度 1%。护筒埋设后应进行检查，确认符合要求。

（2）钻机就位（图 5-4）

图 5-3　埋设护筒施工现场

图 5-4　钻机就位

① 机位的地基应平整、坚实。地基软弱时应进行处理，使其能满足钻机作业要求。

② 钻机的钻具中心应对准护筒中心。钻机应平稳、不倾斜。可在钻机双侧吊线坠或用经纬仪校正钻杆垂直度。

③ 钻机安装后应用缆风绳固定，并经试运行，确认符合要求。

（3）制备泥浆 泥浆宜用黏土加水搅拌制成，也可用膨润土加纯碱和水制成。泥浆性能应符合施工设计规定。

（4）钻孔

① 正循环回转钻机（图 5-5）

a. 钻头回转中心对准护筒中心，先启动泥浆泵 2～3min，待循环泥浆输进护筒中一定数量后，再开动钻机，慢慢将钻头放置于护筒底。开始应低压、慢速钻进，以稳固护筒下脚，待钻至刃脚下 1m 后，方可根据土质情况以正常速度钻进。

b. 在黏土地层钻进时宜选用尖底且翼片较少的钻头，采用稀泥浆、中等转速、大泵量的钻进方法，以防止出现钻头包泥、憋泵现象。

c. 在砂层钻进时宜选用平底钻头，采用稠泥浆、低压、慢转速、大泵量的钻进方法。在易坍塌段可向孔内投入适量黏土块，并控制钻具升降速度和回转速度，以减轻钻头上下运动时浆液对孔壁的冲刷。

d. 在含砾石土层中钻进时宜用优质泥浆、慢转速、大泵量、两级钻进方法。

e. 钻速选择：在一般地层中钻进时转速为 $40\sim80r/min$，钻孔直径小、黏性土取较高值；钻孔直径大、砂性土取较低值。较硬或非匀质土层转速可减少至 $20\sim40r/min$。

f. 钻压确定：在土层中钻进时，钻进压力应保证循环泥浆畅通，钻渣清除及时；在岩层中钻进时，钻进压力应使钻头能有效切入并破碎岩石，同时又不会过快地磨钝和损坏钻头。

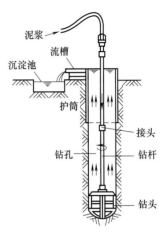

图 5-5　正循环回转
钻机施工示意

g. 清孔方法如下。

ⓐ 抽浆法：将送风管通过灌注水下混凝土的导管插入孔底，压缩空气从管底喷出搅起沉渣，沿导管排出孔外；也可用砂石泵或射流泵作动力，利用导管作为吸泥管将孔内泥浆抽走。抽浆同时必须不断向孔内补充清水。

ⓑ 换浆法：在终孔时停止钻具回转，将钻头提离孔底 $100\sim200mm$，维持泥浆的循环，并向孔内注入含砂量小于47％的新泥浆或清水，令钻头空转 $10\sim30min$，直至达到清孔要求为止。

② 反循环回转钻机（图 5-6）

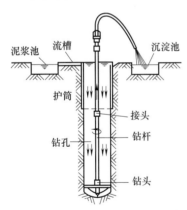

图 5-6　反循环回转钻机施工示意

a. 钻头回转中心对准护筒中心，先启动砂石泵，待泥浆循环正常后，开动钻机，慢速回转下放钻头至护筒底。开始应低压、慢速钻进，以稳固护筒下脚，待钻头正常工作后再逐渐加大压力和转速，使钻头不产生堵水，待钻至刃脚下 1m 后，方可根据土质情况以正常速度钻进。

在钻进时应仔细观察进尺情况和砂石泵排水出渣情况，排水量减少或排水中含渣量较多时，应控制钻进速度，防止因泥浆密度过大而中断循环。

b. 在砂砾石层中钻进时，可采用间断钻进的方法控制钻进速度，防止钻渣过多堵塞管路。

c. 接长钻杆时，先将钻具提高到距孔底 $80\sim100mm$ 的位置，维持泥浆循环 $1\sim2min$，以冲洗孔底并将管道内的钻渣排净，再停泵接钻杆。钻杆应连接牢固，并防止螺栓、螺母和工具掉入孔内。

③ 冲击钻机

a. 将钻机冲击中心对准护筒中心。先向护筒内灌注调制好的泥浆，或直接注水并加入黏土块，用冲击锥十字形钻头以小冲程反复冲击造浆，同时稳固护筒下脚。

b. 冲程选择：在紧密的砂层、含砾石的土层中钻进宜采用大冲程；在松散的砂层、含砾石的土层中以及黏性土、粉质黏土中钻进宜采用中冲程；在易坍塌或流砂地段中钻进宜采用小冲程，并应提高泥浆的密度和黏度。

图5-7　旋挖钻机施工现场

在松软土层钻进时，每次宜松绳50～80mm；在密实土层钻进时，每次可松绳30～50mm。

④ 旋挖钻机（图5-7）

a. 将钻杆轴线垂直对准桩位中心，钻头着地，平稳开孔、出土，直至达到护筒埋置标高，提钻埋设护筒。

b. 在护筒内注入泥浆，继续钻进，当钻斗内装满渣土时，提升钻斗至孔口上，回转钻斗，开启活门卸土。

c. 开孔及最初应慢速，待钻孔至护筒刃脚下1.5m后可以正常速度钻进。

d. 在黏土层中钻进应选用长斗齿和齿间距较大的钻斗以免糊钻，提钻卸土时应及时清理齿间黏土。

e. 在较硬土层中钻进，可先用小直径钻斗，再用适宜直径的钻斗扩孔至要求孔径。

⑤ 清孔　在泥浆稳定的情况下，一般用双层底捞砂，钻斗不进尺回转，使沉渣进入斗内，反转封闭斗门，即可达到清孔。

⑥ 螺旋钻机（图5-8）

a. 螺旋钻机适用于细粒土层、无地下水的情况，不用泥浆护壁干钻法施工，一般可不用埋设护筒。

b. 将钻杆垂直对准桩位中心。正常钻进时应边钻进边出渣，钻至设计高程时，钻杆边旋转边提升边清渣，直至钻杆全部提出孔外。

⑦ 全护筒冲抓钻机

a. 适用桩径1.0～1.2m，桩长30m左右。

b. 将钻机冲击中心对准桩位中心，用钻机本身的下压功能将钢护筒压至土层中一定深度，不需泥浆护壁。随钻进随下压并接长护筒，直至设计深度。

图5-8　螺旋钻机施工现场

c. 在软弱土层施工时护筒底端应深于抓土面1.0～1.5m；在中等硬度的土层中护筒底端应深于抓土面30cm。钻进时先压护筒，再用抓斗取土。

d. 遇砂砾石土层，应先用抓斗机开挖至护筒刃脚下200～300mm，再将护筒压下。

（5）钻孔中故障的处理

① 坍孔　少量坍孔，可加大泥浆稠度继续钻进；连续大量坍孔，应停止钻进，孔中回填黏土、砂砾，待沉淀密实后重新钻孔；如护筒因坍孔下沉，应回填后重新埋设且加深护筒埋置深度，护筒四周应用黏土夯实。

② 钻孔偏斜　钻孔不深且偏斜小于1%，应校正钻机，用钻具纠正钻孔后继续钻进。钻孔较深或偏差大于1%，应回填重钻。

③ 糊钻　多发生于正（反）循环钻和冲击钻机，一般因泥浆稠度过大、排渣量不够或泥浆供应不足造成。糊钻不严重时应控制钻进速度；严重时应停止钻进，提出钻锥，清除钻渣，降低泥浆稠度。

④ 埋钻　发生坍孔埋钻时，可用吸泥机或高压射水松动钻锥后提出。

⑤ 卡钻　多发生于冲击钻机，可用晃动大绳、冲水、吸渣等方法使钻锤松动后提出。

⑥ 掉钻 可采用打捞叉、多用钩及时打捞。

钻孔清孔完成后，应对孔深、孔径进行检测，确认符合要求。

（6）安放钢筋笼（图5-9）

① 桩较短时，钢筋笼可整桩制作、安放；桩较长时，宜分段制作、分段下沉，并按钢筋接头搭接长度的规定连接焊牢。

② 在钢筋笼的箍筋上应绑扎砂浆或塑料垫块，以保证钢筋保护层厚度。

③ 为防止钢筋笼起吊变形，可采取临时加固措施，入孔时拆除。

④ 吊放钢筋笼时应对中、平稳、缓放，不得刮碰孔壁造成坍塌。

⑤ 钢筋笼就位后应固定在护筒上口，以防移动。

图5-9 安放钢筋笼

（7）安放导管、灌注支架及储料漏斗

① 导管使用前应进行试拼、编号和渗漏检验，并注明导管自下端向上的累积尺度。导管可逐节安装，也可分段预接后逐段安装。导管下口至孔底距离应为200～400mm。

② 最上一节导管与储料漏斗相连处应安装活门。导管在桩孔内应居中。

③ 灌注混凝土的支架可就地搭设或采用移动式。灌注支架应稳固地安放在桩孔之上。

④ 储料漏斗应固定于灌注支架上，当桩顶高于孔中水面时，漏斗底口应高出桩顶4m以上；当桩顶低于孔中水面时，漏斗底口应高于水面4m以上。

（8）二次清孔

① 灌注水下混凝土之前应用测深尺、测深锤检测孔底沉淀厚度，若超过规定应二次清孔。

② 正、反循环钻机一般利用导管向孔内压入相对密度1.15左右的泥浆，置换孔底沉渣。

③ 冲击钻、旋挖钻机宜对孔底进行高压射水或射风，使孔底沉淀物悬浮，达到二次清孔。

（9）灌注水下混凝土（图5-10）

图5-10 灌注水下混凝土

① 灌注时混凝土拌和物的坍落度应控制在180～220mm，如其坍落度和均匀性不符合要求，应进行二次拌和，二次拌和后仍不符合要求不得使用。

② 灌注时间不得长于首批混凝土初凝时间，否则应在拌和物中掺加缓凝剂。

③ 开启活门，首批混凝土泄放后，应检查导管是否漏水，如有泥浆回灌现象应及时处理，同时应随即探测导管埋置深度，确认符合要求即可正常灌注。

④ 灌注过程中应随时探测导管埋置深度，以确定导管提升与拆除的时间。导管提升前、后，其下端埋置深度不宜大于6m且不宜小于2m。

⑤ 使用全护筒灌注混凝土时，应随灌注随提升，提升过程中保持护筒内混凝土厚度不小于1.0m。

⑥ 当孔内混凝土面升到钢筋骨架下端时，应放慢灌注速度，减少混凝土上升冲力，防止钢筋笼被混凝土顶托上升。

⑦ 导管提升时应保持轴线竖直和位置居中，稳步提升。若提升中发生卡挂钢筋笼的现象，不得硬提，应转动导管使其脱离钢筋笼后再继续提升。

⑧ 为确保桩顶混凝土质量，应在桩顶设计高程以上加灌 0.5～1.0m，灌注结束，清除此段混凝土与泥浆的混合部分后，即能露出合格的混凝土。

⑨ 灌注结束后拆除储料漏斗、灌注支架和导管。

⑩ 拆除的导管应随即清理洁净，依序码放备用。

(10) 护筒拔出

① 现场埋设护筒时，处于地面以下或桩顶以下的整体护筒应在混凝土灌注完成后立即拔出；处于地面以上的可拆卸护筒，应待混凝土强度达到后方可拆除。

② 使用全护筒冲抓钻机灌注混凝土时，应随灌注随提升，并逐节拆除，直至全部拔出。

③ 拆除护筒后应及时清理洁净，存放备用。

(11) 清理桩头

① 清理桩头时，在桩顶标高处先弹出切割线后方可剔凿（图 5-11），沿切割线剔凿一圈，剔凿深度以见主筋为宜。

② 将灌注桩高于桩顶的主筋逐根剔凿，使其与混凝土分离并将其弯成一定角度，以能将桩顶以上的混凝土清除为宜。

③ 清除桩头。

④ 将桩顶以上的预留筋恢复到设计要求形状。

图 5-11　桩头剔凿施工现场

4. 施工总结

① 同时钻孔施工的相邻桩孔净距不得小于 5m。两桩净距小于 5m 时，一桩混凝土强度达到 5MPa 后，方可进行另一桩钻孔施工。

② 钻机电缆应架空设置。电缆架空通过道路时应有足够的安全高度；需从地面上通过时应采取保护措施。钻机行走时应设专人提电缆同行。

③ 钻机应安装稳固，钻杆垂直偏差应小于全长的 1%。

④ 钻机启动前应将操纵杆置于零位，启动后应先空挡试运转，确认仪表、制动等正常后方可作业。

⑤ 若钻孔过程中发生故障，应立即切断电源，停止钻进，未查明原因，采取措施前不得强行继续施钻。

⑥ 钻机作业中遇停电，应将操纵杆置于零位，切断电源，将钻头提出孔外置于地面上。

⑦ 钻孔灌注桩允许偏差应符合表 5-1 的规定。

表 5-1　钻孔灌注桩允许偏差

项目		允许偏差/mm	检验频率		检验方法
			范围	点数	
桩位	群桩	100	每根桩	1	用钢尺测量
	排桩	50			
沉渣厚度	摩擦桩	符合设计要求	每根桩	1	检查灌注前的记录
	支承桩	不大于设计要求			

二、混凝土扩大基础施工

1. 示意图和施工现场图
明挖扩大基础示意图和施工现场图分别见图 5-12 及图 5-13。

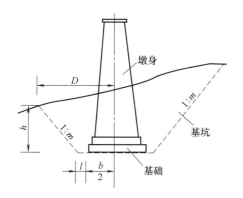

图 5-12　明挖扩大基础示意

图 5-13　明挖扩大基础施工现场

b—基础底边的长度或宽度；h—坑底与地面的高差；
m—坑壁坡度系数的分母；L—基底每侧加宽度

2. 注意事项
① 模板必须有足够的强度、刚度和稳定性，能可靠地承受施工荷载。

② 现浇混凝土时，不得践踏钢筋。混凝土应均匀布料，不得随意集中卸料。

③ 混凝土拆模，必须在混凝土强度达到规定要求后，且其表面及棱角不因拆模而受损时，方可拆除。当模板与混凝土脱离后，方可吊运模板。

④ 拆除临时埋设于混凝土中的木塞和其他预埋部件时，不得损伤混凝土。

3. 施工做法详解

工艺流程 ⟫⟫⟫⟫

基底验收→垫层施作→测量放线→模板安装、钢筋绑扎→商品混凝土（预拌混凝土）拌制、运输→混凝土浇筑→混凝土振捣→混凝土结构养护→拆模。

（1）基底验收

① 混凝土工程扩大基础施工前，基坑支护和基坑开挖质量检查合格，基坑应保证稳定；基底原状土无扰动，如基坑扰动超挖，应按规定处理至不低于基底原状土状态。

② 地基承载力（和地基处理结果）符合设计要求。

③ 基底在混凝土浇筑前应清理干净，无任何影响混凝土质量的杂物。

④ 基坑应保证稳定和干燥，混凝土浇筑应在基底无水情况下施工。

（2）垫层施作及测量放线

① 垫层混凝土铺筑工法同主体结构工程施作，垫层模板可采用方木、木板或组合钢模板，垫层混凝土强度应符合设计要求，表面应平整，不得高于基础底面设计高程，平面尺寸设计无要求时应大于基础 100mm 以上。

② 桥梁工程测量放线应符合《市政基础设施工程施工测量技术规程》（Q/BMG 101—2009）的有关规定。放出桥梁工程扩大基础的中线、外边线。

（3）模板安装、钢筋绑扎及商品混凝土拌制、运输　城市桥梁工程混凝土扩大基础采用的商品混凝土应按规定要求提供混凝土配合比、合格证，做好混凝土进场检验和试验工作，并应测定混凝土坍落度，做好记录。

（4）混凝土浇筑

① 浇筑混凝土前，应做好检查工作。

a. 浇筑混凝土前，应对支架、模板、钢筋和预埋件进行检查，并做好记录，符合要求后方可浇筑。

b. 浇筑混凝土前，应对保护层垫块的位置、数量等做重复性检查，以提高钢筋的混凝土保护层厚度尺寸的质量保证率。构件侧面和底面的垫块应至少为 4 个/m²，绑扎垫块和钢筋的钢丝头不得伸入保护层内。保护层垫块的尺寸应保证混凝土保护层厚度的准确性，其形状（宜为工字形或锥形）应有利于钢筋的定位，不得使用砂浆垫块。

c. 模板内的杂物、积水、钢筋上的污垢应清理干净。模板如有缝隙，应堵塞严密，模板内面应涂刷脱模剂。基础混凝土浇筑前，干土基要洒水湿润，湿土基要铺以碎石垫层或水泥砂浆层，石质地基要清除松散粒料，才可浇筑基础混凝土。

d. 浇筑混凝土前，应检查混凝土的均匀性和坍落度。

② 自高处向模板内倾卸混凝土时，为防止混凝土离析，应符合下列规定。

a. 从高处直接倾卸时，其自由倾落高度不宜超过 2m。

b. 当倾落高度超过 2m 时，应通过串筒、溜槽或振动溜管等设施下落；倾落高度超过 10m 时应设置减速装置。

c. 出料口下面，混凝土堆积高度不宜超过 1m。

③ 混凝土应按一定厚度、顺序和方向分层浇筑，应在下层混凝土初凝或能重塑前浇筑完成上层混凝土。上下层同时浇筑时，上层与下层前后浇筑距离应保持在 1.5m 以上。在倾斜面上浇筑混凝土时，应从低处开始逐层扩展升高，保持水平分层。

④ 混凝土的浇筑应连续进行，如因故必须间断时，其间断时间应小于前层混凝土的初凝时间或能重塑时间。混凝土的运输、浇筑及间歇的全部时间不得超过表 5-2 的规定。当需要超过时应预留施工缝。

表 5-2　混凝土的运输、浇筑及间歇的全部允许时间　　单位：min

混凝土强度等级	气温不高于 25℃	气温高于 25℃
≤C30	210	180
＞C30	180	150

⑤ 施工缝的位置应在混凝土浇筑之前确定，宜留置在结构受剪力和弯矩较小且便于施工的部位，并应按下列要求进行处理。

a. 凿除处理层混凝土表面的水泥砂浆和松弱层，但凿除时，处理层混凝土须达到下列强度：用水冲洗凿毛时，须达到 0.5MPa；用人凿除时，须达到 4.5MPa；用风动机凿毛时，须达到 10MPa。

b. 凿毛处理的混凝土面，应用水冲洗干净，在浇筑次层混凝土前，对垂直施工缝宜刷一层水泥净浆，对水平缝宜铺一层厚为 10～20mm 的 1∶2 的水泥砂浆。

c. 重要部位及有防震要求的混凝土结构或钢筋稀疏的钢筋混凝土结构，应在施工缝处补插锚固钢筋或石榫；有抗渗要求的施工缝宜做成凹、凸缝或设止水带。

d. 施工缝为斜面时应浇筑成或凿成台阶状。

e. 施工缝处理后，须待处理层混凝土达到一定强度后才能继续浇筑混凝土。需要达到的强度，一般最低为 1.2MPa，当结构物为钢筋混凝土时，不得低于 4.5MPa。混凝土达到上述抗压强度时间宜通过试验确定。

⑥ 在浇筑过程中或浇筑完成时，如混凝土表面泌水较多，须在不扰动已浇筑混凝土的条件下，采取措施将水排除。继续浇筑混凝土时，应查明原因，采取措施，减少泌水。

⑦ 结构混凝土浇筑完成后，对混凝土裸露面应及时进行修整、抹平，待定浆后再抹第二遍并压光或拉毛。当裸露面面积较大或气候不良时，应加盖防护，但在开始养护前，覆盖物不得接触混凝土面。

⑧ 浇筑混凝土期间，应设专人检查支架、模板、钢筋和预埋件等稳固情况，当发现有松动、变形、移位时，应及时处理。

⑨ 浇筑混凝土时，应填写混凝土施工记录。

（5）混凝土振捣

① 浇筑混凝土时，除少量塑性混凝土可用人工捣实外，宜采用振捣器振实。用振捣器振捣时，应符合下列规定。

a. 使用插入式振捣器时，移动间距不应超过振捣器作用半径的 1.5 倍；与侧模应保持 50～100mm 的距离；插入下层混凝土 50～100mm；每一处振动完毕后应边振动边徐徐抽出振捣棒；应避免振捣棒碰撞模板、钢筋及其他预埋件。

b. 表面振捣器的移位间距，应以使振捣器平板能覆盖已振实部分 100mm 左右为宜。

② 附着式振捣器的布置距离，应根据构造物形状及振捣器性能等情况并通过试验确定。

③ 对每一振动部位，必须振动到该部位混凝土密实为止。密实的标志是混凝土停止下沉，不再冒出气泡，表面呈现平坦、泛浆。

（6）混凝土结构养护

① 对于在施工现场集中养护的混凝土，应根据施工对象、环境、水泥品种、外加剂以及对混凝土性能的要求，提出具体的养护方案，并应严格执行规定的养护制度。

② 一般的混凝土浇筑完成后，应在收浆后尽快予以覆盖和洒水养护。

混凝土养护期间，应重点加强混凝土的湿度和温度控制，尽量减少表面混凝土的暴露时间，及时对混凝土暴露面进行紧密覆盖（可采用篷布、塑料布等进行覆盖），防止表面水分蒸发。暴露面保护层混凝土初凝前，应卷起覆盖物，用抹子搓压表面至少两遍，使之平整后再次覆盖，此时应注意覆盖物不要直接接触混凝土表面，直至混凝土终凝为止。

覆盖时不得损伤或污染混凝土的表面。混凝土面有模板覆盖时，应在混凝土养护期间经常使模板保持湿润。

③ 当昼夜平均气温低于 5℃或最低气温低于 −3℃时，应按冬期施工的规定处理。当环境温度低于 5℃时，禁止对混凝土表面进行洒水养护。此时，可在混凝土表面喷涂养护液，并采取适当的保温措施。

④ 混凝土养护用水的条件与拌和用水相同。混凝土的洒水养护时间一般为 7d，要根据空气的湿度、温度和水泥品种及掺用的外加剂等情况，酌情延长或缩短。每天洒水次数以能保持混凝土表面经常保持湿润状态为度，用加压成型。

⑤ 混凝土采用喷涂养护液养护时，应确保不漏喷。

⑥ 大体积混凝土施工前应制定严格的养护方案，控制混凝土内外温差满足设计要求。对大体积混凝土的养护，应根据气候条件采取温控措施，并按需要测定浇筑后的混凝土表面和内部温度，将温差控制在设计要求的范围内，当设计无要求时，温差不超过 25℃。

⑦ 混凝土的强度达到 4.5MPa 前，不得使其承受行人、运输工具、模板、支架和拱架及脚手架等荷载。

⑧ 混凝土在冬期和炎热季节拆模后，若天气产生骤然变化时，应采取适当的保温（寒季）隔热（夏季）措施，防止混凝土产生过大的温差应力。

（7）拆模

① 混凝土拆模时的强度应符合设计要求。当设计未提出要求时，侧模应在混凝土强度达到 4.5MPa 以上，且其表面及棱角不因拆模而受损时，方可拆除。

② 混凝土的拆模时间除需考虑拆模时的混凝土强度应满足规定外，还应考虑拆模时混凝土的温度（由水泥水化热引起）不能过高，以免混凝土接触空气时降温过快而开裂，更不能在此时浇凉水养护。混凝土内部开始降温以前以及混凝土内部温度最高时不得拆模。

一般情况下，结构芯部混凝土与表层混凝土之间的温差、表层混凝土与环境之间的温差大于 20℃ 时不宜拆模。大风或气温急剧变化时不宜拆模。在寒冷季节，若环境温度低于 0℃ 时不宜拆模。在炎热和大风干燥季节，应采取逐段拆模、边拆边盖的拆模工艺。

③ 拆模宜按立模顺序逆向进行，不得损伤混凝土，并减少模板破损。当模板与混凝土脱离后，方可拆卸、吊运模板。

④ 拆除临时埋设于混凝土中的木塞和其他预埋部件时，不得损伤混凝土。

⑤ 拆除模板时，不得影响或中断混凝土的养护工作。

4. 施工总结

① 采用吊车起吊料斗垂直运输混凝土时，应由信号工指挥，吊车停放应避开高压线，场地应平坦坚实，卧放料斗的斗坑周围应围挡方木，料斗起吊就位必须由两人以上操作。

② 混凝土灌注施工，应严格按照施工方案及安全措施进行。凡灌注距地面 2m 以上的混凝土结构物时，必须搭设牢固的脚手架或平台并设护栏。在基坑内灌注施工时，应在距基坑上口向外 1m 的水平距离周围，设置护栏。

③ 使用混凝土振捣器前必须经专职电工检查合格后，方可使用。操作人员，必须穿戴安全防护用品。振捣设备应设开关箱，并装有漏电保护器。振捣棒电机应平放在可移动绝缘垫板上，不准挂在正在施工的混凝土结构物的钢筋上。

④ 施工现场砂石料冲洗废水必须收集处理，沉淀达标后排放，严禁随处排放污水。运送袋装或散装材料的车辆要用帆布严密遮盖，防止撒漏及粉尘污染。水泥采用水泥储仓密封储存，其他散料苫盖保存。

⑤ 混凝土扩大基础允许偏差应符合表 5-3 的规定。

表 5-3　混凝土扩大基础允许偏差

项目	允许偏差/mm	检验频率		检验方法
		范围	点数	
断面尺寸(长、宽)	±20	每座基础	4	用钢尺测量，长、宽各 2 点
顶面高程	±10		4	用水准仪测量
基础厚度	0,+10		4	用钢尺测量,长、宽各 2 点
轴线偏位	15		4	用经纬仪测量，纵、横各 2 点

三、明挖基础和基础回填

1. 施工现场图

基坑开挖施工现场图和基坑回填施工现场分别见图 5-14 及图 5-15。

图 5-14 基坑开挖施工现场

图 5-15 基坑回填施工现场

2. 注意事项

① 对定位标准桩、轴线引桩、标准水准点、龙门板等，挖运土时不得撞碰，并应经常测量和校核其平面位置、水平标高和边坡坡度。定位标准桩和标准水准点也应定期复测和检查是否正确。

② 雨期施工时，基槽坑底应预留 300mm 厚的土层，待做混凝土垫层前再挖至设计标高。

③ 施工中如发现有文物等，应妥善保护，并应及时报请当地有关部门处理，方可继续施工。

④ 在敷设地下管道、电缆的地段进行土方施工时，应事先取得有关管理部门的书面同意，施工中应采取措施，以防损坏管线，造成严重事故。

3. 施工做法详解

工艺流程 ··

测量放线→基坑开挖（无支护、有支护）→基底验收→→基坑回填。

（1）测量放线 利用加密的控制网精确测定桥梁中线和墩台位置，将高程引测到桥头位置。

桥梁中线测量要保证测距的相对中误差精度，用精测后的桥梁中线测定桥基础桩的位置和桥墩的中线，测设出十字定位线。放好基坑的轴线和边线，测出基坑现况地面高程。

（2）基坑开挖

① 基坑开挖应根据土质以及现场出土等条件，合理确定开挖顺序，然后再分段分层平均下挖。

基坑开挖应采用对称开挖或循环开挖的方式、分层挖土、先支撑后开挖，不得采用全断面开挖法。

② 采用反铲挖掘机开挖基坑时，其施工方法有以下两种。

a. 槽端挖土法：挖土机从基坑（槽）端头以倒退行驶的方法进行开挖。自卸汽车配置在挖土机的两侧装运土。

b. 槽侧向挖土法：挖土机一面沿着基坑（槽）的一侧移动，自卸汽车在另一侧装运土。

③ 基坑尺寸应满足施工要求。当基坑为渗水的土质基底时，坑底尺寸应根据排水要求（包括排水沟、集水井、排水管网等）和基础模板设计所需基坑大小而定。一般基底应比基础的平面尺寸增宽 0.5～3.0m。当不设模板时，可按基础底的尺寸开挖基坑。

④ 基坑坑壁坡度应按地质条件、基坑深度、施工方法等情况确定。当在天然土层上挖基，基坑深度在 5m 以内，施工期较短，基坑底在地下水位以上，土的湿度接近最佳含水量

且土层构造均匀时，基坑坑壁坡度可按表 5-4 确定。

表 5-4　基坑坑壁坡度

坑壁土类	坑壁坡度		
	坡顶无荷载	坡顶有静荷载	坡顶有动荷载
砂类土	1∶1	1∶3.25	1∶3.5
卵石、砾类土	1∶0.75	1∶1	1∶3.25
粉质土、黏质土	1∶0.33	1∶0.5	1∶0.75
极软土	1∶0.25	1∶0.33	1∶0.67
软质土	1∶0	1∶0.1	1∶0.25
硬质岩	1∶0	1∶0	1∶0

⑤ 当基坑深度大于 5m 时，基坑坑壁坡度应适当放缓，加大放坡坡度或加设平台。

⑥ 如土的湿度有可能使坑壁不稳定而引起坍塌时，基坑坑壁坡度应缓于该湿度下的天然坡度。

⑦ 深基坑采用小型机具设备在槽内开挖，垂直提升出土法。

⑧ 基坑开挖宜连续快速施工，不宜间断。一次开挖距基坑底面以上要预留 200～300mm，待验槽前人工一次清除至标高，以保证基坑顶面坚实。

在距槽底设计标高 500mm 槽壁处，测设标出水平线，同时由两端轴线（中心线）引桩拉通线，检查距槽边尺寸，确定槽宽标准。

⑨ 挖土机沿挖方边缘移动时，机械距离边坡上缘的宽度不得小于基坑（槽）深度的 1/2。如挖土深度超过 5m 时，应按专业性施工方案来确定。

⑩ 弃土不得妨碍施工。弃土堆坡脚距坑顶缘的距离不宜小于基坑的深度，且弃土宜在下游指定地点，不得淤塞河道，影响泄洪。

（3）基底验收

① 基坑应保证稳定，基坑边坡应符合规定要求；有支护基坑应符合施工组织设计规定要求。

② 基坑开挖至设计高程后及时验槽，对基底的承载力、尺寸及标高进行检测，满足设计要求后方可下道工序施作。

③ 基底原状土无扰动，如基坑扰动超挖，应按规定处理至不低于基底原状土状态。

④ 地基承载力（和地基处理结果）符合设计要求。

⑤ 基底在水泥混凝土浇筑前应清理干净，无任何影响混凝土质量的杂物。

⑥ 基坑应保证稳定和干燥，混凝土浇筑应在基底无水的情况下施工。

（4）基坑回填

① 基础施工完成后，基坑应及时回填，回填前应符合下列要求：

a. 基础混凝土的强度，应达到设计强度的 70%；

b. 在复土线以下的结构，应通过隐蔽工程验收；

c. 基坑内不得有积水、淤泥和垃圾等杂物。

② 选择适宜的回填土，填土中不得含有淤泥、腐殖土及有机物等；回填应分层填筑并压实。回填过程中检查填筑厚度、填料含水量和压实度。填筑厚度和压实遍数应根据填料材质、压实度及所用机具确定。

4. 施工总结

① 基坑坑壁坡度不易稳定并有地下水影响，或放坡开挖场地受到限制，或放坡开挖工程量大，应根据设计要求进行支护。设计无要求时，施工单位应结合实际情况编制专项施工

方案，确定开挖坡度、支护形式、开挖范围和防、排水措施，并附安全验算结果，经有关负责人签字后实施。

② 基坑支护（围护）应根据周边情况、施工周期、支撑荷载以及现有的施工机械、设施、材料等多种因素经比较选择安全可靠的支护方法，并进行施工结构设计。

③ 围护支撑的设置及强度、刚度、稳定性应满足基坑施工各阶段施工荷载的变化、周边构筑物（管线）安全和施工工艺的要求。

④ 深基坑围护工程施工前应制定监测方案。监测方案应包括工程概况、监测目的、监测项目、监测方法与精度要求、测点的布置、监测仪器、报警指标、观测频率、观测资料整理分析及监测结果反馈制度等。基坑工程监测项目根据设计、监测目的、支护结构形式及周边地区环境保护要求确定。

⑤ 基坑开挖允许偏差应符合表 5-5 的规定。

表 5-5　基坑开挖允许偏差

项目		允许偏差/mm	检验频率		检验方法
			范围	点数	
基底高程	土方	0，−20	每座	5	用水准仪测量四角和中心
	石方	+50，−200		5	
轴线位移		≤50		4	用经纬仪测量，纵、横各计 2 点
基坑尺寸		不小于规定		4	用钢尺测量，每边各计 1 点
对角线差		0，50		1	用钢尺测量两对角线

⑥ 填方的压实度标准应符合表 5-6 的规定。

表 5-6　填方压实度标准

项目	允许偏差	检验频率		检验方法
		范围	点数	
一般情况	≥95%（轻型击实）	每个构筑物	每层 4 点	用环刀法或灌砂法
填土上当年筑路	按道路标准		每层 4 点	

四、沉入桩基础

1. 示意图和施工现场图

静压力沉桩基础施工示意图和施工现场图分别见图 5-16 及图 5-17，振动沉桩施工现场图见图 5-18。

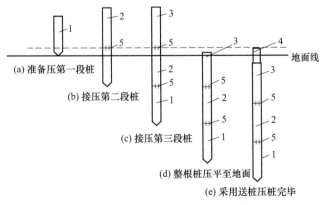

图 5-16　静压力沉桩基础施工示意

1—第一段；2—第二段；3—第三段；4—送桩；5—接桩处

(a) 桩尖入土准备　　(b) 桩身压入土中　　(c) 焊接接桩

(d) 静压机压边桩的场景 (e) 抱压式压桩机施工 (f) 顶压式压桩机施工

图 5-17　静压力沉桩基础施工现场

图 5-18　振动沉桩施工现场

2. 注意事项

① 施工中若锤击有困难，可在管内助沉。

② 桩终止锤击的控制应以控制桩端设计标高为主，贯入度为辅。

③ 沉桩过程中应加强邻近建筑物、地下管线等的观测、监护。

3. 施工做法详解

工艺流程 ▶▶▶▶ ....

桩的吊运、堆放→桩的制作→沉桩。

（1）桩的吊运、堆放

① 混凝土桩支点应与吊点在一条竖直线上，堆放时应上下对准；堆放层数不宜超过 4 层；钢桩堆放支点应布置合理，防止变形；钢管桩应采取防滚动的措施，堆放高度不得超过 3 层。

② 施工前应根据桩的长度、质量选择适宜的起重机和运输车辆；桩的堆放场地应平整、坚实，不积水。

③ 起重机吊桩应缓起，宜设拉绳保持稳定，桩长超过运输车厢时，车辆转弯应速度缓、半径大，并应观察周围环境，确认安全。现场吊装使用起重机时应符合下列要求。

a. 作业场地应平整、坚实，地面承载力不能满足起重机作业要求时，必须对地基进行加固处理，并经验收确认合格。

b. 现场配合吊桩的全体作业人员应位于安全地方，待吊钩和桩体离就位点距离 50cm 时方可靠近作业，严禁位于起重机臂下。

c. 构件吊装就位，必须待构件稳固后，作业人员方可离开现场。

d. 作业前施工技术人员应了解现场环境、电力和通信等架空线路、附近建（构）筑物和被吊桩等状况，选择适宜的起重机，并确定对吊装影响范围的架空线、建（构）筑物采取的挪移或保护措施。

e. 吊桩作业前应划定作业区，设护栏和安全标志，严禁非作业人员入内；吊桩作业必须设信号工指挥，指挥人员必须检查吊索具、环境等状况，确认安全；吊装时，吊臂、吊钩运行范围，严禁人员入内；吊桩中严禁超载；吊桩时应先试吊，确认正常后方可正式起吊。

④ 桩的吊点位置应符合设计或施工设计规定；预制混凝土桩起吊时的强度应符合设计规定，设计无规定时，混凝土应达到设计强度的 75％以上。

（2）**桩的制作**　用重叠法浇筑混凝土桩时，桩与邻桩、底模之间应铺贴隔离层，防止粘接；必须在下层桩和邻桩的混凝土强度达到设计强度的30％后，方可浇筑；平卧重叠层数不宜超过4层。

（3）**沉桩**（图5-19）

① 严禁在架空线路下方进行机械沉桩作业；在电力架空线路附近作业时，沉桩机边缘（含吊物）与电力架空线路的最小距离必须符合安全要求。

② 在桥梁改、扩建工程中，桩基施工不宜采用振动沉桩方法进行，靠近现况桥梁部位的桩基不得采用射水方法辅助沉桩。

图 5-19　沉桩施工现场

③ 振动沉桩必须考虑振动对周边环境的影响，并采取相应的防护措施；振动沉桩机、机座、桩帽应连接牢固，沉桩机和桩的中心应保持在同一轴线上；开始沉桩应以自重下沉，待桩身稳定后方可振动下沉；用起重机悬吊振动桩锤沉桩时，其吊钩上必须有防松脱的保护装置，并应控制吊钩下降速度与沉桩速度一致，保持桩身稳定。

④ 在地下管线、建（构）筑物附近沉桩时，必须预先对管线、建（构）筑物结构状况进行调查和分析，确认安全；需要采取加固或保护措施时，必须在加固、保护措施完成，经检查、验收合格，并形成文件后方可沉桩。

⑤ 沉桩作业应由具有经验的技术工人指挥，作业前指挥人员必须检查各岗位人员的准备工作情况和周围环境，确认安全后，方可向操作人员发出指令，作业时严禁人员在桩机作业范围和起吊的桩及桩锤下穿行。

⑥ 射水沉桩尚应根据土质选择高压水泵的压力和射水量，并应防止急剧下沉造成桩机倾斜；高压水泵的压力表、安全阀、输水管路应完好；压力表和安全阀必须经检测部门检验、标定后方可使用；开始沉桩应以自重下沉，待桩身稳定后方可射水下沉；在地势低洼处沉桩时，应有排水设施，保持排水正常；施工中严禁射水管口对向人、设备和设施。

⑦ 静压力沉桩是利用静压力将桩压入土中，施工中虽然仍然存在挤土效应，但没有振动和噪声，适用于软弱土层和邻近有怕振动的建（构）筑物的情况。压桩一般是分节压入，逐段接长。为此，桩需分节预制。当第一节桩压入土中，其上端距地面2m左右时将第二节桩接上，继续压入。对每一根桩的压入，各工序应连续。

4. 施工总结

① 预制桩的接桩可采用焊接、法兰连接或机械连接，接桩材料工艺应符合规范要求。

② 沉桩时，桩帽或送桩帽与桩周围间隙应为5～10mm；桩锤、桩帽或送桩帽应和桩身在同一中心线上；桩身垂直度偏差不得超过0.5％。

③ 沉桩顺序：对于密集桩群，自中间向两个方向或四周对称施打；根据基础的设计标高，宜先深后浅；根据桩的规格，宜先大后小，先长后短。

五、人工挖孔灌注桩施工

1. 示意图和施工现场图

人工挖孔灌注桩施工示意图和施工现场图分别见图5-20及图5-21。

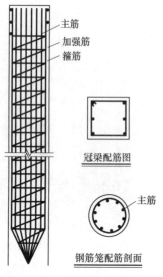

主筋
加强筋
箍筋

冠梁配筋图

主筋

钢筋笼配筋剖面

图 5-20　人工挖孔灌注桩施工示意

图 5-21　人工挖孔灌注桩施工现场

2. 注意事项

① 已挖好的桩孔必须用木板或脚手板盖好，并有明显的警示标志。

② 成孔后应及时安放钢筋笼，并灌注混凝土，避免塌孔。

③ 吊放钢筋笼时应对中稳放，防止刮碰孔壁造成塌孔。

④ 桩完成后应加围挡和标志。

3. 施工做法详解

工艺流程

放线定桩位及高程→开挖顺序→开挖第一节桩孔土方（桩基锁口圈）→支护壁模板放附加钢筋→浇筑第一节护壁混凝土→检查桩位（中心）轴线→架设垂直运土器械→安装照明、通风机等器具→开挖吊运第二节桩孔土方→检查桩孔质量→拆第一节模板并支第二节护壁模板（放附加钢筋）→浇筑第二节护壁混凝土→逐层往下循环作业→检查验收→桩身结构施作。

（1）**放线定桩位及高程**　在场地三通一平的基础上，依据建筑物测量控制网的资料和基础平面布置图，测定桩位轴线方格控制网和高程基准点。确定好桩位中心，以中点为圆心，以桩身半径加护壁厚度为半径画出上部（即第一步）的圆周。撒石灰线作为桩孔开挖尺寸线。桩位线定好之后，必须经有关部门进行复查，办好预检手续后开挖。

图 5-22　开挖第一节桩孔土方

（2）**开挖顺序**　同一墩台各桩开挖顺序，可视地层性质、桩位布置及间距而定。桩间距较大、地层紧密不需爆破时，可对角开挖，反之宜单孔开挖。若桩孔为梅花式布置时，宜先挖中孔，再开挖其他各孔。成孔后应立即浇筑桩持混凝土。

（3）**开挖第一节桩孔土方（桩基锁口圈）**　开挖桩孔要从上到下逐层进行，先挖中间部分的土方，然后扩及周边，有效地控制开挖桩孔的截面尺寸（图 5-22）。每节的高度都要根据土质好坏、操作条件而定，一般 0.8～1.0m 为宜。第一节井圈护壁（锁口圈）的中心线与设计轴线的偏差不得大于 20mm；第一节护壁高出地坪 150～200mm，便于挡土、挡水，桩位轴线和高程均要标定在第一节护壁上口，壁厚比下面井壁厚度增加 100～150mm。

（4）**支护壁模板放附加钢筋**　为防止桩孔壁塌方，确保安全施工，成孔要设置钢筋混凝土（或混凝土）井圈。护壁的厚度要根据井圈材料、性能、强度、稳定性、操作方便、构造简单等要求，并按受力状况，以最下面一节所承受的土侧压力，通过计算来确定。

护壁模板采用拆上节、支下节重复周转使用。模板之间用卡具、扣件连接固定，也可以在每节模板的上下端各设一道圆弧形的用槽钢或角钢做成的内钢圈作为内侧支撑，防止内模因张力而变形。不设水平支撑，以方便操作。

（5）**浇筑第一节护壁混凝土**　桩孔护壁混凝土每挖完一节以后要立即浇筑。人工浇筑，人工捣实，混凝土强度一般为 C20，坍落度控制在 80～100mm，确保孔壁的稳定性。

（6）**检查桩位（中心）轴线**　每节桩孔护壁做好以后，必须将桩位十字轴线和标高测设在护壁的上口，然后用十字线对中，吊线坠向井底投设，以半径尺杆检查孔壁的垂直平整度。随之进行修整，井深必须以基准点为依据，逐根进行引测。保证桩孔轴线位置、标高、截面尺寸满足设计要求。

（7）**架设垂直运土器械**　第一节桩孔成孔以后，随即着手在桩孔上口架设垂直运输支架（图 5-23），要求搭设稳定、牢固。在垂直运输架上安装滑轮组和电动葫芦的钢丝绳。

（8）**安装照明、通风机等器具**　安装吊桶、照明、活动盖板、水泵和通风机；在安装滑轮组及吊桶时，注意使吊桶与桩孔中心位置重合，作为挖土时直观上控制桩位中心和护壁支模的中心线。

（9）**开挖吊运第二节桩孔土方**　开挖吊运第二节桩孔土方（修边），从第二节开始，利用提升设备运土，桩孔内的人员要戴好安全帽，地面人员要拴好安全带。吊桶离开孔口上方

图 5-23　架设垂直运输支架

1.5m 时，推动活动安全盖板，掩蔽孔口，防止卸土的土块、石块等杂物坠落孔内伤人。吊桶在小推车内卸土后，再打开活动盖板，下放吊桶装土。

（10）**检查桩孔质量**　桩孔挖至规定的深度后，用支杆检查桩孔的直径及井壁圆弧度，上下要垂直平顺。

（11）**拆第一节模板并支第二节护壁模板（放附加钢筋）**　护壁模板采用拆上节支下节依次周转使用。模板上口留出高度为 100mm 的混凝土浇筑口，接口处要捣固密实，强度达到 5MPa 时拆模，拆模后用混凝土或砌砖堵严，水泥砂浆抹平。

（12）**浇筑第二节护壁混凝土**　混凝土用吊斗运送，人工浇筑，人工插捣密实。混凝土可由试验室确定掺入早强剂，以加速混凝土的硬化。

（13）**逐层往下循环作业**　逐层往下循环作业，将桩孔挖至设计深度，清除虚土，检查土质情况，桩底要支承在设计所规定的持力层上。

（14）**检查验收**　桩孔挖至规定的深度后，用支杆检查桩孔的直径及井壁圆弧度，上下

要垂直平顺。

(15) **桩身结构施作**　人工挖孔灌注桩，钢筋笼制作、吊装，桩身混凝土拌制、运输、浇筑工艺与钻孔灌注桩相同。

4. 施工总结

① 人工挖孔桩施工必须取得相关专业安全管理部门的许可后，方可进行施工。

② 经批准的人工挖桩孔施工的施工方案及安全措施，应由项目总工程师向施工技术人员和施工班组进行全面的施工技术交底及安全交底，并履行书面交底手续。

③ 凡在雨期人工挖孔施工时，必须制定雨期施工方案，并采取相应的安全措施。

④ 人工挖扩孔桩适用于桩身直径 1200~2000mm，最大孔深不宜超过 25m 的桩基工程。

第二节 ▶ 桥梁承台、墩台及墩柱施工

一、现浇混凝土承台施工

1. 示意图和施工现场图

承台施工示意图和现场图分别见图 5-24 及图 5-25。

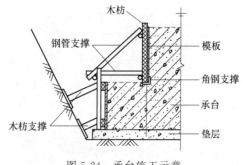

图 5-24　承台施工示意

图 5-25　承台施工现场

2. 注意事项

① 承台基坑开挖前，应对水文地质情况、地上及地下构筑物做好调查和勘测，画出相关位置图。

② 基坑挖土，应从上而下、分层对称开挖，严禁掏洞挖土施工。排除地表水、地下水，防止水冲刷、浸流产生滑坡或塌方。

③ 地下管线 5.5m 之内不得使用机械开挖。人工配合开挖时，必须保证在机械作业半径内不得站人。

3. 施工做法详解

工艺流程 ⟫⟫⟫ ·····································

基槽开挖→基底验收→凿除桩头混凝土→钢筋绑扎→承台模板安装→承台混凝土浇筑→养护。

（1）基槽开挖

① 基槽开挖应确保边坡稳定，根据具体情况，可采用放坡、支护等措施。基坑的开挖尺寸要求根据承台的尺寸，支模及操作的要求，设置集水坑的需要等因素进行确定。

② 承台基坑机械开挖应注意混凝土钻孔灌注桩预留外露钢筋的保护。

（2）基底验收

① 基坑应保证稳定，基坑边坡应符合规定要求；有支护基坑应符合施工组织设计规定要求。

② 应注意基底原状土无扰动，如基坑扰动超挖，应按规定处理至不低于基底原状土状态。

（3）**凿除桩头混凝土**　人工凿除桩头混凝土，严格控制剔除深度，保证新鲜、密实混凝土面且达到桩顶设计标高，调整桩顶钢筋。

（4）**钢筋绑扎**　钢筋的制作、绑扎严格按技术规范及设计图纸的要求进行，控制桩顶钢筋与承台钢筋（图 5-26）的相互位置，确保墩身（桥台）预埋钢筋位置准确。

（5）**承台模板安装（图 5-27）**　模板制作与支搭操作方法应符合相关规定。控制模板结构形状、几何尺寸，确保承台预埋件、预留槽位置准确。

（6）**承台混凝土浇筑（图 5-28）**　应符合以下规定：预拌混凝土，罐车运输、通过临时便线、便桥或船只运至浇筑位置，采用流槽、漏斗或泵车浇筑，也可在岸边由混凝土输送泵送浇筑。

图 5-26　承台钢筋绑扎施工现场

图 5-27　承台模板安装施工现场

图 5-28　承台混凝土浇筑施工现场

（7）**水中桩基承台施作**　应符合以下规定。

① 水中高桩承台采用套箱法施工时，套箱应架设在可靠的支承上，具有足够的承载能力、强度、刚度和稳定性。

② 套箱顶面设计高程应考虑包括浪高、潮汐变化等因素影响的最高水位。套箱在工作平台上整体拼装下沉，就位后可以固定于工作平台、基桩上，也可以其他方式连接固定。

③ 套箱拼装应保证拼缝严密，不漏水。套箱底板与基桩接触面应便于下沉后堵缝。套箱下沉就位可浇筑水下混凝土封底。然后排水、截断桩头、绑扎钢筋，浇筑承台混凝土时应连续浇筑成型。

④ 如设计允许，可分层浇筑。分层浇筑时应充分利用已浇筑的钢筋混凝土参加工作，

以改善套箱各部分的受力状况,方便施工。分层浇筑,接缝应按工作缝处理。

4. 施工总结

① 对于承台模板,必须在混凝土强度达到规定要求后,且其表面及棱角不因拆模而受损时,方可拆除。拆模宜按立模顺序逆向进行,不得损伤混凝土,并减少模板破损。当模板与混凝土脱离后,方可拆卸、吊运模板。

② 拆除临时埋设在承台杯口中的模板和其他预埋部件时,不得损伤混凝土。

③ 现浇混凝土承台允许偏差应符合表5-7的规定。

表 5-7　现浇混凝土承台允许偏差

项目	允许偏差/mm	检验频率		检验方法
		范围	点数	
断面尺寸(长、宽)	±15	每座	4	用钢尺测量,长、宽各计2点
承台厚度	0~+10		2	用钢尺测量
顶面高程	±10		4	用水准仪测量,测量四角
轴线位移	≤15		4	用经纬仪测量,纵、横各计2点
预埋件位置	≤10	每件	1	用经纬仪和钢尺测量,每件量最大偏差值

二、现浇混凝土墩台施工

1. 示意图和施工现场图

墩台示意图和施工现场图分别见图5-29和图5-30。

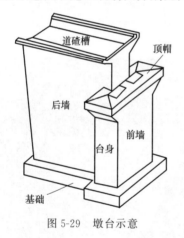

图 5-29　墩台示意

图 5-30　墩台施工现场

2. 注意事项

① 施工前应搭设脚手架和作业平台。

② 高处作业时,必须设置操作平台、安全梯和防护栏杆等设施。

③ 用吊斗浇筑混凝土时,必须由专职信号工指挥吊车。

3. 施工做法详解

工艺流程

基础顶面处理→钢筋加工及钢筋绑扎→模板安装→混凝土浇筑→养护。

(1) 基础顶面处理

① 清理承台顶面,预留钢筋表面除锈去浆,检查承台顶面高程、坐标位置及墩台预埋筋位置。

② 在承台顶面测量放线，放出墩台坐标控制线（纵横轴线）、外形结构尺寸线。依据钢筋保护层厚度，标出主钢筋就位位置。

③ 搭设脚手架作业平台前将其进行平整，将地面压实后铺一层150mm厚稳定粒料垫层并整平压实（承台顶面不需要铺筑稳定粒料），采用碗扣式支架搭设施工脚手架，墩柱位置搭设脚手架应四周环形闭合，桥台脚手架搭设宽度为桥梁全宽，以增加支架稳定性。

（2）钢筋加工及钢筋绑扎

① 在加工厂（场）集中加工配料，运到绑扎现场；在配置第一层垂直筋时，应使其有不同的长度，以符合同一断面筋接头的有关规定；预埋钢筋的长度宜高出基础顶面1.5m，钢筋接头应错开配置，错开长度符合设计要求和规范规定；水平钢筋的接头应内外、上下相互错开。

② 承台（基础）施工时应根据墩柱和台身高度预留插筋。当台身不高时可一次预留到位；当墩柱、台身较高时，钢筋可分段施工。

③ 随着绑扎高度的增加，用碗扣支架或圆钢管搭设绑扎施工脚手架，做好钢筋网片的支撑并系好保护层垫块。

④ 垫块的强度、密实度不应低于主体混凝土的设计强度和密实度。垫块应互相错开，分散布置，并不得横贯保护层的全部截面。

（3）模板安装

① 圆形或矩形截面墩柱宜采用定型钢模板（图5-31），薄壁桥台、肋板式桥台及重力式桥台可选用钢木模板；模板应按施工图形尺寸进行预拼装，经检验符合要求后，方可使用。

② 圆形或矩形截面墩柱定型钢模板安装前应进行预拼装，合格后，视吊装能力，分节组拼成整体模板（6～8m），采用吊车吊装；加工制作的模板表面要光滑平整，尺寸偏差符合要求，模板要有足够的强度、刚度和稳定性，缝隙紧密不漏浆。

③ 桥台外露面模板采用定形大模板，台背采用钢模板组合，方木加肋。

图5-31 定型钢模板安装施工现场

现浇混凝土桥台模板支撑采用工字钢三脚架。为使桥台外露面无螺栓孔，三脚架底部采用在承台顶部预埋锚筋（锚栓）固定，三脚架顶部采用对拉螺栓固定。

④ 模板安装采用人工配合吊车就位，就位后，利用基础顶面的预留锚栓（螺栓）、预埋筋、定位槭及支撑体系、拉杆、缆风绳等将其固定。

（4）混凝土浇筑

① 现浇墩台混凝土浇筑应注意以下事项。

a. 墩台混凝土浇筑前应将模板内的杂物、积水等清理干净。

b. 墩台混凝土应在整截面内水平分层，连续一次浇筑（图5-32），如因故中断，间歇时间超过规定则应按工作缝处理；墩柱混凝土施工缝宜留在结构受剪力较小且宜于施工的部位，如基础顶面、梁的承托下面。

图 5-32　墩台混凝土浇筑施工现场

c. 柱身高度内有系梁连接时，系梁应与柱同步浇筑。V 形墩柱混凝土应对称浇筑。

d. 重力式墩台混凝土宜水平分层浇筑，每层高度宜为 1.5～2m。

e. 墩台混凝土竖向分块浇筑时，应符合下列要求。

ⓐ 各分块之间接缝应与墩台截面尺寸较小的一边平行，保持接缝最短。

ⓑ 上下层分块接缝应错开；为加强邻块之间的连接，接缝应做成企口形。

ⓒ 分块数量：墩台水平截面积在 $200m^2$ 内不得超过 2 块；在 $300m^2$ 以内不得超过 3 块；每块面积不得小于 $50m^2$。

② 钢管混凝土墩柱施工 应遵守下列规定。

a. 应采用补偿收缩混凝土，膨胀剂的掺加量应符合设计要求并通过试验确定。

b. 混凝土应一次连续浇筑完成。

③ 现浇混凝土墩台振捣。现浇墩台采用插入式振捣器振捣混凝土，插入式振捣器的移动间距不宜大于振捣器作用半径的 1.5 倍，且插入下层混凝土内的深度宜为 50～100mm，与侧模应保持 50～100mm 的距离。

当振动完毕需变换振捣棒在混凝土拌和物中的水平位置时，应边振动边竖向缓慢提出振捣棒，不得将振捣棒放在拌和物内平拖。不得用振捣棒驱赶混凝土。

应避免碰撞模板、钢筋及其他预埋部件。

④ 墩台施工中应经常检查中线、高程，发现问题及时处理。墩台施工完毕，应对全桥路线、高程、跨度贯通进行测量，并形成施工记录。同时标出各墩台中心线、支座十字线、梁端头线。

4. 施工总结

① 现浇墩柱模板的安装，必须按模板工程设计进行，模板工程设计方案必须经项目总工程师核准，严禁随意改动，该方案中应有拆除的安全措施。

② 混凝土浇筑过程中要保护墩柱甩出钢筋，施工完毕后及时调整钢筋位置，并应保护好预埋件位置等。

③ 混凝土达到规范规定的强度后，方可拆模；拆模后采用包裹养护的方式；墩柱底部易碰撞部位，宜采用木板等材料包裹防护。

④ 现浇混凝土墩台允许偏差应符合表 5-8 的规定。

表 5-8　现浇混凝土墩台允许偏差

项目		允许偏差/mm	检验频率		检验方法
			范围	点数	
墩台尺寸	长	0，+15	每个构筑物	2	用钢尺测量
	高	0，+10		2	用钢尺测量
	厚	+10，-8		4	用钢尺测量，每侧上、下各 1 点
顶面高程		±10		4	用水准仪测量
轴线位移		≤10		4	用经纬仪测量，纵、横各计 2 点
墙面垂直度		0.25% H 且≤25		2	用经纬仪或垂线测量
墙面平整度		≤3		4	用 2m 直尺测量最大值
麻面		≤1%		5	用钢尺测量麻面总面积

注：H 为构筑物高度（mm）。

三、装配式混凝土墩柱施工

1. 示意图和施工现场图

墩柱模板安装示意图和墩柱施工现场图分别见图 5-33 及图 5-34。

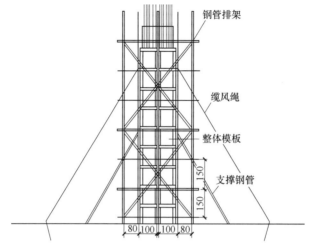

图 5-33　墩柱模板安装示意

图 5-34　墩柱施工现场

2. 注意事项

① 预制墩柱的运输和吊装工程应编制专项施工组织设计或专项安全施工方案。

② 遇有五级以上大风或大雨、大雪、大雾等恶劣天气应停止墩柱安装作业。

③ 墩柱安装的构件应平起稳落。墩柱就位后，必须连接牢固，支撑稳定，方可摘吊钩。

④ 清理杯口和混凝土凿毛时，采取降尘、降噪措施。

3. 施工做法详解

工艺流程 ⟩⟩⟩⟩⟩ ....

承台杯口→墩柱验收→墩柱运输→预制墩柱安装、固定→杯口混凝土施工。

（1）承台杯口

① 校核承台杯口坐标位置、标高及杯口几何尺寸；检查杯口底标高，高出部分应凿除

修整；对安装间隙不符合要求的（间隙应不小于80mm）应修整合格。

② 承台杯口准确测设纵横轴线，并标识在承台顶面上，弹出墩柱就位外边线。

③ 杯口与预制件接触面均应凿毛处理，埋件应除锈。

（2）墩柱验收

① 墩柱起吊吊点应符合设计要求。

② 安装前对预制墩柱各部位尺寸进行校核检验，保证墩柱安装后柱顶高程符合设计要求。

③ 在预制墩柱侧面用墨线弹出中线和标高控制线，以便就位时控制其位置。

（3）墩柱运输 墩柱的运输应符合预制构件运输的有关规定，支垫位置应符合设计要求。

（4）预制墩柱安装、固定

① 用汽车起重机将墩柱（图5-35）对准轴线位置垂直下放到杯口内，起吊时人工配合，要放慢下落速度，并在易损部位垫以木板或橡胶垫。

图 5-35 预制墩柱安装施工现场

② 墩柱起吊就位后应两面吊线校正位置，准确就位后用硬木楔或钢楔固定，并加斜撑（或斜拉杆）保持柱体稳定，在确保稳定后方可摘去吊钩。

（5）杯口混凝土施工 安装后应即时浇筑杯口混凝土，待混凝土硬化后拆除硬楔，楔坑补浇二次混凝土，待其达到设计强度观后方可拆除斜撑。

4. 施工总结

① 起重吊装作业前必须对施工现场作业环境、架空电线、地上建筑物、地下构筑物以及构件重量和分布等情况进行全面了解。吊装作业应在平整坚实的场地上进行，不得停放在斜坡上，应有足够的工作场地满足吊装作业。起重臂杆起落及作业有效半径和高度的范围内不得有障碍物。

② 起重机不得支设在各类管线和地下构筑物之上。如需支承在其上时，必须分析地下设施情况，采取加固防护措施并取得管理部门的同意，吊装前约请有关管理部门到现场监控。

③ 预制墩柱的运输和吊装时与钢丝绳等刚性物件之间需放置橡胶垫等，防止损坏墩柱棱角。

④ 预制墩柱吊装就位时，应缓慢平稳，防止撞伤杯口及墩柱。

⑤ 预制墩柱安装允许偏差应符合表5-9规定。

表 5-9 预制墩柱安装允许偏差

项目	允许偏差/mm	检验频率		检验方法
		范围	点数	
平面位置	≤10		2	用经纬仪测量,纵、横各计1点
埋入基础深度	不小于设计要求		1	用钢尺测量
相邻间距	±10	每个墩柱	1	用钢尺测量
垂直度	0.5%H,且≤20		2	用垂线或经纬仪检验,纵、横各计1点
墩柱顶高程	±10		1	用水准仪测量

注：H 为墩柱高度（mm）。

第六章

混凝土简支梁桥、连续梁桥施工

第一节 ▶ 混凝土简支梁桥施工

一、先张法预应力张拉施工

1. 示意图和施工现场图

先张法预应力张拉施工示意图和现场图分别见图 6-1 及图 6-2。

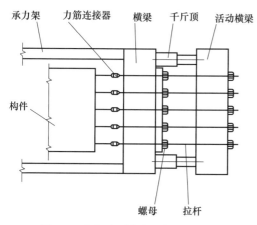

图 6-1 先张法预应力张拉施工示意

图 6-2 先张法预应力张拉施工现场

2. 注意事项

① 张拉过程中，若发现异常响声或预应力断丝、飞片等现象，立即停止作业并检查原因。

② 在使用、运输和储存液压设备时，应进行防漏处理，防止液压油从油箱中泄漏，污染现场模板、钢筋及水源；如发生液压油滴漏，应及时查找漏源和堵漏，并且及时清除滴漏现场的油污。

③ 合理组织施工，对噪声较大的工序，如混凝土浇筑振捣、预应力筋切割下料、支拆模等，尽量选择在白天进行。

④ 当周围环境要求较高且有必要时，可安装隔声屏，以减小噪声污染。

3. 施工做法详解

制作张拉台座→制作梁板平台（台面）→预应力设备选用及校正→预应力筋（钢绞线）下料、编束、穿钢绞线→预应力筋安装→张拉准备→张拉预应力筋（分阶段张拉）→绑扎钢筋→立模→浇筑底板混凝土→充气橡胶芯模安放→绑扎上部钢筋→混凝土浇筑→养护→拆模→放张→移梁。

（1）制作张拉台座

① 张拉台座应具有足够的强度和刚度，其抗倾覆安全系数应不小于1.5，抗滑移系数应不小于1.3。张拉台座应与张拉各阶段的受力状态相适应，构造应满足施工要求。张拉横梁及锚板应能直接承受预应力筋施加的压力，其受力后的最大挠度不得大于2mm。锚板受力中心应与预应力筋合力中心一致。

② 先张预应力梁板，可采用槽式台座或墩式台座；底板可采用整体混凝土台面和装配式台面。

（2）制作梁板平台（台面） 对于台面，可用压路机把基底碾压密实后，换填300mm厚的砂砾垫层，在碾压密实的砂砾垫层上浇筑一层厚度为200mm（两端3m内为300mm）、强度为C20豆石混凝土，用打磨机磨光，作为先张预应力梁板底模。

台面要平整光滑，两侧边为直线且平行；支承千斤顶的混凝土面（支承架）要垂直台座轴线，锚垫板处混凝土振捣要密实。

（3）预应力设备选用及校正

① 在整拉整放工艺和单拉整放工艺中，单束初调及张拉宜采用穿心式双作用千斤顶。整体张拉和整体放张宜采用自锁式千斤顶，张拉吨位宜为张拉力的1.5倍，且不得小于1.2倍。

张拉设备要配套标定，配套使用，配套标定期不得大于半年。标定应在国家授权的法定计量技术机构定期进行。

② 当采用张拉千斤顶预施应力时，千斤顶在张拉前必须经过校正，校正系数不得大于1.05。校正有效期为一个月且不超过200次张拉作业；拆修更换配件后的张拉千斤顶必须重新校正，发现异常随时校验。与千斤顶配套使用的压力表应选择防振型产品，表面最大读数应为张拉力的1.5～2.0倍，精度不应低于1.0级。压力表首次使用前必须经过计量部门检定，检定周期为一周，当使用0.4级压力表时，检定周期可为1个月。压力表发生故障后必须重新校验。

③ 油泵的油箱容量宜为张拉千斤顶总输油量的1.5倍，额定油压数为使用油压数的1.4倍。

④ 预应力设备应建立台账及卡片并定期检查。

（4）预应力筋（钢绞线）下料、编束、穿钢绞线

① 预应力筋的下料长度应经过计算确定。计算时应考虑下列因素：构件孔道或台座的长度、锚夹具长度、千斤顶长度、焊接接头或镦粗头的预留量、冷拉伸长值、弹性回缩值、张拉伸长值和外露长度等。

② 钢丝、钢绞线、热处理钢筋的切断，宜使用砂轮锯或切断机，不得采用电弧切割。钢绞线切断前，应在距切口5cm处用钢丝绑牢。

③ 钢丝束的两端均采用墩头锚具时，同一束中各根钢丝下料长度的相对差值，当钢丝束长度小于或等于 20m 时，不宜大于 1/3000；当钢丝束长度大于 20m 时，不宜大于 1/5000，且不得大于 5mm。对长度不大于 6m 的先张预应力构件，当钢丝成束张拉时，同束钢丝下料长度的相对差值不得大于 2mm。

④ 钢绞线下料长度既要满足使用要求，又要防止下料过长造成浪费。将下好的钢绞线放在工作台上，据设计编制成束。要求编束一定要绑紧，钢绞线要顺直，根与根之间不得相扭。施工时，预应力筋有效长度范围以外的部分采用硬塑料管套住。

（5）预应力筋安装（图 6-3）

① 预应力筋安装时其规格、数量和位置应符合设计要求。

② 先张法预应力施工时应选用非油质类模板隔离剂，并应避免隔离剂和其他污物沾污预应力筋。

③ 长线台预应力筋连同隔离套管应在钢筋骨架完成后一并穿入就位。安放隔离套管的位置应准确，隔离套管内端应堵严。

④ 预应力筋安装宜自下而上进行，先穿直线预应力筋，再穿折线预应力筋；折线预应力筋应通过转折器相应的槽口。预应力筋与锚固横梁宜采用张拉螺杆连接。

图 6-3 预应力筋安装现场

（6）张拉准备

① 应调整张拉横梁及板位置，使锚板上预应力筋重心位置与所制构件的预应力筋重心设计位置相适应。

② 张拉中使用的工具和锚具均应进行外观或探伤检查。

③ 应定期测定下列技术参数。

a. 整拉整放工艺中的顶销回缩值。

b. 单拉整放工艺中的台座弹性压缩，张拉横梁的挠曲，锚板挠度、锚具锁定构造等变形数值。

（7）**张拉预应力筋（分阶段张拉）**　张拉预应力筋应符合下列规定：

① 张拉前，应对台座、横梁及各项张拉设备进行详细检查，符合要求后方可进行操作；

② 预应力筋张拉宜采用单束初调、整体张拉工艺；

③ 张拉宜先进行直线预应力筋初调，再初调和张拉折线预应力筋，最后张拉直线预应力筋；

④ 同时张拉多根预应力筋时，应预先调整其初应力，使相互之间的应力一致，张拉过程中应使活动横梁与固定横梁保持平行。

（8）**张拉控制应力**　控制张拉应以控制应力为主，测量伸长值为校核，当实测值与理论计算值相差大于 ±6% 时，应查明原因，及时处理后再继续张拉。张拉完毕后，宜及时浇筑混凝土。浇筑前，应抽查张拉应力。当张拉应力值与允许值相差超过 ±3% 时，应重拉。

（9）先张预应力张拉步骤

① 采用螺丝杆锚具，拧动端头螺母，调整预应力筋长度，使每根预应力筋受力均匀。

② 施加 10% 的张拉应力，将预应力筋拉直，锚固端和连接器处拉紧，在预应力筋上选定适当的位置刻画标记，作为测量延伸量的基点。

③ 正式张拉，其拉法分以下三种情况。

a. 一端固定，一端单根张拉。张拉顺序由中间向两侧对称进行，当横梁、承力架符合从一侧张拉的安全要求时，也可从一侧进行。单根预应力筋张拉吨位不可一次拉至超张拉应力。

b. 一端固定，一端多根张拉。千斤顶必须同步顶进，保持横梁平行移动，预应力筋均匀受力，分级加载拉至超张拉应力。

c. 一端单根张拉，一端多根张拉。先张拉单根预应力筋，由延伸量和油表压力读数双控制，施加 30%～40% 的张拉力，同时使预应力筋受力均匀，先顶锚锚固一端，再张拉多根预应力筋至超张拉应力。

d. 按预应力筋的类型选定持荷时间（2～5min），使预应力筋完成部分徐舒，完成量为全部量的 20%～25%，以减少钢丝锚固后的应力损失。

e. 锚固前，应补足或放松预应力筋的拉力至控制应力。测量、记录预应力筋的延伸量，并核对实测值与理论计算值，其误差应在 ±6% 范围内，若不符合规定，则应找出原因，及时处理。

f. 张拉满足要求后，锚固预应力筋、千斤顶回油至零。

（10）放张应符合的要求

① 预应力筋放张时的混凝土强度和弹性模量应符合设计规定；设计未规定时，不得低于设计强度的 75%。

② 预应力筋的放张顺序应符合设计要求。设计未规定时，应分阶段、对称、相互交错地放张。在预应力筋放张之前，应将限制位移的侧模、翼缘模板或内模拆除。

③ 多根整批预应力筋的放张可采用砂箱法或千斤顶法。用砂箱法放张时，放砂速度应均匀一致；用千斤顶法放张时，放张宜分数次完成。单根钢筋采用拧松螺母的方法放张时，宜先两侧后中间，不得一次将一根力筋松完。

④ 钢筋放张后，预应力筋宜采用砂轮锯切断。长线台座上预应力筋的切断顺序，应由放张端开始，逐次切向另一端。

4. 施工总结

① 张拉区应有明显标志，非工作人员禁止入内，板两端从开始张拉到封锚前要设置挡板，操作千斤顶和测量伸长值的人员，应站在千斤顶侧面进行操作，在千斤顶后部严禁站人。

② 高压油泵必须设置在张拉台座的侧面，操作人员必须站在油泵外侧进行操作。

③ 顶紧锚塞时，用力不可过猛，以防预应力筋折断；拧紧螺母时，应注意压力表读数始终保持在控制张拉力处。

④ 当预应力钢筋张拉到控制张拉力后，宜停 2～3min。再打紧夹具或拧紧螺母，操作人员自始至终应站在侧面。

⑤ 预应力筋张拉允许偏差应符合表 6-1 和表 6-2 的规定。

表 6-1 钢丝、钢绞线先张法允许偏差

项目		允许偏差	检验频率	检验方法
镦头钢丝同束长度相对差	束长>20m	$L/5000$	每批抽查 2 束	用钢尺量
	束长 6～20m	$L/3000$		
	束长<6m	2		
张拉应力值		符合设计要求	全数	查张拉记录
张拉伸长率		±6%		
断丝数		不超过总数的 1%		

注：L 为束长（mm）。

表 6-2　粗钢筋先张法允许偏差

项目	允许偏差	检验频率	检验方法
冷拉钢筋接头在同一平面内的轴线偏位	2mm,及 1/10 直径	抽查 30%	用钢尺测量
中心偏位	4%短边,及 5mm		
张拉应力值	符合设计要求	全数	检查张拉记录
张拉伸长率	±6%		

二、后张法预应力张拉施工

1. 示意图和施工现场图

后张法预应力张拉施工示意图和后张法浇筑施工现场图分别见图 6-4 及图 6-5。

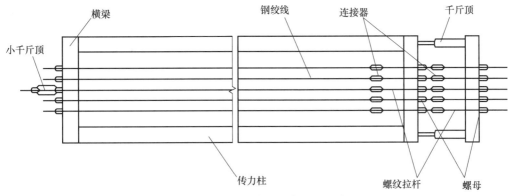

图 6-4　后张法预应力张拉施工示意

2. 注意事项

① 预应力筋和金属管道在仓库内保管时,仓库应干燥、防潮、通风良好、无腐蚀气体和介质;在室外存放时,时间不宜超过 6 个月,不得直接堆放在地面上,必须采取垫以枕木并用苦布覆盖等有效措施,防止雨露和各种腐蚀性气体、介质的侵蚀。

② 锚具、夹具和连接器均应设专人保管。存放、搬运时均应妥善保护,避免锈蚀、沾污、遭受机械损伤或散失。临时性的防护措施应不影响安装操作的效果和永久性防锈措施的实施。

图 6-5　后张法浇筑施工现场

3. 施工做法详解

工艺流程 ▶▶▶▶▶ ....

后张预应力管道下料、安装→锚垫板安装→后张预应力管道安装应遵循的规定→预应力筋下料→预应力筋穿束→预应力筋安装的保护→预应力混凝土施工(梁体或块件预制)→摩阻测定→预应力设备安装→预应力张拉端的设置→张拉应力控制→预应力张拉后的检查及记录→锚固→孔道压浆→压浆→封锚混凝土。

(1) 后张预应力管道下料、安装

① 预应力管道(波纹管)下料前作业班组必须对波纹管再进行检查,应按进场验收记

录核对其类别、型号、规格、数量及外观质量。

② 预应力管道（波纹管）下料应按设计要求，计算其长度。预应力管道（波纹管）下料应采用砂轮锯，不得采用电弧切割。

③ 依据图纸中孔道中心到底模及侧模的距离，用粉笔在模板及钢筋上画出波纹管纵横向位置。预应力管道（波纹管）应与梁体或块体的非预应力筋相间配合安装。

④ 预应力管道（波纹管）的铺设要严格按设计给定孔道坐标位置控制。

预应力管道可用定位网（钢筋支架）控制其位置。定位网（钢筋支架）可用 $\phi10$ 钢筋焊成，钢筋支架内侧尺寸同波纹管外径。

⑤ 安装定位网（钢筋支架）固定波纹管的钢筋支架要与梁体骨架钢筋焊牢（将定位筋及轨道筋与骨架筋焊接或用双扣绑扎牢固），管道与定位钢筋绑扎结实，间距为每隔 50mm 设一道，曲线段与锚垫板附近适当加密。

⑥ 安装波纹管：定位网安装好后将波纹管穿入定位网方格内。安装波纹管时注意对其保护。

⑦ 管道铺设过程中，要确保管道内无杂物，管道敞口处，可用密封胶带封堵。

⑧ 波纹管与喇叭口相接处，波纹管插入喇叭口内的长度不应大于喇叭口的直线段长度，以防影响钢绞线扩展而增大摩阻。

⑨ 梁端预留准备与下跨梁连接的波纹管，可在接口处用大一级的波纹管作为套管，套管与梁端平齐，待与下跨波纹管进行套接。

⑩ 安装波纹管时应同时在管内穿一根钢丝，作为牵引线。

预应力管道（波纹管）压浆孔，其孔径一般为 20～25mm，施工时注意不要将其封堵。排气孔一般设置在管道的最高部位，其间距为 20～30m 一道。排气管为塑料管，管径为 20～30mm，与波纹管的连接，采用与波纹管配套的卡子或用胶带纸封闭连接，连接处要密闭，排气管应伸出现浇混凝土顶面 200mm 为宜。

（2）锚垫板安装

① 锚垫板安装前，要检查锚垫板的几何尺寸是否符合设计要求，注意灌浆管不得伸入喇叭管内（应平接不内伸）。

② 在模板上准确放出锚垫板位置，然后在其中央打孔，孔径略大于波纹管孔径，锚垫板要牢固地安装在模板上，锚垫板定位孔的螺栓要拧紧，垫板要与孔道严格对中，并与孔道端部垂直，不得错位。

③ 锚垫板上的灌浆孔要用同直径管丝堵封堵，在锚垫板与模板之间应加一层橡胶或塑料泡沫垫，喇叭口与波纹管相接处，要用密封胶带缠裹，防止漏浆堵孔。

④ 螺旋筋应按设计要求安装，其轴线应与锚垫板平面垂直。

（3）后张预应力管道安装　应遵循下列规定。

① 后张法预应力筋孔道的规格、位置、数量和形状应符合设计要求。孔道应平顺。端部的预埋钢垫板应垂直于孔道中心线。

波纹管与普通钢筋位置发生矛盾时，应调整普通钢筋位置，确保预留孔道位置准确。

② 管道应采用定位钢筋固定安装，应能牢固地置于模板内的设计位置，并在混凝土浇筑期间不产生位移。固定各种成孔管道用的定位钢筋的间距，对于波纹管不宜大于 0.8m；对于胶管不宜大于 0.5m；对于钢管不宜大于 1m；曲线段宜适当加密。

③ 金属管道接头处的连接管宜采用大一个直径等级的同类管道，其长度宜为被连接管道内径的 5～7 倍。连接时不得使接头处产生角度变化，不得在混凝土浇筑期间发生管道的

转动或位移，应用密封胶带或塑料热缩管封裹严密。

④ 所有管道均应留压浆孔，曲线孔道的波峰部位应留排气孔；需要时在最低点位置留排水孔；在孔道的一端宜留溢浆孔。压浆管、排气管和排水管应采用最小直径为 20mm 的标准管或适宜的塑料管（PVC 管），与管道之间的连接应采用金属或塑料结构扣件，长度应满足从管道引出结构物之外。管安装完毕后在管内插入一根钢筋，以免堵管或因受外力而折断；泄水孔宜设置在波谷处，泄水孔可用胶管或 PVC 管做成，管端要引到模板外侧。

⑤ 孔道两端的锚垫板应与孔道轴线垂直，锚垫板位置应符合设计要求。

⑥ 预应力管道形成后，应立即进行通孔，检查所有孔道是否贯通，如有堵塞应及时疏通。孔道完成后应及时将其端面盖好，防止杂物进入。

⑦ 在施工过程中，严禁电焊火花碰到波纹管。

（4）预应力筋下料

① 预应力筋下料前，作业班组必须再次核对预应力筋的规格和验收记录，检查其外观质量。预应力筋的下料长度应经过计算确定。计算时应考虑下列因素：构件孔道长度、锚夹具长度、千斤顶长度、张拉伸长值和外露长度等。

② 预应力筋的切断，宜使用砂轮锯，不得采用电弧切割。钢绞线切断前，应在距切口 50mm 处用钢丝绑牢。

③ 钢丝束的两端均采用墩头锚具时，同一束中各根钢丝下料长度的相对差值，当钢丝束长度小于或等于 20m 时，不宜大于 1/3000；当钢丝束长度大于 20m 时，不宜大于 1/5000，且不得大于 5mm。对长度不大于 6m 的先张预应力构件，当钢丝成束张拉时，同束钢丝下料长度的相对差值不得大于 2mm。

④ 预应力筋由多根钢丝或钢绞线组成时，在同束预应力钢筋内，应采用强度相等的预应力钢材。编束时，应逐根梳理直顺，不扭转，绑扎牢固（用火烧丝绑扎，每隔 1m 一道），不得互相缠绞。

⑤ 编束后的钢丝和钢绞线应按设计图编号分类存放。钢丝和钢绞线束移运时支点距离不得大于 3m，端部悬出长度不得大于 1.5m。

（5）预应力筋穿束

① 预应力筋穿束（图 6-6）应按设计要求进行。当设计无规定时，穿束可在混凝土浇筑前或浇筑后进行；先穿束后浇混凝土时，浇筑之前，必须检查管道，并确认完好；浇筑混凝土时应定时抽动、转动预应力筋。先浇混凝土后穿束时，浇筑后应立即疏通管道，确保其畅通。

② 对钢绞线，可将一根钢束中的全部钢绞线编束整体装入管道中，也可逐根将钢绞线穿入孔道中。穿束前应检查锚垫板和孔道，锚垫板应位置准确、孔道内应畅通，无水和其他杂物。

③ 穿束前应对孔道进行清孔。穿束可采用金属网套法（穿束器），采用人工或绞盘，也可用慢速卷扬机穿束。

图 6-6 预应力筋穿束

先用孔道内预留钢丝将牵引网套的钢丝绳拉入孔道内，再将钢绞线通过钢丝绳缓慢拉入孔道内。

（6）预应力筋安装的保护

① 混凝土采用蒸汽养护时，养护结束前不得装入预应力筋。

② 进行焊接操作之前必须采取防止电火花损伤波纹管及管内预应力筋的措施，焊接操作时应有专人负责波纹管及管内预应力筋保护工作。

③ 当采用先穿束后浇筑混凝土工法时，在浇筑混凝土之前，必须将管道上一切非有意留置的孔、开口或损坏之处修复，并检查钢筋能否在管道内自由滑动。

（7）预应力混凝土施工（梁体或块件预制）

① 优先采用硅酸盐水泥和普通硅酸盐水泥，不宜使用矿渣硅酸盐水泥，不得使用火山灰质硅酸盐水泥及粉煤灰硅酸盐水泥。若采用中、粗砂。若采用碎石，其粒径宜为 5～25mm。

② 预应力混凝土可掺入适量的外加剂，但不得掺入氯化钙、氯化钠等氯盐。从各种材料引入混凝土中的氯离子总含量，不宜超过水泥用量的 0.06%，当超过水泥用量的 0.06% 时，宜采取掺加阻锈剂、增加保护层厚度、提高混凝土密实度等防锈措施；对于干燥环境中的小型构件，氯离子含量可提高 1 倍。

③ 混凝土的水泥用量不宜超过 $500kg/m^3$，特殊情况下不应超过 $550kg/m^3$。

④ 浇筑混凝土，宜根据结构的不同形式选用插入式、附着式或平板式等振捣器进行振捣。对箱梁腹板与底板及顶板连接处、预应力筋锚固区以及其他钢筋密集部位，应加强振捣。浇筑混凝土时，对后张构件应避免振捣器碰撞预应力筋的管道、预埋件等。

浇筑混凝土时，应经常检查模板、管道、锚固垫板及支座预埋件等，以保证其位置符合设计要求。

⑤ 浇筑箱形梁段混凝土时，应尽可能一次完成；梁身较高时也可分两次或三次浇筑；梁身较低时可分两次浇筑。分次浇筑时，宜先浇筑底板及腹板根部，其次浇筑腹板，最后浇筑顶板及翼板。

（8）摩阻测定　张拉前应根据设计要求对孔道的摩阻损失进行实测，以便确定张拉控制应力，并确定预应力筋的理论伸长值。

（9）预应力设备安装

① 安装张拉设备时，对直线预应力筋，应使张拉力的作用线与孔道中心线重合，对曲线预应力筋，应使张拉力的作用线与孔道中心线末端的切线相重合，不得偏移。

② 锚具、顶楔器和千斤顶的安装顺序应符合设计要求及产品说明书规定，常规安装顺序如下：安装工作锚环→安装工作锚夹片→安装顶楔器→安装千斤顶→安装工具锚→安装工具锚夹片。

③ 预应力设备安装应遵守下列规定。

a. 锚环及夹片使用前要用煤油或柴油逐件清洗干净，不得有油污、铁屑、泥砂等杂物。

b. 钢束外伸部分要保持干净，施工人员不得随意进行踩踏，以免带上脏物。

c. 穿入工作锚的钢束要顺直、对号入座，不得使钢束扭结交叉。

d. 工作锚必须准确放在锚垫板的定位槽内并与孔道对中，三个夹片的间隙要均匀，每个孔中必须保证有三个夹片。夹片安装完后其外露长度一般为 4～5mm 并均匀一致。

e. 安装顶楔器时不要用手去提油嘴，以免将油嘴掰裂、漏油或损坏。

f. 安装千斤顶时，不要推拉油管及接头，油管要顺畅，不得扭结成团。

g. 工作锚安装前，应将千斤顶活塞伸出 3～5mm，钢束穿入工具锚时，位置要与工作锚的位置对应，不得交叉、扭结。

h. 为了能使工具锚能顺利退下，在工具锚的夹片光滑面或工具锚的锚孔中涂润滑剂，润滑剂可用石蜡，也可用机油或石墨。

（10）预应力张拉端的设置

① 预应力张拉端的设置应符合设计要求。

② 当设计无具体要求时，应遵守下列规定。

a. 当为曲线预应力筋或长度大于等于 25m 的直线预应力筋时，宜在两端张拉；长度小于 25m 的直线预应力筋，可在一端张拉。

b. 曲线配筋的精轧螺纹钢筋应在两端张拉，直线配筋的可在一端张拉。

c. 当同一截面中有多束一端张拉的预应力筋时，张拉端宜均匀交错地设置在结构的两端。

d. 当两端同时张拉同一束预应力筋时，宜先在一端锚固，再在另一端补足张拉力后进行锚固。

（11）张拉应力控制

① 预应力筋的张拉控制应力应符合设计要求。当施工中预应力筋需要超张拉或计入锚圈口预应力损失时，可比设计要求提高 5%，但任何情况下不得超过设计规定的最大张拉控制应力。

② 控制张拉应以控制应力为主、测量预应力筋的伸长值为校核。实际伸长值与理论伸长值的差值应符合设计要求。设计无规定时，实际伸长值与理论伸长值之差应控制在 ±6% 以内，当超过时应暂停张拉，待查明原因并采取措施进行调整后，方可继续进行张拉。

（12）预应力张拉后的检查及记录

① 检查有无滑丝，若发现滑丝，其数量不得超过总数量的 1%，否则应进行更换，重新张拉。

② 检查有无断丝，若发现断丝，其数量不得超过总数量的 1%，否则应进行更换，重新张拉。

③ 检查夹片的外露量，锚头与夹片为配套产品，夹片外露量为 1～3mm，当发现普遍存在外露量大于 3mm 时，可认为锚具不配套或不标准，应退货或换货。

④ 检查夹片外露量是否一致。

⑤ 张拉每一束（根）预应力筋后均应填写施工记录。

（13）锚固 张拉控制应力达到稳定后方可进行锚固（图 6-7），预应力筋锚固后的外露长度不宜小于 30mm，锚具应用封端混凝土保护，当需较长时间外露时，应采取防锈蚀措施。锚固完毕，经检验合格后方可进行切割端头多余的预应力筋，严禁使用电弧焊切割，应采用砂轮机切割。

（14）孔道压浆（图 6-8）

① 预应力筋张拉后，应及时进行孔道压浆（孔道宜在预应力完成后 3d 内压浆）。对于多跨、连续、有连接器的预应力筋孔道，应张拉完一跨立即灌注一跨。

图 6-7　锚固施工现场

图 6-8　孔道压浆施工现场

② 压浆前应使孔道干净、湿润，可用压力水（或采用对管道和预应力混凝土工程无腐蚀的中性洗涤剂稀释水）冲洗孔道，再用不含油的压缩空气将孔道内水分吹干。

（15）压浆

① 压浆宜采用活塞式压浆泵，不得使用压缩空气。压浆压力一般为 0.5～0.7MPa，压浆泵的输浆管长度不得超过 40m，长于 30m 时应提高压力 0.1～0.2MPa。对于梁体有竖向预应力筋孔道，压浆压力可控制在 0.3～0.4MPa。

② 压浆应缓慢均匀进行，不得中断并应排气通畅。比较集中的相邻孔道，宜先灌注下层孔道并连续完成全部孔道的压浆，以免串孔的水泥浆凝固，堵塞孔道；不能连续压浆的，后压浆的孔道应及时用压力水冲洗通畅。在压满孔道封闭排气孔后，应保持一定的稳压时间（压力 0.5～0.7MPa），稍后再封闭灌浆孔。压浆应从孔道的最低处的灌浆孔压入并应达到孔道的另一端饱满出浆，从排气孔流出与规定稠度相同的水泥浆为止。

③ 不掺铝粉的水泥浆，宜采用二次压浆以提高压浆的密实性，第一次由一端压浆，间隔 30min 左右再由另一端进行二次压浆。

④ 压浆后应从检查孔抽查压浆的密实情况，如有不实，应及时处理和纠正。压浆作业，每一工作班应留取不少于 3 组砂浆试块，标养 28d，以其抗压强度作为水泥浆质量的评定依据。

（16）封锚混凝土 对应埋设在结构内的锚具，压浆后应将其周围冲洗干净，端部混凝土表面应凿毛，然后绑扎钢筋网和浇筑封锚混凝土（图 6-9）。封锚混凝土的强度等级应符合设计规定，一般不低于结构混凝土强度等级的 80%，也不低于 30MPa，封锚混凝土的浇筑必须严格控制梁体的长度。

图 6-9 封锚混凝土施工现场

4. 施工总结

① 预应力钢筋下料，对已经按预定长度下料的钢丝应即时盘卷，捆扎好。不得乱放。钢绞线下料及切割时应有防止回弹的安全防护措施。

② 后张预应力张拉施工对梁的预留孔道进行钢绞线穿束时，梁两端应搭设工作平台并加设护栏。穿束作业，梁的每一端不得少于 3 人，严禁使用翻斗车、推土机强拉钢绞线。

③ 预应力钢筋张拉时，各种混凝土结构物的强度都应符合设计要求，无设计要求时，应不低于设计强度的 75%。

④ 孔道灌浆施工应根据灰浆的垂直和水平运输距离，选择符合安全技术要求的灰浆泵；电机不得超负荷运转，灌浆嘴应有阀门。

⑤ 孔道灌浆后水泥浆必须达到设计规定的强度，方可拆除孔口封堵板和顶木，进行吊移。无设计规定时，应不低于混凝土设计强度的 75%。

⑥ 预应力筋后张法允许偏差应符合表 6-3 中的规定。

表 6-3 预应力筋后张法允许偏差

检查项目		允许偏差	检查频率		检查方法
			范围	点数	
张拉应力值		符合设计要求	全部	100%	全过程观察、检查张拉记录
张拉伸长率		±6%			
断丝滑丝数	钢束	每束一根，且每个断面不超过钢丝总数的 1%			
	钢筋	不允许			

三、现浇箱梁施工

1. 示意图和施工现场图

现浇箱梁示意图和施工现场图分别见图 6-10 及图 6-11。

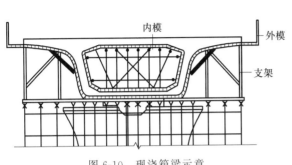

图 6-10　现浇箱梁示意

图 6-11　现浇箱梁施工现场

2. 注意事项

① 现浇箱梁施工时，在支架两侧设置限高设施及警示牌。

② 混凝土在浇筑过程中，派专人负责成品保护工作，既要对钢筋进行修正，又要对预埋件进行看护、校正，在混凝土刚浇筑完毕时，对预埋件进行复查其准确性。

③ 注浆完毕后，及时将喷洒到箱梁上的水泥浆冲洗干净。

3. 施工做法详解

工艺流程

测量放线→支架地基处理→支架安装→底模安装→支架堆载预压及沉降观测→侧模、翼模、内模及端模安装→底板、腹板钢筋加工及绑扎→混凝土浇筑→模板拆除→预应力张拉及锚固。

（1）**测量放线**　依据基准控制桩在地基上放出箱梁中心点及纵向轴线控制桩，直线梁段控制桩间距以 20m 为宜，曲线梁段控制桩间距不宜大于 5m。用白灰线标出地基处理边线控制桩，确定地基处理范围，地基四周边线距支架外缘距离不宜小于 500mm。将地基处理的标高控制线标注在墩台上。

（2）**支架地基处理**

① 支架现浇梁施工前，先对施工现场进行场地平整，对搭设支架的场地进行加固处理，确保地基承载力达到满布荷载的要求，使梁体混凝土浇筑后不产生沉降。

② 支架地基处理可采用换填法（二灰稳定粒料等材料）、压（夯）实法等方法；对于软弱土层，可采用混凝土扩大基础（混凝土条形基础）或桩基等方法。

③ 采用换填法时，先将地基表面不适宜材料彻底清除干净，铺筑换填材料，每层松铺厚度不应大于 300mm，用推土机、平地机整平，压路机碾压，压实度大于 96%。

④ 采用混凝土扩大基础（混凝土条形基础），其断面尺寸及强度等级应依据施工荷载及地基情况等因素确定，条形基础顶宽不应小于 200mm。浇筑混凝土基础时注意支架连接用的预埋件的正确安装。

⑤ 采用枕木、木板或型钢基础时，枕木、木板或型钢规格应依据施工荷载及地基情况

等因素确定，但其宽度不宜小于 200mm。就位前在基础顶部撒一层细砂，使其与地基密贴，纵横交叉点有缝隙时应用薄钢板或木板等予以填充，不得留有空隙。

（3）支架安装（架设支撑排架）

① 支架安装前必须依照施工图设计、现场地形、浇筑方案和设备条件等编制施工方案，按施工阶段荷载验算其强度、刚度及稳定性，报批后实施。

② 支架安装可从箱梁一端开始向另一端推进，也可从中间开始向两端推进，工作面不宜开设过多且不宜从两端开始向中间推进，应从纵横两个方向同时进行，以免支架失稳。

③ 用于支撑的所有杆件，必须经检验合格后方可使用。

④ 支架立柱（立杆）应设水平撑和双向斜撑，斜撑的水平角度以 45°为宜；剪刀撑应由底至顶连续设置。

⑤ 支架搭设严格控制立柱（立杆）垂直度和水平杆水平度，多层支架的立柱应垂直，中心线铅垂一致。

⑥ 支架高度超过其宽度 5 倍或支架高度超过 10m 时，应设一组缆风绳，每增高 10m 应增加一组。

（4）底模安装

① 为使混凝土表面平整、光滑，达到清水混凝土标准，底模宜采用酚醛覆膜胶合板模板、防水竹胶合板、定型钢模板或组合钢模板，全桥宜使用同一种材质、同一种类型的模板；采用定型钢模板（图 6-12）时，钢模板应由专业生产厂家设计及生产，拼缝以企口为宜。

图 6-12　箱梁定型钢模板

② 底模安装前复核支架顶标高。铺设底模时采用人工为主、机械配合的方式施工。底模板安装前要考虑支架的预留拱度的设置调整、加载预压试验及支座板的安装。

（5）**支架堆载预压及沉降观测**　城市桥梁工程中各种支架和模板安装后，宜采取预压方法消除拼装间隙和地基沉降等非弹性变形。

① 支架预压采用满铺砂袋的方法进行，施荷可用砂袋装土或砂等材料，加载时使用汽车吊吊装，人工配合堆放，堆放时注意砂袋不得将沉降观测点覆盖。加载时按设计要求分级进行，每级持荷时间不少于 10min。

② 预压应按设计进行，设计未规定时，预压荷载不小于结构自重与施工荷载之和的 1.2 倍。

③ 加载顺序为从支座向跨中依次进行。满载后持荷时间不小于 24h，分别量测各级荷载下支架的变形值。然后再逐级卸载，当支架的沉降量偏差较大时，要及时对支架进行调整。

（6）侧模、翼模、内模及端模安装

① 侧模及翼模宜在加工厂制作，组装成型后，运到现场吊装。

② 先使侧模及翼模吊装到位，与底模的相对位置对准，用顶压杆调整好侧模垂直度，并与端模连接好。

③ 侧模安装完后，用螺栓连接稳固，并上好全部拉杆。调整其他紧固件后检查整体模板的长、宽、高尺寸及不平整度等，并做好记录。

④ 内模安装要根据模板结构确定，当内模为拼装式结构时，可采用吊装方式安装。内模安装完后，严格检查各部位尺寸是否正确。

⑤ 端模安装：将波纹管逐根插入端模各自的孔内后，进行端模安装就位。安装过程中逐根检查是否处于设计位置。端模安装要做到位置准确，连接紧密，侧模与底模接缝密贴且不漏浆。

（7）底板、腹板钢筋加工及绑扎

① 钢筋绑扎程序及方法

a. 在模板上标出底板下层纵横向钢筋的准确位置。

b. 人工搬运钢筋逐根就位，并对所有交叉点进行绑扎。

c. 安装底板保护层垫块。

d. 横隔梁及腹板钢筋就位并与底板钢筋绑扎，安装侧模保护层垫块。

e. 摆放底板上层钢筋支撑马凳（如果需要设置），用粉笔在马凳及模板上放出底板上层纵横向钢筋准确位置。

② 钢筋绑扎（图 6-13）要求

a. 当箱梁为曲线梁时，放样时要特别注意钢筋间距的标注位置是其设计线还是横断面对称线。

b. 底板下层钢筋形成整体后，应及时安装保护层垫块，以免到后期骨架重量增加而使其安装困难，用撬棍安装时撬棍下应垫以小木板，以免损伤模板。

图 6-13　箱梁钢筋绑扎施工现场

c. 当底板的上下层钢筋之间未设计架立筋或架立筋不足以支撑施工荷载及上层钢筋自重时，上下层钢筋之间应设马凳或增加架立筋。

（8）混凝土浇筑

① 多跨连续箱梁因整联长度过长，需分段张拉，或混凝土浇筑量过大，不能整联一次连续浇筑完成时，可分段浇筑，分段位置如设计无规定，宜留在梁跨 1/4 部位处。

② 多跨连续箱梁宜整联浇筑（图 6-14），必须分段浇筑时，应自一端跨逐段向另一端跨推进，每段浇筑跨数，可依设计或施工需要而定。

图 6-14　箱梁混凝土浇筑

③ 底板混凝土一般不宜分层连续浇筑，底板混凝土初凝前浇筑腹板混凝土，底板与腹板交界埂斜处混凝土应饱满密实。

④ 浇筑时底板内多余混凝土应及时清理干净，严格控制底板厚度，底板顶面要拍实、压平。

⑤ 除按要求制作标准条件养护试块外，还应制作同条件养护试块，以确定张拉时间。

（9）模板拆除

① 当梁体混凝土强度达到设计强度的 50%，混凝土芯部与表层、箱内与箱外、表层温度与环境温度之差均不大于 15℃，但能保证构件棱角完整时方可拆除侧模和端模。气温急剧变化时不宜进行拆模作业。拆除前先清理好拟进入的作业面。

② 内侧模拆除应在混凝土终凝且棱角不易被损坏时进行。首先松开模板支撑，然后逐

块拆除模板。

③ 侧模、端模、内模及翼板底模拆除。

a. 当梁体混凝土强度达到设计强度的 50%，混凝土芯部与表层、箱内与箱外、表层温度与环境温度之差均不大于 15℃，且能保证构件棱角完整时方可拆除侧模和端模。气温急剧变化时不宜进行拆模作业。

b. 先进行内模拆除，将箱内清理干净。再进行侧模及翼板模板拆除，逐段松开并拆除模板支撑，一次松开面积不得过大，逐块拆除模板。

（10）预应力张拉及锚固

① 施加预应力前，应对箱梁混凝土外观进行检查，且应将限制位移的模板全部拆除后方可进行张拉。

② 混凝土应达到规定的强度等级和相应的弹性模量值后，方可施加预应力；施加预应力时，预应力筋、锚具和千斤顶应位于同一轴线上。

③ 预应力筋的张拉控制应力应符合设计要求。当施工中预应力筋需要超张拉或计入锚圈口预应力损失时，张拉控制应力可比设计要求提高，但在任何情况下不得超过设计规定的最大张拉控制应力。

4. 施工总结

① 模板、支架拆除施工前，应先清理拆除现场，划定拆除现场禁区并派专人警戒，严禁无组织人员零星拆卸，一切非施工操作人员不得进入禁区。

② 拆除桥梁下部支撑系统前，应严格按拆除方案程序进行，拆除原则是自上而下。将组合钢支柱的顶托调低 30～50mm，使钢桁架或工字钢高度下降，预留出拆底模的空间量。先拆模板及模板排架，再拆钢桁架或工字钢，最后按顺序拆卸支撑支架。在拆除钢桁架及支撑支架时，严禁使用机械牵引、一次拉倒的操作方法。

③ 预应力张拉操作人员，必须经培训并取得上岗合格证。张拉所用高压油泵和千斤顶，应有产品生产合格证和安全生产许可证。

④ 后张预应力张拉施工对梁的预留孔道进行钢绞线穿束时，梁两端应搭设工作平台并加设护栏。穿束作业，梁的每一端不得少于 3 人，严禁使用翻斗车、推土机强拉钢绞线。

⑤ 预应力钢筋张拉时，各种混凝土结构物的强度都应符合设计要求，无设计要求时，应不低于设计强度的 75%。

⑥ 支架现浇箱梁允许偏差应符合表 6-4 的规定。

表 6-4 支架现浇箱梁允许偏差

检查项目		规定值或允许偏差/mm	检查频率		检查方法
			范围	点数	
轴线偏位		10	每跨	3	用经纬仪测量
梁板顶面高程		±10		3～5	用水准仪测量
断面尺寸	高	−10～+5		1～3 个断面	用钢尺测量
	宽	±30			
	顶、底、腹板厚	+10 0			
长度		−10～+5		2	用钢尺测量
横坡		±0.15%		1～3	用水准仪测量
平整度		8		每侧面每 10m 梁长测 2 点	用 2m 直尺、塞尺测量

四、箱形梁顶推施工

1. 示意图和施工现场图

梁顶推施工示意图和施工现场图分别见图 6-15 及图 6-16。

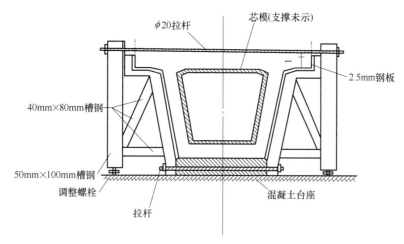

图 6-15　梁顶推施工示意

2. 注意事项

① 顶推时，如导梁杆件有变形，螺钉松动、导梁与主梁连接处有变形，或混凝土开裂等情况，应禁止顶推，及时进行处理。

② 梁段中未压浆的各预应力钢材的锚具如有松动，应禁止顶进，并将转动的锚具重新张拉、锚固。

③ 采用拉杆方式顶推时，如拉杆有变形、锚旋连接螺钉有松动等情况，应及时处理。

图 6-16　梁顶推施工现场

3. 施工做法详解

钢箱梁顶推→预制场地的准备→台座的选择→预应力混凝土连续箱梁梁段预制→安装模板→梁段混凝土浇筑→梁段施加预应力→钢箱梁制作、运输及吊装→架设导梁→架设临时墩及平台→架设梁段顶推设备→选择滑动装置→顶推方式的确认。

(1) 钢箱梁顶推

① 工厂钢梁制作→验收合格→编号出厂→钢梁运输。

② 平整桥台场地→制作台座→安装顶推设备→架设临时墩及平台→钢梁吊装→架设导梁→顶推（拖拉）→安正式支座→落梁就位→桥面施工。

(2) 预制场地的准备

① 预制场地设在桥台引道（或引桥）上，其长度为预制节段的 2～3 倍以上，应考虑梁段悬出时反压段的长度、梁段预制长度、导梁拼装长度和机具设备材料进入预制作业线的长度。预制场地宽度，应满足梁段两侧作业的需要。预制场地采用推土机推土、刮平机刮平、

压路机压实。

②预制场地上空搭设固定或活动的作业棚，其长度宜大于2倍预制梁段长度，使梁段预制作业不受天气影响。

（3）台座的选择

①预制台座布置在台后或引桥的墩台附近，台座基础应为刚性，同时应设防水和排水设施。使用前应进行预压，沉降量和四角高差不大于1mm。

②台座的轴线应与桥梁轴线延长线相重合，台座的纵坡应与桥梁纵坡一致；制梁台座和底模中心线与桥梁中心线的偏差不大于1mm，且不得有反向偏差。

③若预制块在排架上制作，必须在制作前消除排架的非弹性变形值。

（4）预应力混凝土连续箱梁梁段预制

①梁段预制块件应符合设计要求；梁段可根据箱梁结构（单箱单室或单箱双室）及全截面顶进还是分段来确定预制方案。预制顺序要先河内后岸边，按期顺序进行。

②顶出的梁段不应产生高程变化，且梁的尾端不能产生转角。为此，在顶推梁到达主跨之前应设置过渡孔，并通过计算确定分孔和长度，也可采用引桥作为过渡孔。

（5）安装模板

①底模板宜采用升降式大模板，侧模板宜采用旋转式整体模板，内模板（芯模板）宜采用易于拆卸和移动取出的构造方式（折叠移动式内模板或支架升降式内模板）。梁底板的底模上应装有表面磨光的钢板，以减少梁底板的摩擦力。

②安装底模板的预制平台应严格控制平整度。通常情况下预制平台应有一个整体的框架基础，并要求总下沉量不超过5mm，在框架上设置底模和底模滑道，在底模与基础之间应设置卸落设备。

③底模不得与外侧模板连在一起，应与底架连成一体，并将底模板安置在预制平台上，其升降与卸落设备宜采用千斤顶，为控制底模在设计平面内升降，应设置底模限位器。

（6）梁段混凝土浇筑

①混凝土可采用全断面整段浇筑或采用两次浇筑；分两次浇筑时，第一次浇筑箱梁底板及腹板根部，第二次浇筑其他部分。

②梁段工作缝的接触面应凿毛，并冲洗干净，或采用其他可加强混凝土接触的措施。

③若工作缝为多联连续梁的解联断面，干接缝依靠张拉临时预应力束来实现，断面尺寸应准确，表面平整，解联时分开方便。

④支座位置处的隔板，在整个梁顶推到位并完成解联后，进行浇筑，振捣时应避免振动器碰撞预应力筋管道、预埋件等。

（7）梁段施加预应力

①顶推安装的预应力混凝土连续箱梁，三种预应力束（永久束、临时束及后期束）均应严格按设计规定布置、张拉、接长及拆除。不得随意增加或漏拆预应力束，更不得漏张拉。

②预应力钢束张拉顺序宜采用先临时束、后永久束，先长束、后短束，先直束、后弯束。

③为防止因水平扭矩而产生的附加内力，顶板、底板预应力束应上下交错、左右对称地进行。

（8）钢箱梁制作、运输及吊装

①钢箱梁现场拼装平台与现浇连续箱梁台座相同，也可采用间隔式临时支墩组成，必

须确保钢箱梁在拼装及顶推时不得失稳、沉降和偏斜。

② 钢箱梁在拼装（图 6-17）过程中应确保各制作段相对位置准确，轴线对中；高强螺栓应全部终拧，并经检查验收合格。顶推用连接板（梁侧或梁底锚板）位置准确。

（9）**架设导梁**

① 导梁宜为钢导梁（钢横梁、钢框梁、贝雷梁或钢桁架），采用在分联顶推时，根据设计设置后导梁，其与顶推梁的连接方式应符合设计要求。

② 当用连接件连接时，应先将导梁全部拼装与连接件相连接后，再浇筑混凝土，当用预应力筋连接时，应按有关规定进行预应力筋的张拉。

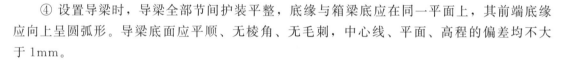

图 6-17　钢箱梁现场拼装

③ 采用钢桁架导梁时，应注意导梁与梁段刚度的协调，不得采用刚度过小的导梁，并减小每个节点的非弹性变形，使其梁端挠度不大于设计要求。

④ 设置导梁时，导梁全部节间护装平整，底缘与箱梁底应在同一平面上，其前端底缘应向上呈圆弧形。导梁底面应平顺、无棱角、无毛刺，中心线、平面、高程的偏差均不大于 1mm。

⑤ 导梁长度一般为顶推跨径的 2/3 左右。导梁和混凝土梁的刚度比一般取 $\frac{1}{15} \sim \frac{1}{9}$。

（10）**架设临时墩及平台**

① 当跨径较大时、为减小顶推时梁的内力，可设置临时墩，城市桥梁工程临时墩设置时应考虑桥下交通、拆除等综合因素。

② 对于临时墩，应考虑梁向前顶时，墩有前倾趋势，故宜将墩上支座放在墩中心线后面，使墩偏心受压产生后倾力矩，用以抵消一部分前倾力矩。

③ 临时墩在顶推时不得发生超过规定的偏斜，用斜拉索加固，或用水平拉索串联加固连成整体以抵抗顶推时的水平力；当跨距较小时用桁架、型钢连接加固。

④ 临时墩通常只设置滑道，当加设顶推装置时，应通过计算确定。

（11）**架设梁段顶推设备**

① 顶推前应对顶推设备（如千斤顶、油泵、控制装置）及梁段中线、各滑道顶面标高等进行检查，并做好顶推各项准备工作后，方可进行顶推。

② 液压传动系统的动力机构、顶推泵站及其辅助装置的布置，通常设置在台座一侧视野开阔位置。

③ 水平顶推千斤顶宜采用连续顶推千斤顶（穿心式）。

④ 牵引装置（拉杆体系）通常由钢绞线束（或精轧螺纹钢、高强度钢丝束）拉杆、锚具和拉锚器组成。其中拉锚器是拉杆与箱梁连接的锚固装置，由梁侧安装锚碇板和工具式拉锚器两部分组成，锚碇板与拉锚器的螺栓孔栓接。

（12）**选择滑动装置**

① 水平-竖直千斤顶顶推方式的滑动装置一般由摩擦垫、滑块（支承块）、滑板和滑道组成。

② 支座垫石按设计要求设置并严格控制顶面标高及平整度。

③ 对于滑道垫块，应保证滑道顶面标高与落梁后梁底面标高一致，纵向坡度与桥梁纵坡一致。

④ 拉杆顶推方式滑动装置　其滑板和滑道的组成、构造、技术要求以及滑道宽度均与水平-竖直顶推方式相同，但拉杆顶推方式的滑道长度应大于 3 块滑板的长度。

（13）顶推方式的确认

① 单点顶推适用于桥台刚度大、梁体轻的施工条件。单点顶推水平力的施加位置一般集中于桥台或某一桥墩（仅在一个墩台上安装左右两套顶推装置），其他支点只设置滑道支撑。单点顶推设备、控制系统简单，由于全桥顶推水平力仅由一个墩台上顶推设备承担，顶推设备能力要求高，尤其是孔数较多的长桥，顶推设备能力难以适应。未设千斤顶的墩顶均有较大的水平摩阻力。

② 将顶推装置安装在每个墩台顶面即为多点顶推，多点顶推适用于桥墩较高、截面尺寸较小的柔性墩的施工条件。多点顶推时，各墩台的水平千斤顶均应沿纵向同步运行，控制系统要求高，通常采用多点自动连续顶推方法。多点顶推（图 6-18）同步运行包括每个墩顶两侧顶推设备的同步运行，保证盖梁不受扭矩；同时包括各个墩顶的纵向同步运行。

图 6-18　多点顶推施工现场

4.施工总结

① 顶推时，至少应在两个墩上设置保险千斤顶，如遇到滑移故障用千斤顶处理时，起顶的反力值不得大于计算反力的 1.1 倍，起顶高度不得大于 5～10mm。

② 梁段偏离较大，当梁体中线偏移值大于 5mm 时，应采取纠偏措施，利用安装在墩两侧面的导向限位装置和纠偏对箱梁施加侧向力来纠偏，促使箱梁复位。

③ 每墩需有一人监视滑道的工作状态并及时清除不锈钢上的灰尘，保持滑道顶面清洁。

④ 顶推施工梁允许偏差应符合表 6-5 的规定。

表 6-5　顶推施工梁允许偏差

项目		允许偏差/mm	检验频率		检验方法
			范围	点数	
轴线偏位		10		2	用经纬仪测量
落梁反力		不大于 1.1 倍设计反力		次	用千斤顶油压计算
支座顶面高程		±5	每段		用水准仪测量
支座高程	相邻纵向支点	5 或设计要求		全数	
	同墩两侧支点	2 或设计要			

五、钢筋混凝土预制梁安装施工

1.施工现场图

钢筋混凝土预制梁安装施工现场图见图 6-19。

2. 注意事项

① 运梁车上构件支承点下及相邻构件之间需放置橡胶垫等支承物并固定牢固，防止构件相互碰撞而损坏车辆和构件。车辆应慢速行驶，穿越桥涵通道时要有专人照看、慢速通过，防止磕碰。

② 吊装中要防止梁、板碰撞桥梁结构。

③ 支座安装后，梁、板吊装前应安排专人看护，防止支座丢失。

④ 梁、板就位后应有专人看护，防止梁、板上的预埋钢筋和预埋件出现丢失、损坏。

图 6-19　钢筋混凝土预制梁安装施工现场

3. 施工做法详解

工艺流程 ≫≫≫ ....

运梁、板线路调查→吊装方案论证、审批→吊装场地准备（场地处理）→测量放线→梁、板运输→梁、板吊装。

（1）运梁、板线路调查　城市桥梁工程构件运输前必须进行行驶道路调查。

① 构件运输道路应有足够的车行宽度和符合规定的转弯半径。

② 应安全通过行车路线沿线的桥涵、隧道、铁路箱涵、人行天桥等限高构筑物。

③ 应安全通过沿线跨路电气线及施工现场的临时架空电线。应与沿线的高压线保持安全距离。

④ 沿线经过的道路、桥涵、管渠、临时便线、临时便桥等应有足够的承载力。

（2）吊装方案论证、审批

① 吊装方案编制完成后，应会同有关人员对方案进行论证，对有关数据进行计算复核、优化，确定施工方案。

② 根据现场情况，复核吊车在吊装最不利梁、板时，吊车的工作幅度、起重力矩和提升高度是否满足施工要求。如果采用两台吊车同时吊装一块梁、板时，对每台吊车的参数和型号选择应单独进行计算复核，起重力矩核算时应考虑吊车配合时的降效，降效系数为80%。25m 以上的预应力简支梁还应验算裸梁的稳定性。

③ 根据梁、板的质量、长度和角度，参考运距和道路情况，复核运输车辆的载重能力和技术性能是否满足运输梁、板的要求。

④ 根据吊装方案中各种机械车辆运行的线路、工作的位置和车辆的工作质量，对照现场的地质情况，复核现场的场地处理方案，判断其能否满足施工要求。对吊车的支点位置应调查地基承载力应符合设计要求。

⑤ 将编制的梁、板吊装方案报业主、监理及有关部门审批；将编制的梁、板运输方案报交通管理部门，得到批准后方可实施。

（3）吊装场地准备（场地处理）

① 吊装前必须对施工现场作业环境、架空电线、地上建筑物、地下构筑物以及构件质量和分布等情况进行全面了解。根据吊装方案中的场地处理要求，在吊装前对吊装现场进行处理和加固。

② 吊装作业应在平整坚实的场地上进行，不得停放在斜坡上，应有足够的工作场地满足吊装作业，起重臂杆起落及作业有效半径和高度的范围内不得有障碍物。

③ 起重机不得支设在各类管线和地下构筑物之上。如需支承在其上时，必须分析地下设施情况，采取加固防护措施并取得管理部门的同意，吊装前约请有关管理部门到现场监控。

④ 在沟渠、基坑附近吊装时，起重机支承点必须与沟渠、基坑保持安全距离并确保基坑边坡土壁稳定。

⑤ 对地下有坑穴或松软土层部位应采取加固处理，加固后的地基必须满足起重要求。

⑥ 起重吊装作业严禁在高压线下进行，如需在其附近作业时，必须保持与高压线的安全距离。

图 6-20 梁、板运输就位

（4）**测量放线** 吊装前，测量人员放出高程线、结构的中心线、支座的中心十字线以及每块梁、板的端线和边线。用墨线弹出并标识清楚。

（5）梁、板运输

① 梁、板运输前对车辆型号、车辆状况进行检查，有隐患的车辆不得进行运输（图 6-20）。

② 预制场应有专人根据吊装方案安排梁、板的发车顺序。

③ 梁、板装车后应进行固定，并对固定情况进行检查，符合安全运输要求后方可发车。

④ 事先与交通部门取得联系，重要路口派专人临时维持交通秩序。

⑤ 车辆进入吊装现场要有专人指挥，安排车辆的进出线路、临时停车地点和卸车顺序。

（6）梁、板吊装

① 按照吊装方案进行吊装，吊装时严格按设计给定的吊点位置挂装吊环，不得随意变更吊点位置。当梁体较长时，应使用起重梁（扁担梁）等工具。

② 吊装前应进行试吊，试吊三次，每完成一个起和落为一次；试吊时检查作业场地、吊车状态及钢梁起吊后的状态，检查吊机的稳定性、制动器的可靠性、重物的平稳性、绑扎的牢固性。确认无异常情况后，方可进行正式吊装作业。检查架梁机具设备的可靠性。

③ 吊装过程中要有专人负责指挥。吊装中，梁、板靠近桥梁时要慢起慢放，梁、板每端应有 2～4 人对吊装中的方向进行调整。墩台、盖梁上应有专人根据测量所弹的端、边线检查梁、板就位情况。就位不准时要吊起重放，不允许在就位后用撬棍移动梁、板。

④ 每片梁、板就位后，应立即检查支座情况，如果出现个别支座悬空的现象，应将梁、板吊起，采用直径大于橡胶支座的不锈钢板，选用适当的厚度垫在支座顶部，再重新将梁、板就位。

⑤ 吊装 T 形梁时（图 6-21），第一片梁就位后应立即设置保险垛或支撑将梁固定，必须有抗倾覆措施，固定好后吊

图 6-21 T 形梁吊装施工现场

车再摘钩。以后每片梁就位后应立即用钢筋或钢板与前一片梁的横向预埋钢筋或钢板焊接牢固再摘钩，防止 T 形梁倾倒。

⑥ 严格检查每片梁、板的起拱度，对于可调换顺序的梁板，应将起拱度相近的梁板安排在相邻的位置，确保吊装后梁、板顶面的高程符合设计要求，梁、板底面大致在同一平面。

⑦ 为预防梁、板安装完成后板缝间距不一，个别板缝过大的现象，安装时严格按照弹线位置放置梁、板，保证梁、板间距基本均匀。

4. 施工总结

① 混凝土预制构件在起吊装车前，其混凝土必须达到规定的强度，在构件验收合格后，方可吊装、起运、出厂。

② 构件移运时的起吊（支承）点应符合设计给定位置，不得随意变更，如需变更必须与设计部门协商确定。构件运输时的支承位置应与吊点位置一致。

较长简支梁构件运输，车长应能满足支承点间的距离规定，严禁采用悬臂式运输。构件装车时应平衡放置，使车辆承载对称均匀。构件支承点下及相邻构件之间需放置橡胶垫等支承物并固定牢固，防止构件相互碰撞损而坏车辆和构件。

③ 起重吊装作业前必须对施工现场作业环境、架空电线、地上建筑物、地下构筑物以及构件质量和分布等情况进行全面了解。吊装作业应在平整坚实的场地上进行，应有足够的工作场地满足吊装作业。在起重臂杆起落及作业有效半径和高度的范围内不得有障碍物。起重吊装作业必须保持与高压线的安全距离。

④ 进行起重吊装作业时应绑扎平稳、牢固，应先将构件吊起20cm后停止提升，进行安全检查。检查起重机的稳定性、制动器的可靠性、重物的平稳性、绑扎的牢固性。确认无误后方可再行提升。构件起吊提升和降落速度应匀速平稳。严禁忽快忽慢和突然制动，左右回转动作平稳，当回转未停稳前不得反向动作。严禁带载自由下降。

⑤ 梁、板安装允许偏差应符合表 6-6 的规定。

表 6-6　梁、板安装允许偏差

项目		允许偏差/mm	检验频率		检验方法
			范围	点数	
平面位置	顺桥纵轴方法	10	每个构件	1	用经纬仪测量
	垂直桥纵轴方法	5		1	
焊接横隔梁相对位置		10	每处	1	用钢尺测量
湿接横隔梁相对位置		20		1	
伸缩缝宽度		−5～+10		1	
支座板	每块位置	5	每个构件	2	用钢尺测量，纵、横各1点
	每块边缘高差	1		2	用钢尺测量，纵、横各1点
焊缝长度		不小于设计要求	每处	1	抽查焊缝的10%
相邻两构件支点处顶面高差		10	每个构件	2	用钢尺测量
块体拼装立缝宽度		−5～+10		1	
垂直度		1.2%	每孔2片梁	2	用垂线和钢尺测量

六、钢梁安装施工

1. 施工现场图

钢梁安装施工现场图见图 6-22。

图 6-22　钢梁安装施工现场

2. 注意事项

① 钢梁运输过程中，捆绑绳要打紧并垫上包角，防止绳索损坏钢梁漆面。

② 吊装箱梁时，在吊装段的四角应用绳索牵引，防止钢箱梁在吊装过程中磕碰墩柱、桥台或支架。

③ 钢箱梁混凝土翼板悬挑支架安装及拆除时，要采取可靠防护措施，避免箱梁变形或漆膜脱落。

④ 拆除钢箱梁支架时，应先拆除砂箱，后卸落支架，不得整体倾斜将支架吊出，以免磕碰墩柱或箱梁。

3. 施工做法详解

工艺流程 ▶▶▶▶

钢梁运梁线路、吊装场地调查→吊装场地准备（场地处理）→钢梁支撑排架（支墩、支架）搭设→钢梁起运→钢梁运输→吊装设备就位→试吊→钢梁吊装→高强度螺栓连接→工地焊缝连接和固定→钢梁工地涂装→桥面板混凝土浇筑→钢梁支架拆除。

（1）**钢梁运梁线路、吊装场地调查**　城市桥梁工程钢梁运输前必须进行行驶道路调查。运行道路应有足够的车行宽度和符合规定的转弯半径。应安全通过行车路线沿线的桥涵、隧道、铁路箱涵、人行天桥等限高构筑物和跨路电气线及施工现场的临时架空电线。应与沿线的高压线及各种架空线保持安全距离。沿线经过的道路、桥涵、管渠、临时便线、临时便桥等应有足够的承载力。

（2）**吊装场地准备（场地处理）**　城市桥梁工程构件运输时，施工现场内场地应平整坚实，场内施工便桥和施工便线应有足够的承载力。应选平整坚实的场地为装卸点，装卸点有地下管线和起吊回转半径内的地上构筑物应提前处理。

（3）**钢梁支撑排架（支墩、支架）搭设**

① 钢梁支撑排架（支墩、支架）搭设位置和高程以及结构形式，必须经过设计计算。应有足够的承载力和稳定性。

② 城市内现场钢梁支撑排架（支墩、支架）应优先选用拼装、拆卸速度快，占地面积小，使用效率高的组合钢支架或专用钢桁架，宜采用碗扣支架（密排）或军用支架（军用墩）。支架搭设应符合专项施工方案规定要求，钢梁支撑排架（支墩）应有现场平面布置图和结构形式图。

③ 测量砂箱（砂袋）的顶部高程，其顶部高程必须严格按设计规定控制，考虑钢梁安装后的沉降量及支架承载后的间隙压缩，其顶部高程应控制在误差上限。

④ 支架搭设完成后在上横梁顶面精确测定钢梁中心线位置，测量应保证测距精度及钢箱梁的定位精度。用精测后的桥梁中线测量出定位线（定位线的纵向应以中腹板中心为准，横向应以设计梁端值为基础）。

（4）**钢梁起运**

① 钢梁起运按吊装方案规定的吊装规定顺序进行，首车为第一段吊装梁，依据安装顺

序依次起运钢梁。

为减少现场车辆就位时的移车时间，在出厂前应保证钢箱梁在车上的安放位置准确，不得随意放置，钢箱梁在运梁车上的放置方向必须与运至工地现场时吊装就位时的方向一致。

② 移运时的起吊（支承）点应符合设计给定位置，不得随意变更，如需变更必须同设计部门协商确定。

钢梁吊装前应了解钢梁杆件的重量、重心位置。钢梁吊点位置必须按设计规定确定。临时焊接的吊点必须有足够的连接强度。开孔吊点不得破坏钢梁结构强度，并有补强措施。

构件运输时的支承位置应与吊点位置一致。

③ 较长简支梁构件可采用炮车或轴线车运输，车长应能满足支承点间的距离规定，严禁采用悬臂式运输。钢梁装车时应平衡放置，使车辆承载对称均匀。支承点下放置橡胶垫等支承物并固定牢固。

构件在运输前必须绑扎稳固，确保运输过程中的稳定。

（5）**钢梁运输**（图 6-23）　运输大型构件时需应适当控制车速，时速宜控制在 5km/h 之内，严禁拐小弯及死弯。长距离运输构件必须中途停车检查固定装置是否依然牢固，如发现固定装置松动必须及时进行紧固后方可运行。

运梁车辆之间保持 3 倍车长（120m 左右）的运输间距。

图 6-23　钢梁运输就位

（6）吊装设备就位

① 城市桥梁工程受社会交通、作业时间段影响，宜采用移动快速、支设便捷的全液压汽车吊机，当作业条件许可时，可采用履带吊机。

② 吊装设备选择。根据作业场地和吊装环境选择吊机类型；根据钢箱梁几何尺寸、钢梁重量、起吊高度等综合因素，确定吊机起吊吨位、吊机主臂起升高度、起重幅度、回转半径。

吊装设备选择由桥梁施工单位、钢梁制作单位与起重安装单位等共同研究确定，做到安全可靠、充分发挥吊机性能。

③ 城市桥梁工程占用场地狭窄、钢梁吊装设备使用单位必须事前确定其占位位置。

④ 当作业条件许可时，吊机应提前就位。当运梁车受影响时，可在运梁车就位后，再进行吊机就位。

（7）试吊　钢梁吊装前，应进行试吊，试吊三次，每完成一个起和落为一次；试吊时检查作业场地、吊车状态及钢梁起吊后的状态，检查吊机的稳定性、制动器的可靠性、重物的平稳性、绑扎的牢固性。确认无异常情况后，方可进行正式吊装作业。

（8）钢梁吊装

① 城市桥梁工程钢梁吊装宜采用大吨位吊车进行双机或单机抬吊法作业。

② 城市桥梁工程钢梁吊装通常采用夜间断社会交通、夜间吊装、清晨恢复交通的方法，因此在有限的时段内，必须合理组织每夜吊装段数量、吊装顺序，建立高效快速的指挥通信系统。

③ 钢梁起吊（图6-24）和降落速度均匀平稳，严禁忽快忽慢和突然制动。

图6-24 钢梁起吊

④ 双机抬吊同一根钢梁时，吊车臂杆应保持一定距离，必须设专人指挥，双机抬吊作业时，每一单机必须按降效25％作业。双机抬吊作业时钢丝绳应保持垂直，动作应协调一致，升降应同步。

⑤ 吊装时，应在距离就位点5～10cm处空间位置停留，及时调整对中。

⑥ 吊装就位必须放置平稳牢固并支设临时固定装置；钢梁就位后，起重吊车应适当落钩、松绳、不摘钩，此时应有专人负责检查吊装作业台的支承稳定性，检查支承变形情况和支座高程的准确情况，检查杆件轴线对中的准确性，检查钢梁连接处的可靠性。经检查确认安全后，方可松绳、摘钩。

⑦ 吊装全过程，应有专人观察支架的强度、刚度和稳定性，检查钢梁杆件的受力变形情况，如发现问题及时处理。

（9）高强度螺栓连接

① 由制造厂处理的钢桥杆件摩擦面，安装前应复验所附试件的抗滑移系数，合格后方可进行安装，并应符合设计要求。

② 高强度螺栓的设计预拉力、施加预拉力应符合表6-7的规定。

表6-7 高强度螺栓的设计预拉力、施加预拉力   单位：kN

螺栓规格	M22	M24	M27	M30
设计预拉力	190	225	270	355
施工预拉力	210	250	320	390

③ 高强度螺栓连接副在运输和储存时应轻装、轻卸，分类、分批保管，不得混淆，应防潮、防锈。在使用前进行外观检查并应在同批内配套使用。

④ 施工前，高强度螺栓连接副应按出厂批号复验扭矩系数，每批号抽验不少于8套，其平均值和标准偏差应符合设计要求。设计无要求时平均值应为0.11～0.15，其标准偏差应小于或等于0.11。复验数据应作为施拧的主要参数。

⑤ 安装钢梁的高强度螺栓长度必须与安装图所示一致。高强度螺栓应顺畅穿入孔内，不得强行敲入，穿入方向应全桥一致，在架梁工艺中应予以确定。高强度螺栓不得作为临时安装螺栓。被拴合的板束表面应垂直于螺栓轴线，否则应在螺栓垫圈下面加垫斜坡垫板。

⑥ 施拧高强度螺栓（图6-25）应按一定顺序，从板束刚度大、缝隙大之处开始，对

图6-25 施拧高强度螺栓

大面积节点板应由中央辐射向四周边缘进行，最后拧紧端部螺栓，并应在当天施拧完毕。施拧时，不得采用冲击拧紧、间断拧紧。

⑦ 施拧高强度螺栓连接副采用的扭矩扳手，应定期进行标定，在每班作业前后均应进行校正，当发现扭矩误差大于±3％时，应复查该扳手已拧螺栓的合格率。

⑧ 高强螺栓终拧完毕应按现行规定的要求进行检查。应设专职人员进行检查，当天拧好的螺栓当天检查完。验收合格后的螺栓，凡外露部分均应立即涂漆防腐。

（10）工地焊缝连接和固定　钢桥工地焊缝连接分全焊连接和焊缝与高强度螺栓合用连接两类。合用连接中高强度螺栓连接的技术要求应符合设计和图纸的要求。工地焊缝连接的技术要求应符合下列规定。

① 钢桥杆件工地焊缝连接应按设计规定的顺序进行。设计无要求时，纵向应从跨中向两端进行，横向应从中线向两侧对称进行。

工地焊接宜采用CO_2气体保护焊等，以利提高焊缝接头质量；工地焊接的预热温度应比室内焊接的预热温度略高，宜用表面温度计严格控制。

② 工地焊接应设立防风设施，遮盖全部焊接处。雨天不得焊接，箱形梁内进行CO_2气体保护焊时，必须使用通风防护设施。

③ 工地焊缝必须按工艺要求进行无损检测，对接焊缝除全部进行超声波探伤外，还应抽样进行射线探伤。

（11）钢梁工地涂装

① 钢梁工地涂装应符合设计要求，防腐涂料应有良好的附着性、耐蚀性，喷涂金属的表面处理的最低等级为Sa2.5。喷涂金属系统的封闭涂层，其底漆应具有良好的封孔性能。

② 上翼缘板顶面和剪力连接器均不得涂装，在安装前应进行除锈、防腐蚀处理。

（12）桥面板混凝土浇筑　桥面板混凝土浇筑应符合本书相关章节规定，采用微收缩混凝土必须控制膨胀剂的添加量。桥面板混凝土浇筑应按设计要求分段施工。如需加预应力，应在桥面混凝土达到规定强度后，再按设计要求施加预应力。

（13）钢梁支架拆除　钢梁支架拆除必须按设计程序规定进行。

4. 施工总结

① 钢箱梁吊装前应了解钢箱梁的重量、重心位置，吊点位置必须按设计规定确定。钢箱梁采用单机或多机抬吊安装及高空滑移安装时，吊点必须进行计算确定。临时焊接的吊点必须有足够的连接强度。开孔吊点不得破坏钢箱梁的结构强度，并有补强措施。

② 各种起重吊装设施使用前必须做好检查，确认其性能可靠。对施工所用的特制吊架、横梁、托架等吊装工具必须严格检查焊接质量，在可能的情况下做单体受力试验。

钢箱梁吊装前应准备充足的连接工具和连接零件。临时螺栓和冲钉的数量不得少于规定最小数量，并应集中放在工具箱内。不得散放在作业台或杆件上。其他手用工具和专用工具宜应集中存放，或拴安全绳，不得临边放置，以防坠落伤人。

钢箱梁吊装前应检查施工现场的临时供电系统的接地、接零是否完好，电线、电缆是否影响吊装作业。

钢箱梁上的各种电动设施和电缆线、照明线必须符合安全用电规定。电线、电缆不得直接接触钢箱梁混乱敷设，必须保持绝缘良好，并应有专人值班进行管理。

③ 钢箱梁吊装应采用在四角加设缆风绳的方法控制杆件在空中的位置。

钢箱梁起吊就位应缓慢、平稳、准确。杆件就位对接时，应在距离就位点50～100mm

处空间位置停留，以利调整对中。

④ 杆件就位时，起重工应听从指挥，应在操作作业台上，使用规定的手动工具，采用抬、撬、拨、垫的规定方法使杆件就位。不得用手直接抓握杆件端边，不得直接使用手推和用脚蹬踹杆件的方法。

使用撬杠操作时，应用双手握持撬杠，不得用身体扑在撬杠上或坐在撬杠上，人应站稳，拴好安全带。钢箱梁就位，必须放置平稳牢固后，操作人员方可上到钢箱梁上。

⑤ 钢箱梁在起吊空中位置时，任何人都不得站在钢箱梁上。

⑥ 钢箱梁就位后应使用规范规定的足够数量的临时螺栓和冲钉固定定位牢固。

钢箱梁接头拼装对孔时，应用冲钉探孔，严禁用手指伸入检查。

钢箱梁对孔作业中，吊车司机、信号指挥人员、架梁人员应操作准确，动作协调。

⑦ 钢箱梁对孔拼装后，起重吊车应适当降钩、松绳、不摘钩，此时应有专人负责检查吊装作业台的支承稳定性，检查支架变形情况和支座高程的准确情况，检查杆件轴线对中的准确性，检查钢箱梁连接处的可靠性。确认连接牢固并且各方面均无问题后，方可摘钩。

⑧ 钢箱梁吊装全过程，从开始直到支承作业台拆除的全过程，应有专人负责观察支承作业台（支架、支墩）的强度、刚度和稳定性，检查钢箱梁的受力变形情况。如发现问题及时处理。

⑨ 进行高强螺栓连接或铆接作业时，作业人员必须执行本工种操作规程。使用手动力矩扳手拧紧高强螺栓时，不得加套管施拧，手持工具应系保险绳。各种作业工具应放置在安全地点。

⑩ 在通行交通的场地进行作业时，桥梁作业面下相应位置应设置警戒区，设专人疏导交通，防止高处坠落物伤人、伤车。

⑪ 钢箱梁连接拼装全过程，必须保持杆件作业面表面的清洁，不得有油污等易滑、易燃杂物。

⑫ 钢箱梁支架的拆除应有专项拆除方案。应采取自上而下的拆除原则。

钢箱梁施工完成后，必须经有关部门同意后，方可按方案规定的拆除作业程序进行作业台支架的拆除。降落支架砂箱或千斤顶，应认真观测桥梁沉降情况，确认无问题后方可拆除作业台支架。

⑬ 钢梁安装后的基本尺寸允许偏差应符合表 6-8 的规定。

表 6-8　钢梁安装后的基本尺寸允许偏差

项目			允许偏差/mm	检验频率		检验方法
				范围	点数	
轴线偏位	钢梁中线		10	每件	2	用经纬仪测量
	两孔相邻横梁中线相对偏差		5			
梁底标高	墩台处梁底		±10		4	用水准仪测量
	两孔相邻横梁相对高差		5			
支座偏位	支座、横线扭转		1		2	用经纬仪测量
	固定支座顺桥向偏差	连续梁或 60m 以上简支梁	20		2	
		60m 以下简支梁	10		2	
	活动支座按设计气温定位前偏差		3		2	
支座底板四角相对高差			2		4	用水准仪测量
连接	对接焊缝的对接尺寸、气孔率		符合规定	符合规定	符合规定	
	高强度螺栓扭矩		±10%	符合规定	符合规定	
涂膜厚度			不小于设计要求		3	用测厚仪测量

第二节 ▶ 混凝土连续梁桥施工

一、悬臂浇筑法施工

1. 示意图和施工现场图

悬臂浇筑法示意图和施工现场图分别见图 6-26 及图 6-27。

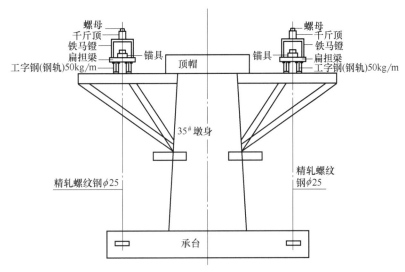

图 6-26 悬臂浇筑法示意

2. 注意事项

① 主梁周围一定范围内应设置安全警戒标志。

② 在人行通道及施工作业区须设置安全防护网或采取相应的安全措施。

③ 主梁施工时应尽量避免交叉施工干扰。必须交叉施工时，应根据设计和施工方法采取保证施工安全的措施。

④ 混凝土在浇筑过程中，派专人负责成品保护工作，既要对钢筋进行修正，又要对预埋件进行看护、校正，在混凝土刚浇筑完毕时，对预埋件进行复查其准确性。

图 6-27 悬臂浇筑法施工现场

⑤ 在主梁合拢前，严禁在主梁上集中堆放施工材料或停放施工机械。

3. 施工做法详解

工艺流程 ▶▶▶▶▶

无索区主梁施工（0 号和 1 号块）→前支点挂篮设计与制作→挂篮现场拼装与静载试验→挂篮悬浇施工步骤→前支点挂篮的行走步骤→主梁悬臂浇筑法施工规定→合龙段施工顺

序→施工合龙控制的具体措施→施工合龙控制的过程（以某斜拉桥悬臂浇筑法施工为例）。

（1）无索区主梁施工（0号和1号块）

① 0号、1号块件采用支架法施工，其工艺流程为施工准备→工程测量→支架体系施工→0号、1号段底模安装→预压→临时固结系统（临时支座）→安装支座→0号、1号段模板安装、绑扎钢筋（预应力管道铺设）→预埋件安装→浇筑混凝土→养护→张拉预应力筋。

② 0号、1号块件施工应符合设计要求及施工工艺相关规定。

③ 0号、1号块件浇筑前将挂篮主纵梁作为现浇支架置于其底模下，主纵梁的前端用一组钢绳临时锚固在索塔上以保证浇筑过程中结构安全。

④ 当设计采用非塔梁固结形式时，必须采取相应措施使塔梁临时固结，并按照经设计确认的解除程序逐步解除临时固结，在解除过程中还必须对拉索索力、主梁标高、塔梁内力与索塔位移进行必要的测量与控制。

⑤ 主梁0号段及其两旁的梁段，在支架和塔下托架上浇筑时，应消除温度、弹性和非弹性变形及支承等因素对变形和施工质量的不良影响。

（2）前支点挂篮设计与制作

① 悬臂浇筑的节段长度应根据斜拉索的节间长度、梁段质量进行划分；悬臂浇筑节段的划分，一般采用1个或1/2个索距；应根据最大梁段重力设计挂篮，并经设计确认。

② 挂篮主要结构（承重系统、模板系统、挂索系统、锚固系统、水平止推系统及行走系统）设计应符合现场工况要求。

③ 前支点挂篮（索引挂篮）的悬臂梁及挂篮全部构件制作后均应进行检验和试拼，合格后方能用于现场整体组装，并按设计荷载及技术要求进行预压，同时测定悬臂梁和挂篮的弹性挠度、调整高程性能及其他技术性能。

④ 挂篮设计应考虑抗风振的刚度要求。

（3）挂篮现场拼装与静载试验

① 挂篮属于大型施工设备，其自身的质量和安全与施工中的斜拉桥的质量和安全密切相关，为此对挂篮必须进行荷载预压试验。试验的目的是为了检验挂篮各构件的受力特性、整体刚度、变形协调性能，为施工控制提供实测参数。

试验模拟主梁标准节段的实际悬浇施工过程工况，并消除影响其非弹性变形，弹性变形通过预抬标高来予以调整。

② 挂篮现场拼装可在已施工的主梁现浇段正下方（索塔两侧）进行，或在索塔附近其他位置拼装好以后平移到该处，再提升就位；挂篮现场拼装也可在主梁现浇段支架平台上组拼到位，并作为支架法浇筑梁段的施工平台。挂篮挂腿在主梁现浇段施工完成后安装焊接。

（4）挂篮悬浇施工步骤

① 挂篮前移就位（图6-28）。每个挂篮的前移可通过安装在挂篮两侧的千斤顶（采用两台穿心式千斤顶）由两根精轧螺纹钢筋牵引来实现。

② 安装止推机构。挂篮初定位后，安

图6-28 挂篮前移就位

装止推座，通过止推机构微调挂篮的纵向定位，并形成水平抗力点。

③ 顶升锁定。即在挂篮行走到位后通过设置在挂腿内的千斤顶提升挂篮，使模板的后部定位在正确的标高位置。

④ 标高及水平偏位调节。

a. 标高调整：标高调整是调整空载挂篮的前端标高，是通过挂篮尾部的标高调节机来实现的。

b. 水平偏位调整：挂篮的横桥向位移是通过在尾导架与主梁间以及挂腿与主梁间架设千斤顶来予以纠正的。

⑤ 安装并张拉锚杆组。

⑥ 安装、张拉斜拉索。安装斜拉索并与牵索系统进行连接，即将挂篮张拉机构与斜拉索冷铸锚连接并对斜拉索进行第一次张拉以形成挂篮的前支来实现挂篮的悬浇施工（按设计值预拉斜拉索到一定吨位，控制挂篮标高到设计值，并注意索力值误差不超过 50kN，此时挂篮尾端因受拉而有离开梁底的趋势，需将后锚点锚紧，防止挂篮脱位）。

⑦ 支立模板、绑扎钢筋、安装预应力管道、浇筑混凝土。检查挂篮连接情况及模板（图 6-29）、钢筋安装情况，使其均满足设计要求。

悬臂浇筑肋板混凝土，从挂篮前端分层向后浇，并预留下一段挂篮锚固孔，此时挂篮尾端受向上的压力，检查梁底与挂篮间的支垫，以保持挂篮的正确位置。

⑧ 浇筑本节段一半质量的混凝土时，在塔内张拉斜索至控制索力（第二次斜拉索张拉）。观测挂篮前支点标高，检查是否符合设计要求。浇筑顶板及横隔梁混凝土。

⑨ 混凝土养护，待强度达到设计规定值后，拆除模板，施加预应力。

⑩ 索力转换。

图 6-29　挂篮模板施工现场

a. 当一个节段浇筑完毕后，将索力由挂篮转换到已浇梁段上，并使挂篮与斜拉索分离。将斜拉索锚固端的冷铸锚锚环紧密地锚固在梁体锚垫板上。

b. 松开牵索系统的锚固螺栓，千斤顶回油，解除牵索系统与斜拉索的连接，通过锚环将斜拉索由牵索系统转换至梁体结构上，从而实现体系转换。

c. 第三次张拉斜拉索至设计值，并进行锚固。

（5）前支点挂篮的行走步骤

① 斜拉索张拉到设计值锚固后，解除锚固系统的后锚点及水平反力支座。

② 锚好行走滑板。

③ 将 C 形挂钩落在行走滑板上。

④ 将自动连续千斤顶平放在滑板前端的顶座上，并将牵引的粗钢筋或钢绞线一端与千斤顶连接（图 6-30），另一端与挂篮的 C 形挂钩相连，千斤顶同时反复顶拉，使挂篮前移。反向设倒链以保安全，挂篮尾部通过行走滚轮前进。

(6) 主梁悬臂浇筑法施工规定

① 各锚杆组的拆卸应注意先后顺序，即在先进行索力转换后，方可依次拆卸承重锚、中间后锚、边后锚（图 6-31）。此外，还注意对称同时拆卸，即用两个千斤顶同时顶升、松开锚杆锁紧螺母，然后同时放松千斤顶进行拆卸。

图 6-30　千斤顶连接细部构造

图 6-31　后锚细部构造

② 挂篮的纵向定位分两个步骤完成，即由牵引机构牵引挂篮纵向定位，再由止推机构顶、推挂篮，实现纵向微调定位。两次纵向定位的分界点在挂腿中心距其设计工作定位处 8～10cm，以能安装止推机构为准。

③ 所有预埋件均应按设计要求进行预埋，并保证定位精度。尤其是止推机构预埋件，误差控制在 2mm 以内。

④ 挂篮到位后，应检查挂篮的中心误差：顺桥向不大于±10mm、横桥向不大于±5mm、主梁前后端偏移不大于±10mm、水平高差不大于±10mm。

⑤ 施工荷载应尽量对称，尽量减少偏荷载。挂篮顶升、止推及标高等调节到位后均应采用机械锁定牢固。

⑥ 挂篮上严禁随意加焊任何型钢及切割挂篮上任何一个部位。

(7) 合拢段施工顺序　由于斜拉桥中跨合拢受边跨合拢的影响，边跨合拢又受相邻跨的影响。为了很好地控制主梁线形及斜拉桥体系转换的关键工序，也为中跨合拢的顺利进行，应首先进行边跨合拢，边跨合拢完成后即可进行中跨合拢施工（图 6-32）。

图 6-32　中跨合拢施工现场

(8) 施工合拢控制的具体措施

① 在合拢段混凝土浇筑之前，将全部已张拉的斜拉索索力重新测一次，并调整设计数值。

② 观测合拢前连日的昼夜温度场变化与合拢高程及合拢口长度变化的关系，选定适当的合拢浇筑时间。

③ 合拢段混凝土浇筑宜选择在一天中的最低温度时间进行，使混凝土在早期凝结过程中处于升温的受压状态，避免出现不利的拉应力。

④ 为保证合拢段混凝土不出现拉应力，可在合拢段混凝土浇筑前，用千斤顶将合拢空隙顶宽几厘米，在保持支顶力不变的状态下绑扎钢筋，安装模板，并在浇筑混凝土时稍加大支顶力，待合拢段混凝土达到设计强度的80%时放松支顶力，或在合拢段两侧主梁内预埋型钢，用千斤顶将合拢空隙顶宽后，将预埋件焊接成一个整体撑架，起到刚性连接的作用。

⑤ 合拢两端高程在设计允许范围内时，可视情况进行适当压重。

⑥ 合拢梁段浇筑后至纵向预应力索张拉前应禁止施工荷载的超平衡变化。

（9）施工合拢控制的过程（以某斜拉桥悬臂浇筑法施工为例）

① 移动一端挂篮，到位后立模，将另外一端挂篮移动至影响范围之外并给予拆除。

② 清理并解除掉无效施工荷载。

③ 测出挂篮的重量、加压使单侧挂篮所产生的不平衡力矩达到平衡。

④ 检测拉索索力、主梁应力和线形以及温度，进行监控计算，如索力、线形、中线出现偏差，应及时给予校正，经过调整，达到设计要求。

⑤ 解除竖向约束，将临时支座换成正式支座。

⑥ 采用水箱法加压时，向压重水箱注水，使水的重量等于新浇筑的混凝土的自重。

⑦ 施加足够的临时连接，使主梁处于正式的支撑状态，并使即将合拢的两相邻梁段形成整体。

⑧ 由于合拢内力和线形受温度的影响很大，施加临时连接的闭合施焊应选择适当的温度，并应考虑与标准温度进行修正。

⑨ 解除主梁纵向施工约束，塔上支承为索支承，两边墩为活动支座，使桥成为悬浮体系，以减小主梁在塔处的负弯矩。

⑩ 在主梁侧放置侧向支座，以限制梁的侧向位移。

⑪ 拆除无效施工荷载，对全桥索力、主梁线形进行检测，并进行监控计算，对索力和线型进行合理的调整，使合拢处于最佳状。

4. 施工总结

① 挂篮的悬臂梁及挂篮全部构件制作后均应进行检验和试拼，合格后方能用于现场整体组装检验。

② 在浇筑混凝土前，应按设计荷载及技术要求对挂篮进行预压，同时应对悬臂梁和挂篮的弹性挠度、调整高程性能及其他技术性能进行测定。预压方法主要有砂袋法、加水法、千斤顶加载法等。

③ 为保证梁体的结构安全和线形的平顺，在主梁悬臂浇筑施工过程中，必须进行施工跟踪监控。监控的主要对象是梁体的标高、斜拉索索力和塔柱变位等，同时必须考虑主梁受体系温差影响所引起的标高变化。

④ 长拉索在抗振阻尼支点尚未安装前，应采用钢索或杆件（平面索时）将一侧拉索联结以抑制和减小拉索的振动。

⑤ 悬臂浇筑混凝土梁允许偏差应符合表6-9的规定。

二、悬臂拼装法施工

1. 示意图和施工现场图

悬臂拼装法施工示意图和施工现场图分别见图6-33及图6-34。

表 6-9　悬臂浇筑混凝土梁允许偏差

项目		规定值或允许值/mm	检验频率		检验方法
			范围	点数	
混凝土强度		符合设计要求	每个节段		按规范要求
轴线偏位	$L \leq 100m$	10		2	用经纬仪测量,纵向计2点
	$L > 100m$	$L/10000$			
断面尺寸	宽度	$-8,+5$		3	用钢尺测量,沿全长(L)端部和$L/2$各计1点
	高度	$-8,+5$		3	用钢尺测量前端,宽度两侧和中间各计1点
	壁厚	$+5,0$		8	用钢尺测量前端,计8点
节段长度		±10		4	用钢尺测量,顶板和底板两侧各计1点
节段高度		5		3	用钢尺测量底板,宽度两侧和中间各计1点
预应力筋轴线偏位		10	每个管道(每一类型抽查10%,且不少于5件)	1	用钢尺测量
拉索索力		符合设计要求	每根索	1	用测力计测量
索管轴线偏位		10	每根索	1	用经纬仪测量

注：L 为节段长度。

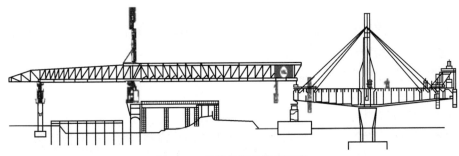

图 6-33　悬臂拼装法施工示意

图 6-34　悬臂拼装法施工现场

2. 注意事项

① 对施工作业人员应进行培训,合格者发给高空作业许可证,持证上岗;特殊工种也应持证上岗。

② 注意天气的变化情况,六级以上的大风应停止作业,防范雷击、强风、暴雨、寒暑对施工的影响。

③ 主梁周围一定范围内应设置安全警戒标志。

④ 在人行通道及施工作业区须设置安全防护网或采取相应的安全措施。

3. 施工做法详解

工艺流程

无索区主梁施工（0 号和 1 号块）→前支点挂篮设计与制作→挂篮现场拼装与静载试

验→挂蓝悬浇施工步骤→前支点挂篮的行走步骤→主梁悬臂浇筑法施工规定→合拢段施工顺序→施工合拢控制的具体措施→施工合拢控制的过程（以某斜拉桥悬臂浇筑法施工为例）。

（1）钢箱梁悬拼安装一般规定

① 钢箱梁悬拼安装应根据梁体类型、地理环境条件、交通运输条件、结构设计特点等综合因素选择适宜的施工方案与施工设备。

② 当设计采用非塔梁固结形式时，必须采取相应措施使塔梁临时固结，并按照经设计确认的解除程序逐步解除临时固结，在解除过程中还必须对拉索索力、主梁标高、塔梁内力与索塔位移进行必要的测量与控制。

③ 主梁施工时应缩短双悬臂持续时间，尽快使一侧固定，以减少风振的不利影响，必要时应采取临时抗风措施。应根据桥址情况考虑设置辅助墩，以减少塔弯矩和中跨跨中挠度，同时增强抗风稳定性。

④ 采用悬拼法施工之前，悬拼设备的所有构件全部制作完成后均必须进行检验和试拼，合格后方可于现场进行整体组装，组装完成经过检验后还必须根据设计荷载及技术要求进行预压，同时测定设备的整体刚度，检验其抗倾覆、移动与高程调整及其他技术性能，并消除非弹性变形。

⑤ 在进行钢梁拼装时，应对称张拉两侧拉索。

⑥ 高强螺栓完成拼接缝的拼接后，方可进行梁段拼装斜拉索的初张拉。

⑦ 下一段梁吊装前，必须进行施工监测，符合要求后方可开始吊装。

（2）钢主梁制作

① 钢主梁制作（图 6-35）的材料应符合设计要求。焊接材料的选用、焊接要求、加工成品、涂装等项的标准和检验内容应遵守本书有关内容的规定。

② 钢梁出厂前，必须按设计精度要求进行预拼装，预拼装节段数视实际情况确定。

③ 钢主梁堆放应无损伤、无变形和无腐蚀。

④ 钢主梁梁段的制作长度应从方便架设考虑，宜布置 1~2 根拉索和 2~4 根横梁，梁段制作长度应经过设计确认。

⑤ 钢主梁节段连接方式应符合设计要求；钢箱梁顶板应采用焊接连接。钢箱梁纵向隔板宜布置在桥面车道的分界线位置。

图 6-35　钢主梁制作现场

⑥ 钢箱梁的底板和顶板纵向及横向焊缝施焊时应采用自动焊接，即：陶瓷衬垫＋药芯焊丝，二氧化碳气体保护焊打底＋埋弧自动焊盖面的单面焊双面成形的焊接工艺。对于纵肋等其他部位的焊缝，根据情况可采用手工焊接或二氧化碳气体保护焊，但在同一条焊缝上不允许两种工艺混用。

（3）斜拉桥无索区主梁施工（0 号和 1 号块）

① 0 号、1 号块件钢主梁施工采用支架法施工，应符合设计要求及相关规定。

② 必须采取相应措施使塔梁临时固结，并按照经设计确认的解除程序逐步解除临时固

结，在解除过程中还必须对拉索索力、主梁标高、塔梁内力与索塔位移进行必要的测量与控制。

塔梁临时固结，常用的方法是：在钢箱梁与塔柱下横梁（或墩顶）间设临时支座以承受压应力；在下横梁腹板与隔板（或墩顶）上安装钢支座与钢箱梁横隔板直接施焊或以钢拉杆相连接，以承受拉应力。主梁合拢后即予解除。

③ 0号块水上吊装梁段一般采用大吨位浮吊吊装，陆地吊装梁段采用大吨位吊机吊装。初就位后再用扁顶、机械顶配以钢楔块、钢板等，在托架上精调至达到设计平面位置和标高，然后施焊将几个梁段连成一体。

（4）挂索、安装桥面吊机 焊接完成后即可挂设并张拉第一对斜拉索。利用下横梁上的预留孔道，安装临时支座和张拉钢绞线拉杆，将0号块与索塔下横梁临时固结，然后通过浮吊吊装桥面吊机及其滑行轨道、操作平台、油泵总控制室等。

（5）钢箱梁标准梁段的悬拼 在完成桥面吊机的安装、试吊和第一对刹拉索的第二次张拉并拆除0号块与支承托架间的支承钢楔块后，即可开始对称悬拼标准梁段。

① 标准梁段的施工程序 前一梁段斜拉索安装→斜拉索第一次张拉→桥面吊机前移→斜拉索第二次张拉并检验、起吊拼装钢箱梁→钢箱梁定位→钢箱梁焊接（或高强度螺栓栓接)→本梁段斜拉索安装→循环施工。

② 吊梁（图6-36）

a. 斜拉索第二次张拉后，即可进行吊梁，标准段钢箱梁运输至吊梁工艺位，定位误差控制在50cm以内。

b. 通过钢绞线或其他吊索使吊机扁担梁下降，并与待吊钢箱梁段临时吊耳用销子连接，通过吊机横梁上的千斤顶调整吊点重心位置，保证钢箱梁段水平起吊。

c. 缓慢收紧起吊钢绞线，通过主吊油泵油压表读数，使初始受力控制每个吊点在250kN以内后，暂停，以检查吊机、吊耳情况。

d. 起吊钢箱梁，两端主梁对称起吊，以保证悬臂施工的平衡力矩。同一段梁上、下游不水平，可通过单独控制上游或下游主吊千斤顶行程来调整水平。

e. 钢箱梁起吊到位对接后，用定位销钉把起吊梁段与已安装梁段临时固定。

图6-36 钢箱梁吊装施工现场

③ 调梁、接口匹配

a. 桥面纵坡，需通过缓慢操作扁担梁上千斤顶微移吊点重心位置来调整钢箱梁顺桥向的倾斜度，使梁段接口的缝隙宽度大致相等（将差值控制在5mm以内）。在两片梁之间挂上纵向和斜向手拉葫芦即可将梁拉拢，就位后打入钢梁顶、底面中间位置的匹配件，连以螺栓并锁定主吊千斤顶。在日出之前再次进行微调，通过测量钢箱梁四角点设定位置的标高和轴线来精确定位。其中钢箱梁两侧主腹板处需焊上反力架并以机械顶来调平，精调合格后打入全部匹配件并连好螺栓，即可实施现场打磨焊接。

b. 钢箱梁施工接口匹配原则是确保接口匹配质量，从接口刚性强到刚性弱的顺序依次完成匹配。钢箱梁接口匹配控制程序如下：起吊钢箱梁与前一梁段平齐→对齐主腹板→安装顶板对拉螺杆，临时连接件→测量主梁高程及轴线→调整主梁前端高程及轴线→安装底板对拉螺杆、临时连接件→测量主梁前端高程及轴线→调整主梁前端高程及轴线至合格。

④ 挂索、初张拉、吊机前移、第二次张拉

a. 为确保钢箱梁的焊接质量，斜拉索的安装应在主梁接口的周边隔缝全部焊完后进行。

b. 在对应的锚垫板上安装反力架、千斤顶、传感器，接好油泵，即可进行斜拉索的初张拉。通过油泵油表、传感器和桥面上索力测量装置对张拉力进行控制，直至达到设计的初始张拉值为止。

c. 初张拉、钢箱梁接口焊接完成后，桥面吊机即可卸载，收起扁担梁。先将吊机行走轨道前移就位固定好，利用千斤顶将吊机前滑移支点落于轨道上，解除后锚点反力销。上、下游各用一台液压牵引装置（或机械卷扬机），同时牵引桥面吊机沿轨道缓缓向前滑移，到位后用千斤顶压下后锚点，打入保险销。最后顶起前滑块，并在四个前支点下塞入适当厚度的钢板，保持上、下游等高。

d. 吊机前移就位后，到夜晚即可进行斜拉索的第二次张拉。张拉控制的原则是以梁面标高控制为主，斜拉索索力控制为辅。严格控制此时主梁上的施工荷载在索力允许范围内，尽量满足线形要求。

（6）钢箱梁合拢段施工

① 强制合拢法，即在温差与日照影响最小的时候将两端箱梁用钢扁担或钢桁架临时固结，嵌入合拢段块件钢条，填塞处理接合部缝隙，焊接完成后解除临时固结及其他约束，完成体系转换。

② 温差合拢法（无应力合拢法），即利用温差对钢箱梁的影响，在一天中温度相对较低的时候将合拢段梁体安放进合拢口（此时因收缩作用合拢口距离最宽），在温升与日照影响之前，施焊完毕，解除塔墩临时固结，完成体系转换。对于大跨度的钢箱梁，现普遍采用第二种方法，因为它能因势利导，使合拢平顺稳妥，且不产生主梁的次应力，比较优越。基本程序为待最后一根索第一次张拉完成后，将主梁吊机就位，对梁端位移进行48h测量。根据测量结果，确定合拢段精确长度，对预先已加工好并预留有足够长度的合拢段箱梁的未匹配端进行配切。根据测量结果，确定运梁船就位，合拢段吊装连接时间，用匹配件（含顶底板加强件）使合拢段与两端悬臂段连接紧密并环缝施焊。待所有主焊缝（受力焊缝）全部施焊完毕后，对两侧最后一对索进行第二次张拉，完成跨中合拢。

③ 为了避免温差对合拢以及整个体系的影响，整个合拢过程包括合拢段安装、匹配、定位、施焊连接以及解除塔梁临时固结以完成整个体系转换，必须在一个夜晚至凌晨完成。

④ 对于钢梁悬臂拼装，合拢段施工是关键，施工时必须加强合拢控制。

⑤ 应正确确定合拢段钢梁的长度。施工中，若采用自然合拢，合拢段长度须待梁架设到接近合拢的个别节段时，经实际现场丈量后方能决定，并应对待安装的拉索索力对梁的弹性压缩量和温度变化对长度的影响及合拢时间加以考虑。

⑥ 合拢应按设计规定的温度和方法进行。应不间断地观测合拢前数日的昼夜环境温度场变化、梁体温度场变化与合拢高程及合拢口长度变化的关系，确定合拢段的精确长度与适宜的合拢温度及实施程序，并应满足钢梁安装就位时高强螺栓定位所需的时间。

⑦ 对全桥温度变形进行控制。整个施工过程中应对温度变形进行监测，特别是对将接近合拢段时的中孔梁段和温度变形更应重点量测，找出温度变形与环境温度的关系。

⑧ 合拢前应做好一切准备工作，并在有限的时间里顺利完成。钢梁应预先吊装到位，一旦螺孔位置齐平，即打入冲钉，施拧高强螺栓，确保合拢一次成功。

（7）钢箱梁安装过程中的抗风措施

① 边跨设置临时墩，以减小双悬臂自由长度，尽快实现一端悬臂有约束施工。如南京长江二桥南汉桥临时墩设置在离主墩 150～160m，施工中此处钢箱梁底部设置临时拉压支撑结构固结在临时墩顶。

② 在最大单悬臂状态，可以通过设置阻尼器，以及临时风缆等方法来抑制振动、防止扭转。

（8）钢箱梁连接 斜拉桥钢箱梁节段现场连接方式可采用：全焊接（图 6-37）、栓焊结合、全栓接等连接方式。

图 6-37 钢箱梁全焊接施工现场

4. 施工总结

① 斜拉桥主梁施工时应尽量避免交叉施工干扰。必须交叉施工时，应根据设计和施工方法采取保证施工安全的措施。

② 拉索的运输和堆放应无破损、无变形、无腐蚀，成圈产品只能水平堆放。产品出厂前，应用麻袋条或纤维布缠包防护。

③ 在主梁合拢前，严禁在主梁上集中堆放施工材料或停放施工机械。

④ 悬臂拼装钢箱梁节段允许偏差应符合表 6-10 的规定。

表 6-10 悬臂拼装钢箱梁节段允许偏差

项目		允许偏差/mm	检验频率		检验方法
			范围	点数	
节段与桥纵轴线位移	1 号节段	≤2,且与桥轴线平行	每个节段	2	用经纬仪测量
	其他节段	≤5			
1 号节段四角相对高差		≤2		4	用水准仪测量
节段间连接缝高差	0 号节段与 1 号节段	≤2	每个节段	2	用钢尺测量
	其他节段	≤3			
节段拼装立缝宽度		−6～+10			
拼装完成累计差后	半跨端部节段高	$L/1000$,且≤30	每端面	1	用水准仪测量
	上、下游节段相对高程差	≤25			
	全跨端面节段相对高程差	≤30			
	全跨纵轴线与桥纵轴线差	$L/3000$,且≤30			用经纬仪测量

注：L 表示孔径。

三、架桥机架梁施工

1. 示意图和施工现场图

架桥机架施工示意图和架桥机架梁施工现场图分别见图 6-38 及图 6-39。

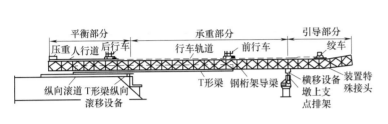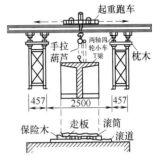

(a)架桥机结构　　　　　　　　　　　　(b)架桥机吊运

图 6-38　架桥机架施工示意

2. 注意事项

① 预制梁起吊时，吊点位置应按设计规定，无规定时，吊点应根据计算决定。

② 预制梁安装就位后，应及时将预制梁焊接固定，随时检查运梁轨道的运行情况，确保钢轨及枕木与梁面紧密接触，间隙 10mm 时可用木板垫平，以减轻运梁时对梁体的冲击和振动，枕木间距不大于 600mm。

③ 梁体间湿接缝的施工应根据施工组织设计合理安排，运梁时不得进行相邻梁体的湿接缝施工。

图 6-39　架桥机架梁施工现场

④ 安装吊具时在梁底面与吊具之间需垫木板或胶皮，以防起吊时梁体受损。

3. 施工做法详解

工艺流程 ⟫⟫⟫ ......

架桥机组装准备→轨道铺设→架桥机组装、试运行→组装架桥机程序→调试及试运行→架桥机空载纵向、横向前移就位→运梁（运梁车辆到场)→运梁及纵向移动→架桥机带梁横移→落梁及固定。

（1）架桥机组装准备

① 检查架梁桥头路基填筑质量，应符合规定要求。

② 确定组装架桥机的安放位置。

③ 确定桥头备碴、堆料、存放机具等具体位置。

④ 落实电源、照明、通信设施。

（2）轨道铺设

① 运梁轨道通常根据桥梁的长度，现场需准备好充足的枕木、钢轨、道钉等附属配件，运梁轨道钢轨内、外侧用道钉固定在枕木上，枕木中心距不得大于 600mm。中支腿横移轨

道钢轨两端加装限位开关和轨道挡铁。纵向运梁轨道、天车轨道、前支腿轨道、中支腿轨道铺设要求钢轨接头平顺，轨距正确，支垫平稳牢固，两条横向轨道间（前、中支腿）距离尺寸严格控制平行。

② 前、中支腿的横向运行轨道铺设必须保持水平，并严格控制间距，两条轨道必须平行，架桥机行走前，检查轨道铺设情况，轨距误差小于2mm，相邻轨道接头高差不大于1mm，轨道用道钉固定在枕木上，保证所有枕木处于受力状态，已报废的枕木禁止使用，限位块安装牢固。架桥机工作状态，必须安装轨道两端的挡块和限位开关，并随时检查限位开关是否正常。

③ 盖梁上枕木根据桥梁横坡调整，保证钢轨横坡小于0.5%，枕木垛搭设视具体情况确定，要求稳固可靠，枕木间距宜小于300mm。

（3）架桥机组装、试运行

① 组装架桥机应按设计使用说明书及出厂使用说明书进行规范拼装。架桥机完成组装（图6-40）后应按规定进行静、运载试验和试运行，合格后方可进行架梁。

图6-40 架桥机组装现场

② 架桥机在组装前应确认前后端的位置与架桥方向相符。

③ 组装架桥机应在直线段进行，有效长度不宜短于120m。

（4）组装架桥机程序 测量定位→对称安装左右主梁及导梁→安装前后框架及临时支撑→安装前、中支腿、顶高支腿→安装主梁前支腿→铺设运梁平车轨道→安装运梁平车→安装起吊天车→安装液压系统→安装电气系统→调试、试运行。

（5）调试及试运行

① 将两台起吊平车后退至后支腿附近，测量导梁前端悬臂挠度，是否满足过前墩帽的要求。

② 如果满足要求，将前支腿调整就位，调整各机构至正常，将起吊天车吊钩降至地面，检查卷筒上的剩余钢丝绳不得少于三圈。

③ 运梁平车安装完毕后，在轨道上来回运行三次，如有故障及时排除，正常后投入使用。

④ 完成上述调试后，检查各机械、机构、液压及电气部分有无异常，若正常，方可进行下道工序。

（6）架桥机空载纵向、横向前移就位

① 收起导梁前支腿，依靠中支腿上的驱动机构和运梁平车的动力，继续驱动主梁前移至工作位置。然后，将前支腿上部与主梁下弦连接牢固，中支腿下部与主梁下弦连接牢固，此时架桥机完成了主梁的空载前移。

② 架桥机空载横向试运行，架桥机空载横向全行程移动两次，运行平稳、制动可靠后方可进行下道工序。

（7）运梁（运梁车辆到场）

① 运梁可采用运梁平车、轴线车、拖车、炮车、DCY150轮胎式平板运输车等设备，

运梁车载梁经运梁便道进入路基上行驶至架桥机后待架，运梁车行驶速度不得大于 3km/h。

② 现场采用运梁平车运梁时，预制梁吊装到安装运梁平车上，装好斜撑，用倒链拉紧后才能摘除吊具，运梁时两台运梁平车采用小于 500m/h 的速度，运梁时，每台运梁平车配备一名司机和三名工人，三名工人拿木楔分别跟随四组行走轮，观察电机运行情况，并在运梁过程中检查支撑是否松动。

（8）**运梁及纵向移动** 运梁平车前行，进入架桥机后部主梁内，后运梁平车距架桥机后支腿 300mm 时，运梁平车停止前进并设止轮器，前起吊天车运行至梁吊点处停车。安装吊具应与前起重吊具连接牢靠。解除梁前端支撑，前起吊天车吊起梁前端，然后同时开动前起吊天车、后运梁平车，两车以不大于 25cm/min 的速度前进，当后运梁平车运行至前运梁平车净距 300mm 时，两车同时停止前进并设止轮器。后起吊平车运行至梁尾端吊点处，安装吊具，并与起吊天车连接牢靠，解除梁后端支撑。后起吊平车吊起梁后端，此时，两起吊平车已将预制梁吊起，预制梁吊起后应进行试吊，检查架桥机各部位情况，检查架梁机具设备的可靠性，确认安全后，运梁平车退至梁场，准备运送下一片梁。

（9）**架桥机带梁横移** 前、后起吊天车将外边梁纵向运行至前跨位，落梁距支座垫石 50mm 时停止，注意保持梁的稳定，整机带梁横移至距外边梁最近的一片梁的位置，落梁，做好翼缘板处的支撑，改用架桥机边主梁吊架起吊边梁，整机携梁移至外边梁位置（距落梁位置 150mm）停车。继续横移时用倒链带住梁体，随横移过程同步放松倒链。对于内边梁，直接横移至相对应的落梁位置。

前、中支腿横移轨道上用油漆每 100mm 标识距离，以观察前、中支腿是否同步。横移时，前、中支腿处派专人手持木楔观察运行情况，如有异常现象，及时停车垫木楔检查，横向移动速度不得大于 25cm/min。

（10）**落梁及固定** 架设内梁，直接落梁就位（图 6-41）。架设边梁，横移至指定位置后，在桥墩外侧用倒链拉在梁体的上两端，然后操纵架桥机边梁吊架内的千斤顶松钩，同时逐渐收紧倒链，直到最后边梁落到正确位置。就位不准时，预制梁吊放。落梁后，经自检合格及时通知监理验收签证，T 形梁安装后要利用垫木或临时支撑将梁固定。

图 6-41 架桥机落梁就位

4. 施工总结

① 双导梁架桥机架设预制梁，应根据架桥机性能，按国家规定、架桥机设计要求和架桥机使用说明书要求，制定架梁工艺细则及安全操作细则，严禁超范围使用。

② 架梁施工辅助结构应按设计或施工组织设计施工，并经检查验收后方可使用。

③ 主机悬臂走行时必须锁紧摆头机构，严禁前大臂相对中大臂有任何偏摆。

④ 前大臂采用托臂台车支护走行时，必须解开摆头机，后大臂必须由后托臂台车支护。

⑤ 横移梁时，机身两侧支腿、零号柱和中柱不应产生位移及下沉。

第一节 ▶ 拱桥施工

一、支架安装拱圈施工

1. 示意图和施工现场图

拱桥结构示意图和拱桥施工现场图分别见图 7-1 和图 7-2。

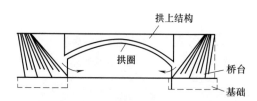

图 7-1 拱桥结构示意

图 7-2 拱桥施工现场

2. 注意事项

① 施工人员上班必须戴安全帽，高空作业必须系安全带；手持工具必须系挂安全绳并系在腰间。

② 施工工具、螺栓及螺母应妥善放置，作业区下方布置密目钢丝网，防止坠物伤人。严禁向下抛掷物件，严防坠物伤人及对桥下安全构成威胁。

③ 停止作业时，所有吊装机具、设备都应加防护，起重绳、牵引绳、扣索等都应卡死、固定；拉闸断电。次日上班应进行全面检查。

④ 施工废水、生活污水必须收集处理，沉淀达标后排放。

3. 施工做法详解

工艺流程 ≫≫≫

测量放线→拱肋预制→支架架设施工→拱箱（拱肋）吊装→支架拆卸→监控与观测。

（1）测量放线

① 现场测量复核　墩台建成后，应及时复测每根拱肋的拱座起拱线处的轴线坐标、高程、拱座的横向间隔、拱座斜面的斜度及几何尺寸。

② 预制块件（拱肋）测量复核　检查预制每根拱肋的实际跨长、弧长、几何尺寸及拱肋接头、吊环情况。拱肋上缘弧长宜小于设计弧长 5～10mm，使拱肋合拢时保留上缘开口，便于嵌塞铁片，调整拱轴线。如不符合以上要求，吊装前应采取相应措施。

（2）拱肋预制

① 城市桥梁工程施工，当拱肋预制受现场条件限制时，宜采用在预制构件厂内加工预制的方法；当现场环境条件许可时，可采用在现场预制的方法。

② 现场预制时，拱肋预制场应布置在桥位两侧路床位置或其他便利位置。

③ 拱肋（箱）预制前应在放样台上按 1：1 的比例放样，放样尺寸应计入预拱度；拱肋（箱）放样应标明分段预制尺寸，接头位置及构造，拱上立柱基座、横梁、吊环、扣索吊环等。放样水平长度及拱轴线偏差不得大于 1/5000 计算跨度。

④ 现场预制时，根据现场条件确定拱肋场地布置。

拱肋预制场布置：预制场地应平整坚实，为了便于施工操作，在同组中两箱间净距为 1m，组与组之间净距为 2m。拱肋在预制场由龙门吊起吊、平车运输至安装位置，安装就位。

⑤ 拱肋（箱）预制应根据结构形式、场地、运输具体情况，选择预制方法。

⑥ 预制拱肋（箱）的场地应平整坚实，采用土牛拱胎基础应用灰土分层夯实，上浇 100mm 厚 C20 混凝土，底模要用样板套出圆滑的弧线。在混凝土胎面上准确地放出拱箱底板中线及边线。

⑦ 当采用螺栓连接时，各段端模应采用钢套模以保证各接头螺栓孔一致，在安装端头模板时，其上缘向拱中心偏 5～10mm，使其预制后的拱段上弧长两端接头比设计弧长短 5～10mm。

⑧ 侧模可采用木模板或钢模板，拱肋组装成型后，仔细对拱肋的长度、宽度、中线及端头钢模位置和倾角进行检查，检查符合要求后，方可浇筑混凝土。

⑨ 拱肋（箱）预制段宜一次浇筑完成，及时养护，在拱肋（箱）混凝土强度达到设计强度 75％方可起吊运输。

（3）支架架设施工

① 支架可依现场情况设在天然地基、混凝土扩大基础或桩基础上，支架基础必须有足够的承载力，且不得受冻胀影响。

② 城市桥梁工程拱肋（箱）架设，支架宜采用可重复使用、便于装拆的型钢钢框架形式，塔身钢框架应满足其受力和稳定要求。可采用万能杆件、军用墩、贝雷架组成。

③ 支架构造应根据支架高度及荷载大小确定，要有足够的强度、刚度和稳定性，支架顶部要设组合楔、砂箱、千斤顶等落架装置，满足多次落架需要。

④ 各片拱架在同一节点的标高应尽量一致，以便于拼装平联杆件。在风力较大的地区，应设置风缆，或采取其他稳定措施。

当桥下社会交通通行高度不受影响时，各支墩之间宜采用水平拉杆加固，以保证结构的整体性。

⑤ 支架架设后应对拱架立柱和拱架支承面进行详细检查，并复核跨度；准确调整拱架支承面和顶部标高，其顶部高程必须严格按设计规定控制，考虑拱肋安装后的沉降量及支架承载后的间隙压缩，其顶部高程应控制在误差上限，确认无误后方可进行安装。

（4）**拱箱（拱肋）吊装**

① 拱箱（拱肋）安装根据现场条件可选用汽车吊、履带吊等移动快捷、支设方便的起重设备。

② 吊装前应先进行现况调查，事前确定其占位位置，吊车站位位置及回转半径内如有地下管线和地上构筑物，应事先处理。

③ 拱箱（拱肋）试吊，首件吊装前应进行试吊，试吊三次，每完成一个1m高的起和落为一次；试吊时检查作业场地、吊车状态及构件起吊后的状态，检查吊机的稳定性、制动器的可靠性、重物的平稳性、绑扎的牢固性。确认无异常情况后，方可进行正式吊装作业。

图7-3 拱肋分段吊装施工现场

④ 拱肋分段吊装（图7-3）时，先从拱脚段开始，依次向拱顶分段吊装就位，拱肋安装就位后，应即检测安装位置、轴线高程，符合设计要求后，方可固定、松绳、摘钩。

⑤ 拱肋分段吊装在支架上后，应及时敷设支撑及横向联系，防止倾倒及滑动。

⑥ 拱肋接头连接及合拢应按设计要求进行；接头及合拢缝处宜用补偿收缩混凝土，拱圈横系梁混凝土宜与接头混凝土一并浇筑。

（5）**支架拆卸**

① 拱肋接头及横系梁混凝土强度达到设计强度以上或满足设计规定后方可开始卸落。

② 为避免一次卸架突然发生较大变形，可在主拱安装完成时，分两次或多次卸架，使拱圈及墩、台逐渐成拱受力。

③ 支架卸落前应对已合龙拱圈混凝土质量、强度、拱轴线坐标、卸落设备及台后填土进行全面检查，全部符合要求后方可卸架。

④ 卸架时应观测拱圈挠度和墩、台变位情况。

⑤ 多跨拱桥卸架应在各孔拱肋合拢后进行，若必须提前卸架时，应验算桥墩承受不平衡推力后确定。

⑥ 拱上建筑宜在卸架后施工。

（6）**监控与观测**

① 装配式拱桥施工过程中，除应按照有关规定进行观测外，还应配合施工进度对拱肋、拱圈的挠度和横向位移、混凝土裂缝、墩台变位、安装设施的变形和变位等项目进行观测。施工观测应尽量采用全站仪进行。

② 拱肋吊装定位合拢时，应进行接头高程和轴线位置的观测，以控制、调整其拱轴线，使之符合设计要求。从拱顶上施工加载起，一直到拱上建筑完成，应随时对1/4跨、1/8跨及拱顶各点进行挠度和横向偏移的观测。

多孔拱桥，一孔吊装拱上建筑时，应观测相邻孔拱圈和墩台的影响。当发现挠度和横向偏移值超过允许值时，应及时分析，调整施工程序或采取其他有效措施。

③ 对支架的变形、位移，节点和卸架设备的压缩及支架基础的沉陷等进行观测，如发现超过允许值的变形、变位，应及时采取措施予以调整。

④ 在安装施工过程中，应经常对构件混凝土进行裂缝观测，若发现裂缝超过规定或有继续发展的趋势时，应及时分析研究，找出原因，采取有效措施。

⑤ 大跨度拱桥的施工观测和控制宜在每天气温、日照变化不大的时候进行，尽量减少温度变化等不利因素的影响。

4. 施工总结

① 预制拱肋浇筑过程中，派专人负责成品保护工作，对钢筋、预埋件进行看护、校正，在混凝土刚浇筑完毕时，复查预埋件的准确性。养护及拆模时不得碰撞构件。

② 拱肋安装时严格按设计规定吊点位置吊装并有补强措施，起吊就位应缓慢、平稳、准确。

③ 拱肋安装施工过程中严禁在箱梁上堆放施工材料。

④ 拱圈安装偏差应符合表 7-1 的规定。

表 7-1 拱圈安装允许偏差

检查项目		允许偏差/mm		检查频率		检验方法
				范围	点数	
轴线偏位		$L \leqslant 60000$	10	每跨每类	5	用经纬仪测量,拱脚、拱顶、$L/4$ 处
		$L > 60000$	$L/6000$			
高程		$L \leqslant 60000$	± 20			用水准仪测量,拱脚、拱顶、$L/4$ 处
		$L > 60000$	$\pm L/3000$			
对称点相对高差	允许	$L \leqslant 60000$	20	每段、每个接头	1	用水准仪测量
		$L > 60000$	$L/3000$			
	极值	允许偏差的 2 倍,且反向				
各拱肋相对高差		$L \leqslant 60000$	20	各类	5	用水准仪测量,拱脚、拱顶、$L/4$ 处
		$L > 60000$	$L/3000$			
拱肋间距		± 10				用钢尺测量,拱脚、拱顶、$L/4$ 处

注：L 为主拱跨径（mm）。

二、无支架安装拱肋施工

1. 示意图和施工现场图

拱肋安装示意图和施工现场图分别见图 7-4 及图 7-5。

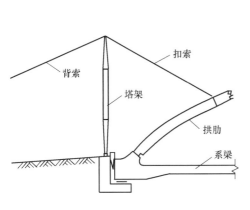

图 7-4 拱肋安装示意

图 7-5 拱肋安装施工现场

2. 注意事项

① 中小跨径箱形拱桥整根拱肋吊装或每根拱肋分两段预制、吊装，当其拱肋高度大于

0.009～0.012 倍跨径，拱肋底面宽度为肋高的 0.6～1.0 倍，采取单肋合拢时，其横向稳定安全系数不应小于 4。

② 大、中跨径箱形拱，其单肋合拢横向稳定系数小于 4 时，可先悬扣多段拱脚或次拱脚段拱肋，然后用横夹木临时将相邻两肋连接后，安装拱顶段单根肋合拢，松索成拱。

③ 当拱肋跨径不小于 80m 或横向稳定安全系数小于 4 时，应采用双基肋合拢松索成拱的方式，即当第一根拱肋合拢并校正拱轴线，楔紧拱肋接头缝后，稍松扣索和起重索，压紧接头缝，但不卸掉扣索和起重索，待第二根拱肋合拢，两根拱肋横向连接固定好并拉好风缆后，再同时松卸两根拱肋的扣索和起重索。

④ 对于肋拱桥，在吊装拱肋时，尽早安装横向系梁，若不能及时安装，可设置临时横向联系，来加强拱肋的稳定性。

3. 施工做法详解

工艺流程 ⟫⟫⟫⟫ ⋯⋯⋯⋯⋯⋯⋯⋯⋯⋯⋯⋯⋯⋯⋯⋯⋯⋯⋯⋯⋯⋯⋯⋯⋯⋯⋯⋯⋯⋯⋯

测量放线→箱形拱预制→地锚（锚碇）施工→索塔架设施工→承重主索、起重索和索引索→缆索吊机→扣索、扣架→缆索设备的检查与试吊→拱肋缆索吊装。

（1）测量放线

① 现场测量复核　墩台建成后，应及时复测每根拱肋的拱坐起拱线处的轴线坐标、高程、拱座的横向间隔、拱座斜面的斜度及几何尺寸。

② 预制箱形拱（拱肋）测量复核　检查预制每根箱形拱的实际跨长、弧长、几何尺寸及拱肋接头、吊环情况。拱肋上缘弧长宜小于设计弧长 5～10mm，使拱肋合拢时保留上缘开口，便于嵌塞铁片，调整拱轴线。如不符合以上要求，吊装前应采取相应措施。

（2）箱形拱预制

① 城市桥梁工程施工，当箱形拱预制受现场条件限制，宜采用在预制构件厂内加工预制的方法；当现场环境条件许可时，可采用在现场预制的方法。

② 现场预制，当防洪防汛条件许可时，主拱（箱形拱）预制场可布置在主跨桥孔下方；当防洪防汛条件不允许时，箱形拱预制场应布置在桥位两侧路床位置或其他便利位置。

③ 现场预制时，根据现场条件，为方便悬索吊装施工，可在桥下左右两侧对称布置；根据主拱纵向分段、横向分条情况，确定箱形拱场地布置。

拱箱预制场布置：预制场地应平整坚实，为了便于施工操作，在同组中两箱间净距为组与组之间净距为 2m。拱箱在预制场由龙门架桁梁横移，由起重索起吊，运输至安装位置安装就位。

④ 箱形拱预制采用立式预制、平向横移、按吊装顺序堆放。

由于箱拱侧板较薄，所以采用整体式预制二次浇筑的方法，先浇筑底板腹板，再浇筑顶板。

底模可采用土牛拱胎。填筑土牛拱胎时，应用灰土分层夯实，上浇 100mm 混凝土，底模要用样板，套出圆滑的弧线。在混凝土胎面上准确地放出拱箱底板中线及边线。

侧模可采用木模板或钢模板，浇筑底模和腹板大于 2h 后拆内模，支立顶板模板，浇筑顶板混凝土。堆放构件的场地平整夯实，不得积水。

⑤ 两段拱箱的连接是每段拱箱接头能否将上下角钢的螺栓准确对接的关键。端模采用 10mm 钢板制成，在钢板上按端头连接角钢螺栓眼孔设计位置准确钻孔，将端头角钢螺栓装

在端头模板上，仔细校正端面平整度及端头的倾斜度，并使端面与拱箱中线垂直，然后与顶板和底板主筋点焊连接，再次检查、校正，最后分段对称电焊。

⑥ 侧模可采用木模板或钢模板，拱箱组装成型后，仔细地对拱箱的长度、宽度、中线及端头钢模位置和倾角进行检查，检查符合要求后，浇筑底板及各接头混凝土形成槽形箱。

⑦ 浇筑底模和腹板超过 2h 后拆内模，在槽形箱内安装可拆卸的简易顶板模板，绑扎顶板钢筋和吊点及扣点牛腿钢筋，浇筑顶板混凝土，组合成闭合箱。

（3）**地锚（锚碇）施工**

① 地锚（锚碇）可用边梁墩台基础，临时利用或另做桩锚、坑锚、重力锚等形式，地锚的选用须根据其受力大小和所处的地形及地质条件通过设计计算确定。

② 重力式锚碇基坑开挖时应采取沿等高线自上而下分层进行，锚体混凝土必须与岩体结合良好，宜采用补偿收缩混凝土，防止混凝土收缩与拱顶基岩分离。混凝土浇筑完毕后，必须采取养护措施，确保混凝土的质量。

（4）**索塔架设施工**

① 索塔宜采用可重复使用、便于装拆的型钢框架形式，塔身钢框架应满足其受力和稳定要求。

② 索塔由塔脚、塔身、塔顶、索鞍、抗风绳组成，塔身可采用万能杆件、贝雷架组成。塔顶一般采用单滑轮式索鞍，塔脚为固结钢结构和铰接钢结构。

③ 索塔在组拼过程中应设置临时缆风绳，一般至少设两道，与地面夹角 30°～45°为宜。

（5）**承重主索、起重索和索引索**

① 承重主索　承重主索由钢芯或纤维芯钢丝绳组成，其直径大小及所用根数根据跨度及起重重量通过计算确定。

当采用 47.5mm 钢丝绳做一组主索时，一般吊装由 1～4 根组成，若起重重量大则由 6～8 根组成。

施工时可将每组钢绳穿过设于锚旋的特制大滑车，将各根钢绳用索夹连接起来，以使每根钢绳受力一致。

主索的设计垂度一般为跨度的 $\frac{1}{18}$～$\frac{1}{13}$。主索安装时要严格按计算的垂度安装。

② 索引索　一般由单线牵引，如果采用两点吊，则跑车之间用钢绳连接，牵引索在两岸分别由卷扬机牵引。

当一岸牵引机牵引时，另一岸牵引机要放松牵引索；当吊点距索塔很近时，牵引力大，可采用双线牵引。

③ 起重索　起重索结构形式为主索跑车下连的起吊滑车组。跑车由纵向夹板将滑轮分为数排，排数与主索根数相同，跑车轮纵向一般 2～4 对滑轮。起重索一般穿线采用通过起重滑车组后的一端（死头）固定在塔架或锚碇上，另一端穿入卷扬机（活头）。

跑轮直径宜为 200～300mm；起重滑车组视起吊重量来确定所需轮数。

（6）**缆索吊机**　缆索吊机的架设应符合下列要求。

① 承重主索、塔架、索鞍、地基承载力、风缆、地锚等设施的强度及稳定性均应按有关规定验算，应符合规定要求。

② 主索的设计垂度可采用塔架间距 $\frac{1}{20}$～$\frac{1}{15}$。主索的计算荷载应计入 1.2 冲击系数。

③ 塔顶受水平分力作用，防止失衡、摆动，应设缆索加固。

④ 缆索吊机组装完毕应全面检查，并进行试吊、试拉、试运行。试吊荷载应不小于使用荷载的130%。

（7）扣索、扣架

① 天扣专门用于悬挂稳定边段拱，是一组主索设备。在两段吊装的拱肋施工中，天扣为一套完整的主索。天扣不需另设扣架，可降低主索塔架的高度，收紧滑轮组应设置在拱肋扣点前。

② 通扣常用于多孔跨的拱桥，在桥墩上立一个扣架或直接用接近桥面标高的桥墩立柱、桥台，用一根钢丝绳做扣索，扣索的一头固定在拱肋扣点上，一端通过各扣架端顶，一直贯通到两岸地锚前，再用滑轮组收紧。当两岸缺乏平坦场地来设置滑轮组时，可以将扣索转向到桥的两侧；收紧滑轮组应设置在地锚前。

③ 塔扣多用于单跨桥，用主索的塔架作为扣索的扣架。为保证纵向稳定，要让扣索充分受力；应加强拱肋接头两侧的缆风索，确保边段拱肋的横向稳定性；采用粗钢丝绳时，收紧滑轮组应设置在两岸地锚前；对于单孔桥或采用细钢丝绳时，则设置于塔架与拱肋扣点间。

④ 墩扣直接将扣索锚固在接近桥面且本身具有足够强度的墩顶。悬挂边段拱肋扣索设备最少，但墩扣的拉力较大；收紧滑轮组应设置在拱肋扣点前。

⑤ 扣索、扣架应符合下列要求。

a. 扣索、扣架应布置合理，扣架一般设在墩、台顶上，扣架底座应与墩、台固定，扣架顶部应设风缆，扣索、扣架的强度及稳定性应经验算并符合有关规定。

b. 各扣索位置必须与所吊拱肋在同一竖直面内。

c. 扣架上索鞍顶面的高程应高于拱肋扣环高程。

d. 拱肋吊装时，除拱顶段外，每段拱肋应各设一组扣索悬挂。

（8）缆索设备的检查与试吊

① 缆索吊装设备在使用前必须进行试拉和试吊。

② 地锚试拉：一般每一类地锚取一个进行试拉。缆索的土质地锚要求位移小，因此在有条件时宜全部试拉，使其预先完成一部分位移。可利用地锚相互试拉，受拉值一般为设计荷载的1.3～1.5倍。

③ 扣索对拉：扣索是悬挂拱肋的主要设备，因此必须通过试拉来确保其可靠性。可将两岸的扣索用卸甲连在一起，将收紧索收紧进行对拉，这样可全面检查扣索、扣索收紧索、扣索地锚和动力装置等是否达到了要求。

④ 主索系统试吊：主索系统试吊一般分跑车空载反复运载、静载试吊和重运行三步骤。必须待每一步骤检查、观测工作完成并无异常现象后，方可进行下一步骤。试吊重物可以利用钢筋混凝土预制构件、钢轨和钢梁等，一般按设计吊重的60%、100%、130%，分几次进行。试吊后应综合各种观测数据和检查情况，对设备的技术状况进行分析和鉴定，然后提出改进措施，确定能否进行正式吊装。

（9）拱肋缆索吊装

① 拱肋缆索起吊：拱肋由预制场运到主索上后，一般用起重索直接起吊。

② 多孔拱桥吊装宜由桥台或单向推力墩开始依次进行，吊装应按设计加载程序进行。

③ 拱肋分段吊装，应先吊装拱脚段，依次由拱脚向拱顶逐段吊装。拱肋分段吊装应待下端连接后，并设置扣索及风缆临时固定后方可摘除起重索，扣索固定分段拱肋时上端应较

设计位置高出 5～10cm。

④ 整根拱肋吊装或每根拱肋分两段预制、吊装，对中小跨径的箱形拱桥，当其拱肋高度大于 0.009～0.012 跨径，拱肋底面宽度为肋高的 0.6～1.0 且横向稳定安全系数不小于 4 时，可采取单肋合拢，嵌紧拱脚后，松索成拱的形式。

⑤ 大、中跨径的箱形拱，其单肋合拢横向稳定安全系数小于 4 时，可先悬扣多段拱脚段或次拱脚段拱肋，然后用横夹木临时将相邻两肋连接后，安装拱顶段单根肋合龙，松索成拱。

⑥ 当拱肋跨径不小于 80m 或横向稳定安全系数小于 4 时，应采用双基肋合拢松索成拱的方式，即当第一根拱肋合拢并校正拱轴线，楔紧拱肋接头缝后，稍松扣索和起重索，压紧接头缝，但不卸掉扣索和起重索，待第二根拱肋合拢，两根拱肋横向连接固定好并拉好风缆后，再同时松卸两根拱肋的扣索和起重索。

⑦ 当拱肋分 3 段吊装，采用阶梯形搭接接头时，宜先准确扣挂两拱脚段，调整扣索使其上端头较设计值抬高 30～50mm，再安装拱顶段使之与拱脚段合拢。采用对接接头，宜先悬扣拱脚段初步定位，使其上端头高程比设计值抬高 50～100mm，然后准确悬扣拱顶段，使其两端头比设计值高出 10～20mm，最后放松两拱脚段扣索使其两端均匀下降，与拱顶段合拢。

4. 施工总结

① 拱肋跨径在 30～80m 时，可分 3 段吊装。采用阶梯形搭接接头时，宜先准确扣挂两拱脚段，调整扣索使其上端头较设计值抬高 30～50mm，再安装拱顶段使之与拱脚段合拢。采用对接接头，宜先悬扣拱脚段初步定位，使其上端头高程比设计值抬高 50～100mm，然后准确悬扣拱顶段，使其两端头比设计值高出 10～20mm，最后放松两拱脚段扣索，使其两端均匀下降与拱顶段合拢。

② 拱肋跨径大于 80m 时，可分 5 段。当拱肋分 5 段吊装时，宜先从拱脚段开始，依次向拱顶分段吊装就位，每段的上端头断面不得扭斜。首先使拱脚段的上端头较设计高程抬高 150～200mm，次边段定位后，使拱脚段的上端头抬高值下降为 50mm 左右；应保持次边段的上端头抬高值约为拱脚段的上端头抬高值的 2 倍关系，否则应及时调整，以防拱肋接头处开裂。

③ 对于特大跨径拱肋吊装，当前一段拱肋（箱）扣挂后，会对前面已经扣挂好的拱箱产生影响，因此，每挂上段拱肋（箱），都要对相邻两三段拱箱的索力进行调整。调整时，主索跑车吊点仍然吊住当前拱箱段，逐步调整相邻拱箱的索力来调整拱箱标高，当符合要求时慢慢放松跑车吊点，重新观测拱箱标高，符合要求后才能拆除跑车吊点，进行下段拱肋的安装。

④ 腹拱安装允许偏差应符合表 7-2 的规定。

表 7-2　腹拱安装允许偏差

检查项目	允许偏差/mm	检查频率		检验方法
		范围	点数	
轴线偏位	10	每跨每肋	2	用经纬仪测量拱脚
拱顶高程	±20		2	用水准仪测量
相邻块件高差			3	用钢尺测量
跨径	±20		2	用钢尺测量或全站仪测量

三、钢管拱安装施工

1. 施工现场图

钢管拱安装施工现场图见图 7-6。

图 7-6 钢管拱安装施工现场

2. 注意事项

① 钢管拱在雨雪天、风力超过 5 级不得进行吊装、焊接和混凝土浇筑作业。

② 钢管混凝土浇筑时环境气温宜大于 5℃，当环境气温高于 40℃ 且钢管温度高于 60℃ 时，要采取洒水措施降低钢管温度。

③ 各拱肋节段接头和横撑接头处悬挂工作平台，平台底部满铺钢板网，四周设围栏并挂铁丝网防护。

④ 布置爬梯便于人员上下拱肋，爬梯两侧安装扶手，底部满铺铁丝防护网。

⑤ 人员上下扣塔及吊塔。通过附着于扣塔上的电梯至扣塔顶，通过吊塔上附着的封闭安全防护步梯至吊塔顶。

⑥ 扣索锚固点下方设置牢固可靠的操作平台。

⑦ 整个拱肋吊装系统、拱肋各个作业点均设置漏电保护设施。

⑧ 吊塔塔顶、扣塔上索鞍位置周边设防护栏，各操作位置设置操作平台。

3. 施工做法详解

工艺流程 ≫≫≫≫

现场测量→支架法架设钢管拱肋施工→无支架吊装施工准备→拱肋吊装顺序→钢管拱肋吊装→吊装过程中的测量监测→接缝焊接→钢管混凝土浇筑。

（1）现场测量

① 墩台建成后，应及时复测每根拱肋的拱座起拱线处的轴线坐标、高程、拱座的横向间隔、拱座斜面的斜度及几何尺寸。

② 应根据施工组织设计要求测设临时支架、支墩、风缆、索塔、锚碇位置及现况地面高程。

（2）支架法架设钢管拱肋施工

① 支架需有足够的刚度，承受钢管拱肋的水平推力，同时能承受过程中最大竖直荷载而不沉陷；支架可依现场情况设在天然地基、混凝土扩大基础上，支架基础必须有足够的承载力，且不得受冻胀影响，必要时采用临时桩基。

② 支架构造应根据支架高度及荷载大小确定，要有足够的强度、刚度和稳定性，支架顶部要设组合楔、砂箱、千斤顶等落架装置，满足多次落架需要。

③ 支架（支墩）宜采用可重复使用、便于装拆的型钢钢框架形式（用万能杆件、军用梁、贝雷架等制式器材拼装而成），墩身钢框架应满足其受力和稳定要求。

④ 支架应设置风缆，或采取其他稳定措施，加固连成整体。各支墩之间宜采用水平拉杆加固，以保证结构的整体性。

⑤ 支架架设后应对拱架立柱和拱架支承面进行详细检查，并复核跨度；准确调整拱架支承面和顶部标高，其顶部高程必须严格按设计规定控制，考虑拱肋安装后的沉降量及支架承载后的间隙压缩，其顶部高程应控制在误差上限，确认无误后方可进行安装。

⑥ 钢管拱肋安装根据现场条件可选用汽车吊、履带吊等移动快捷、支设方便的起重设

备，也可采用龙门吊等设备。

⑦ 吊装前应先进行现况调查，事前确定其占位位置，吊车占位位置及回转半径内如有地下管线和地上构筑物，应事先处理。

⑧ 首件吊装前应进行试吊，试吊时检查作业场地、吊车状态及构件起吊后的状态，检查吊机的稳定性、制动器的可靠性、重物的平稳性、绑扎的牢固性。确认无异常情况后，方可进行正式吊装作业。

⑨ 拱肋分段吊装时，先从拱脚段开始，依次向拱顶分段吊装就位，拱肋安装就位后，应立即检测安装位置、轴线高程，符合设计要求后，方可固定、松绳、摘钩。

⑩ 拱肋分段吊装在支架上后，应及时敷设支撑及横向联系，防止倾倒及滑动。

（3）无支架吊装施工准备

① 缆索吊装系统及斜拉扣挂系统设计，主要包括缆索吊装系统中的索塔、承重主索、起吊系统、牵引系统及吊装系统锚碇，斜拉扣挂系统中的扣索、扣塔、扣索锚碇以及张拉设备。

② 索塔的结构形式、高度，根据缆索吊装系统的索跨、吊装重量、工作垂度、拱肋顶面标高、地面标高等因素通过计算确定。索塔采用钢塔架（通常采用铰支门式塔架），用万能杆件、军用梁、贝雷架等制式器材拼装而成。

③ 承重主索设计应根据吊装缆索系统的索跨、重载垂度及所吊装的构件重量，通过计算确定钢丝绳的类别、直径、长度和绳数以及安装垂度。

④ 起吊滑车组应根据起吊重量、起吊高度、起吊速度要求等因素计算确定滑车组线数、钢丝绳类别、直径、长度。根据承重主索、起吊钢丝绳的选型和线数配置滑车形成起吊滑车组。

⑤ 卷扬机选择。根据起吊钢丝绳出绳端的拉力、起吊速度要求选择起吊卷扬机。

根据计算的牵引力选择牵引钢丝绳和牵引卷扬机，一般选择慢速或中速牵引卷扬机。

⑥ 吊装锚碇是固定承重主索、压塔索、工作天线主索、卷扬机及转向滑车的设施，通常采用重力式、桩式锚碇及重力式与岩锚结合的锚碇形式，具体根据地形地势情况，受力大小等条件确定。

⑦ 无支架吊装施工的拱肋节段在未合拢之前需用扣索悬挂稳定，扣索通常采用钢绞线、高强钢丝。扣索的选型根据计算确定，扣索的固定端为拱肋节段上设的锚点，扣索从锚点经扣塔上的索鞍至扣索锚碇处的扣索张拉端，在张拉端通过张拉设备进行调整。

⑧ 扣塔是支承扣索的塔架，是斜拉扣挂系统的重要组成部分。扣塔的结构形式、高度根据扣索所施加的力的大小、扣索布置的要求、地面标高等因素通过计算确定。扣塔通常采用万能杆件、军用梁、贝雷架等制式器材拼装的铰支塔架结构形式和自行设计加工的钢管（或钢管混凝土）桁架式铰支或固结塔架结构形式。

⑨ 扣索锚碇是固定扣索的设施。通常采用重力式、桩式锚碇及重力式与岩锚结合的锚碇形式，具体根据地形地势情况、受力大小等条件确定。扣索锚碇设计时需综合考虑扣索张拉端的布置。

⑩ 对于张拉设备，根据扣索的选型、扣索力的大小、扣索同步、对称张拉调整的要求进行张拉千斤顶、张拉油泵等的配置。

⑪ 缆索吊装系统及斜拉扣挂系统的安装。按设计要求拼装扣塔，在扣塔顶面上拼装索塔，索塔底面铰接支承于扣塔顶面。在索塔顶安装主索索鞍，布置压塔索、承重主索和工作

天线主索，安装起吊、牵引滑车组以及承索器，布置起吊、牵引转线和相关卷扬机后即完成吊装系统的安装。

在扣塔顶部安装扣索索鞍，布设平衡索。用工作主索辅助安装扣索钢绞线和相关张拉锚固设施后完成斜拉扣挂系统的设置。

⑫ 缆索吊装系统试吊。缆索吊装系统按吊装作业过程中牵引力最大和主索张力最大两种工况进行试吊，按设计吊重的80%、100%、125%三个荷载级别进行试吊，持荷6h检验并做好记录。

缆索吊装系统经过模拟不同工作荷载的试吊，检查、观测缆索吊装系统各部位不同工况的数据，各组数据完全符合设计要求后，方可投入正式吊装。

（4）拱肋吊装顺序

① 有支架钢管拱肋吊装顺序应符合设计要求。

② 为使悬拼时骨架可以适当转动，并消除拱座弯矩，在骨架安装时，拱脚设置临时铰。

③ 钢管拱肋节段吊装顺序：两岸上、下游对称吊装，安装2组临时横联，依此类推安装。应及时安装两肋间的横联设施，包括临时横联的设置。

（5）钢管拱肋吊装 钢管拱肋节段由工厂加工运输至工地现场起吊位置完成定位，用无支架缆索吊装系统中处于每条拱肋上方的承重主索通过分配梁抬吊拱肋节段，并采用垂直起吊、正落位。

① 拱脚扣段的安装。在拱脚扣段安装前用三维坐标定位方法精确定位安装拱脚铰座、预埋主管。

② 拱脚扣段由3个吊段组成，先用上游的两组主索上的4个吊点吊运上游第1吊段至拱座旁，上好临时扣索，一边降吊点，一边张拉扣索，缓慢地将拱肋节段拱脚端置于拱座上，采用链子滑车逐步调整第1吊段拱脚端铰轴钢管位置，使其与预埋的拱脚铰座接触密贴。向跨中的一端，用横向抗风绳调整好轴线位置，根据设计标高用临时扣索调整标高，待吊点荷载全部交于扣索，拱肋标高、轴线调整满足规范允许的误差要求后，取下吊点。然后按同样方法吊完同岸下游第1吊段，对称吊另一岸上、下游第1吊段。

③ 按相同的方法，对称吊完第2吊段、第3吊段，第2吊段用临时扣索固定，第3吊段采用设计的正式扣索扣挂到位。钢绞线扣索安装通过无支架缆索吊装系统的工作天线进行，先安装位于拱肋节段上的固定端，然后安装位于扣索锚碇处的张拉端。在张拉端布置卷扬机滑车组牵引扣索，穿过预埋在锚固端锚梁上的锚孔将钢绞线扣索用锚具锚固在锚梁上，在锚具后面安装张拉端张拉设备，张拉控制采用"可调索低应力夹片锚固系统"，以有效控制钢绞线扣索的张拉、锚固或放松。每组扣索采用上、下游对称同步张拉和调整索力的张拉方案，分别在张拉端、固定端、扣塔上设置操作平台。正式扣索扣挂好后，按设计标高对高程进行调整，正式扣索的张拉和临时扣索的放松均按分级、对称的原则进行，调整扣索实行扣段高程和扣索索力双控。索力用频谱分析仪测试，在调索过程中实施监控，确保施工安全。

④ 正式扣索的张拉、放松用多台千斤顶同时工作来实现，正式扣索张拉时逐步地松去临时扣索的力，直至拆除临时扣索交予正式扣索受力。

⑤ 第2吊段同岸上、下游双肋节段安装就位后（安装方法同第1吊段），用缆索吊装系统中的两组天线抬吊该吊段肋间横撑进行安装。肋间横撑在工厂内完成与拱肋节段试拼，确保其加工精度，防止由于误差过大导致工地现场的拼装困难，确保结构安全施工。

按同样方法完成第 3 吊段间横撑的安装。各吊段间拼装接头，先用高强螺栓拼接，然后焊接法兰盘周边。一个扣段完成后，进行节段间对接钢管的焊缝焊接。

⑥ 一般扣段的安装。一般扣段参照吊装程序与拱脚扣段的施工方法进行施工。按吊装程序，每一正式扣索扣挂好后，均需对该扣索之前的扣索进行调索作业。调索作业根据设计方和施工监控方现场共同发布的调索索力、拱肋标高和调索顺序，采用千斤顶、油泵张拉设备，同步作业，对称、分级张拉。同时用频谱分析仪对索力进行测试，以确保调索顺利开展，确保各吊段间横撑连接焊缝，节段间连接螺栓，节段间连接焊缝结构安全。对每一扣段，均进行一次拱肋轴线、拱肋高程的调整，避免拱肋的线形、标高误差累积到最后而造成调整困难，确保对其安装精度的有效控制。

⑦ 拱肋安装过程中的横向稳定。拱肋节段为单肋安装，待同一岸上、下游同一节段安装就绪后，紧接着安装节段间连接横撑，即完成一个双肋节段单元。对于尚未形成双肋节段单元前的一个单肋节段，布置抗风索辅助横向稳定。

⑧ 合拢段施工（图 7-7）。合拢前通过扣索、抗风绳，对拱肋进行线形、标高的调整，并根据需要进行温度修正，选择设计要求的合拢温度，采用临时合拢构造实现瞬时合拢。施工时统一协调指挥，确保合拢时临时合拢构造同步完成作业。合拢后对拱肋线形及位置实施精确测量，通过扣索和拱顶合拢装置进行精调，调整合格后固定合龙装置，进行各扣段间连接的焊接工作，完成后拆除临时合拢装置。

图 7-7　合拢段施工

⑨ 松扣和卸扣。空钢管拱肋合拢、各节段接头焊接完成，封固拱脚，由两铰拱转换成无铰拱后，逐级松扣，将扣索拉力转换为拱的推力。松扣程序为：从跨中扣索开始，两岸对称分级（扣索拉力分 5 级，每级放 1/5），依次从跨中向拱脚放松扣索，各扣索松 1 级，暂停 15～20min 后，测试拱肋钢管应力、标高、轴线及平面位置，经设计、施工监控方确认后，再进行第 2 级放松，如此循环直至扣索的扣力全部放松。松扣后对拱肋进行全面测试，根据测量结果来决定：纠偏方式（适当调整缆风索、部分扣索索力等）和修正管内混凝土灌注方案及灌注顺序。

⑩ 拱肋钢管内混凝土灌注完成后，彻底放松扣索，并将扣索拆除。

（6）吊装过程中的测量监测　拱肋吊装中，对拱肋主要杆件内力、拱轴线高程、桥轴线偏位、扣索索力、扣塔偏移以及缆索吊装系统的主要结构等进行全过程的施工跟踪监测和控制。

① 拱肋杆件应力测试：采用钢弦式传感器测定。

② 拱轴线高程，桥轴线偏位监测：结合两岸地形用两台全站仪和两台经纬仪进行监测，在每一吊装节段设置反射棱镜和轴线测量标尺。每一扣段安装完成后，调整扣索和缆风索，使各扣点高程和桥轴线偏位控制在容许范围内。

③ 扣索索力监控：用频谱分析仪测试扣索索力，结合千斤顶油表读数监控索力。

④ 扣塔偏移：用经纬仪对扣塔偏位进行观测，通过调整平衡索，使扣塔偏位始终控制在容许范围内。

⑤ 缆索吊装系统的主要结构：吊塔杆件应力用贴电阻应变片进行测试和控制；锚碇、索塔上设置标志，吊装期间密切观察标志移动情况；主索、起吊钢丝绳、牵引钢丝绳的受力情况用频谱分析仪测试并进行监控；钢丝绳的磨损程度，卷扬机、索鞍、滑车等机械设备，选经验丰富的起重工、机械工随时和定期检查，并及时更换易损件部分，保证吊装系统的正常使用。

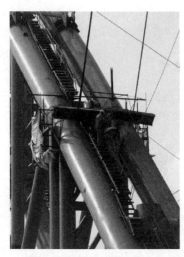

图 7-8　接缝焊接施工现场

⑥ 吊装期间收集中长期天气预报和短期天气预报，收集气象水文资料，防止恶劣天气影响吊装安全。

（7）接缝焊接（图 7-8）

① 拱肋每吊装一个节段，安装就位后，即施以临时栓接，调整拱轴线至符合要求后，进行焊接工作。焊机电力由电缆线经已就位的拱肋引至施焊处，施工人员在有严密、周全措施的挂篮中施工，挂篮由缆索系统上的工作索运到指定位置，焊机及施工人员严禁在吊挂在工作的情况下施工，并配备安全带、安全网，确保绝对安全。在操作中，将根据风力等天气情况设立挡风板、防雨篷、栅栏等。

② 节段间环焊缝的施焊应对称进行，先间段后连续施焊，施焊前需保证节段间有可靠的临时连接并用定位板控制焊缝间隙，不得采用堆焊。合拢口的焊接或栓接作业应选择在结构温度相对稳定的时间内尽快完成。

③ 空中施焊完成后，即应根据前述要求和方法进行探伤检测，直至施工达到设计要求。

（8）钢管混凝土浇筑

① 钢管混凝土浇筑前在钢管拱外侧应进行加固。加固范围及方式应从拱脚至 1/4 处，采用槽钢和钢筋组成的对拉夹箍，将钢管拱肋夹住。

压注混凝土前，在每个拱脚处焊接一根进浆泵送管。

② 混凝土输送泵应质量可靠，能连续作业，保证混凝土不间断顶升；输送泵扬程应大于 1.5 倍灌注拱顶面高度；输送泵的出口泵压不宜超过规范要求，以免钢管被压裂。

③ 钢管混凝土应采用泵送顶升压注施工，由两拱脚至拱顶对称均衡地一次压注完成。除拱顶外不宜在其余部位设置横隔。

④ 钢管混凝土应具有和易性好、低泡、大流动性、收缩补偿、延后初凝和早强的工程性能。钢管混凝土一般须经多次试验来最终确定配合比。

⑤ 钢管混凝土压注前应清洗管内污物，润湿管壁，泵入适量水泥浆后再压注混凝土，直至钢管顶端排气孔排出合格的混凝土时停止。完成后应关闭设于压注口的倒流截止阀。管内混凝土的压注应连续进行，不得中断。

⑥ 钢管混凝土的泵送顺序应按设计要求进行，压注混凝土应遵循匀速对称、慢送低压的原则，确保两侧混凝土同时压注，其顶面高差不大于 1m，压注速度以 $10\sim15m^3/h$ 为宜，于后续混凝土车到达后再压注完上一车，尽量避免停顿时间，保持压送畅通及连续性，两台固定泵的压注速度应尽量一致。

⑦ 压注时两边各有一人观测混凝土到达位置（采用锤敲击法），当两侧混凝土快相接时，控制两侧压注速度，使两侧混凝土慢速对称上升，直到两侧混凝土相连接。

⑧ 钢管混凝土的质量检测方法应以超声波检测为主，人工敲击为辅。

⑨ 为保证混凝土泵送工艺的顺利进行，对大跨径钢管混凝土拱桥，需按实际泵送距离和高度进行模拟混凝土压注试验。

4. 施工总结

① 钢管拱肋（桁架）的安装可采用有支架安装、少支架或无支架缆索吊装、转体施工或斜拉扣索悬拼法施工。

② 钢管拱肋成拱过程中，应同时安装横向连接系，未安装连接系的不得多于一个节段，否则应采取临时横向稳定措施。

③ 节段间环焊缝的施焊应对称进行，施焊前需保证节段间有可靠的临时连接并用定位板控制焊缝间隙，不得采用堆焊。合拢口的焊接或栓接作业应选择在结构温度相对稳定的时间内尽快完成。

④ 采用斜拉扣索悬拼法施工时，扣索与钢管拱肋的连接件应进行设计计算。扣索根据扣力计算采用多根钢绞线或高强钢丝束，安全系数应大于 2。

⑤ 钢管拱肋制作与安装应符合表 7-3 的规定。

表 7-3　钢管拱肋制作与安装

检查项目	允许偏差/mm	检查频率		检查方法
		范围	点数	
焊接质量	符合设计要求		全部焊缝长度	用超声波检测
内弧偏离设计弧线	8		5	用样板检查
每段拱肋内弧线	−10～0		每段	用钢尺检查
钢管直径	D/500 及 5	每肋每跨	5	用钢尺检查
轴横向偏位	L/600		2	用钢尺测量每个接缝
拱肋接缝错台	0.2 倍壁厚		全数接缝	用钢尺测量每个接缝
拱肋高程	符合设计要求		5	用水准仪检查

注：D 为钢管公称直径（mm）；L 为拱跨径（mm）。

四、现浇混凝土拱圈施工

1. 施工现场图

现浇混凝土拱圈施工现场图见图 7-9。

2. 注意事项

① 支架、拱架支撑体系，必须在施工前进行设计，其强度、刚度、稳定性必须符合规定要求，必须考虑拆除安全，对拆除程序进行相关规定。

② 混凝土浇筑过程中，派专人负责成品保护工作，对钢筋、预埋件进行看护、校正，在混凝土刚浇筑完毕时，复查预埋件的准确性。养护及拆模时不得碰撞构件。

图 7-9　现浇混凝土拱圈施工现场

3. 施工做法详解

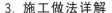

工艺流程

拱架制作→墩台验收→测量复核→地基处理→拱架安装→拱圈模板（底模、侧模）安装→钢筋绑扎→拱圈混凝土浇筑→模板、拱架拆除。

（1）**拱架制作**

① 拱架宜采用标准化、系列化、通用化的构件拼装；拱架可采用木拱架、钢木组合拱架、工字钢拱架、钢桁架拱架（万能杆件拱架、贝雷梁拱架、军用梁拱架）、钢管拱架、扣件式钢管拱架等，无论使用何种拱架，均应进行施工图设计，并验算其强度和稳定性。

② 木拱架。

a. 木拱架所用的材料规格及质量应符合设计及规范要求。桁架拱架在制作时，各杆件应当采用材质较强、无损伤及湿度不大的木材。夹木拱架制作时，木板长短要搭配好；纵间接头要错开，其间距应大于 30cm；每个断面接头不可超过 3 个；面板夹木按间隔用螺栓固定，其余用铁钉与拱肋固定；应尽量减少长杆件；主要压力杆的纵向连接，应使用对接法，并用木夹板或铁夹板夹紧。次要构件的连接可用搭接法。

b. 应注意拱架的弧形木的制作：一般跨度为 2～3m，弧形缘应按拱圈的内侧弧线制成弧形。

③ 钢拱架。

a. 常备式钢拱架纵、横向距离应根据实际情况进行合理组合，保证结构的整体性；对于钢拱架，为保证排架的稳定，应设置足够的斜撑、剪力撑、扣件和缆风绳。

b. 钢管拱架排架的纵、横距离应按承受拱圈自重计算，各排架顶部的标高要符合拱圈底的轴线。为保证排架的稳定，应设置足够的斜撑、剪力撑、扣件和缆风绳。

c. 工字梁钢拱架由工字钢梁基本节（分成几种不同长度）、插节（由同号工字钢截成）、拱顶铰及拱脚铰等基本构件组合，用选配工字钢梁长度和楔形插节节数的方法，使拱架适用于各种拱度和跨度的拱桥施工。

d. 横桥方向拱架的片数应根据拱圈的宽度和承重来合理组合，拱片间可用角钢等杆件连接，以保证结构的整体稳定。

e. 扣件式钢管拱架：钢管拱架组成排架的纵、横间距应按承受拱圈自重及施工荷载计算，各排架顶部的标高应符合设计要求。

f. 为保证排架（拱架）的稳定，应设置足够的斜撑、剪刀撑、扣件和缆风绳，缆风绳宜设在 $3/8L$ 和 $1/4L$ 处，且对等收紧。

④ 拱架杆件制作、节点板制作完成后，应进行试装，检验拱架制作质量，合格后方可投入使用。

（2）**墩台验收** 拱架安装前，必须对墩台进行验收，合格后方可进行拱架安装。

（3）**地基处理** 拱架基础可采用原状地基、混凝土条形基础、扩大基础、桩基等形式。当采用原状土时，架设拱架的地基土承载力必须符合施工组织设计的规定。

采用混凝土条形基础、扩大基础、桩基等其他形式时，其结构尺寸、强度等应符合施工组织设计的规定。

（4）**拱架安装**

① 安装拱架时，对拱架立柱和拱架支承面应详细检查，准确调整拱架支承面和顶部标高，并复测跨度。各片拱架在同一节点处的标高应尽量一致，以便于拼装平联杆件。在风力较大的地区，应设置风缆。

② 拱架安装应考虑拱架受载后的沉陷、弹性变形等因素，预留施工拱度。

拱圈施工应按设计规定预留预拱度，中小跨拱桥亦可根据跨度大小、恒载挠度、拱架及支架变形等因素分析计算预拱度，其值一般宜取 $(L/1000)～(L/500)$ （L 为跨径）。

预拱度的设置一般在拱顶取最大值、拱脚为零，跨间按抛物线分配。

③ 拱架应稳定坚固，应能抵抗在施工过程中有可能发生的偶然冲撞和振动。安装时应注意以下两点。

a. 支架立柱必须安装在有足够承载力的地基上，并保证砌筑后不发生超过允许的沉降量。

b. 汽车通行孔的两边支架应加设护桩，夜间应用灯光标明行驶方向。

④ 为便于拱架的拆卸，应根据结构形式、承受的荷载大小及需要的卸落量，在拱架适当部位设置相应的木楔、木马、砂筒或千斤顶等落模设备。

⑤ 拱架安装完毕后，应对其平面位置、顶部标高、节点连接及纵、横向稳定性进行全面检查，符合要求后，方可进行下一工序。

图 7-10　拱圈模板安装

（5）拱圈模板（底模、侧模）安装

① 拱圈模板（底模）宜采用双面覆膜酚醛多层板（或竹胶板），如图 7-10 所示，也可采用组合钢模板。

② 采用多层板时，板背后加弧形木或横梁，多层板板厚依弧形木或横梁间距的大小来定。模板接缝处粘贴双面胶条填实，保证板缝拼接严密，不漏浆。

③ 侧模板应按拱圈弧线分段制作，间隔缝处设间隔缝模板并应在底板或侧模上留置孔洞，待分段浇筑完成、清除杂物后再封堵。

④ 在拱轴线与水平面倾角较大区段，应设置顶面盖板，以防混凝土流失。模板顶面标高误差不应大于计算跨径的 1/1000，且不应超过 300mm。

（6）钢筋绑扎（图 7-11）

① 拱脚接头钢筋预埋　钢筋混凝土无铰拱的拱圈的主筋一般伸入墩台内，因此在浇筑墩台混凝土时，应按设计要求预埋拱圈插筋，伸出插筋接头应错开，保证同一截面钢筋接头数量不大于 50%。

② 钢筋接头布置　为适应拱圈在浇筑过程中的变形，拱圈的主钢筋或钢筋骨架一般不应使用通长的钢筋，宜在适当位置的间隔缝中设置钢筋接头，但最后浇筑的间隔缝处必须设钢筋接头，直至其前两段混凝土浇筑完毕且沉降稳定后再进行连接。

③ 绑扎顺序　分环浇筑拱圈时，钢筋可分环绑扎。分环绑扎时各种预埋钢筋应临时加以固定，并在浇筑混凝土前进行检查和校正。

（7）拱圈混凝土浇筑（图 7-12）

① 拱圈砌筑、浇筑、安装前，应测量检查桥墩、台高程、轴线及跨径，拱架安装轴线、高程及安装质量。

检测高程、轴线合格后，在底模上放线标明拱圈（拱肋）中线、边线、分段浇筑位置。

② 混凝土连续浇筑。跨径小于 16m 的拱圈或拱肋混凝土，应按拱圈全宽度从两端拱脚向拱顶对称地连续浇筑，并在拱脚混凝土初凝前全部完成，如预计不能在限定时间内完成，则应在拱脚预留一个隔缝并最后浇筑隔缝混凝土。

③ 跨径大于或等于 16m 的拱圈或拱肋，尽量保证一次性浇筑完成，对于一次不能浇完

的，应沿拱跨方向分段浇筑。分段位置应能使拱架受力对称、均匀和变形小为原则，拱式拱架宜设置在拱架受力反弯点、拱架节点、拱顶及拱脚处；满布式拱架宜设置在拱顶、$L/4$ 部位、拱脚及拱架节点等处。

图 7-11　钢筋绑扎施工现场　　　　　图 7-12　拱圈混凝土浇筑施工现场

④ 分段浇筑程序应符合设计要求，应对称于拱顶进行，使拱架变形保持均匀和尽可能最小，并应预先做出设计。

分段长度视混凝土浇筑能力和拱架结构及支架情况而定，其分段长度和分段浇筑程序应符合设计要求，拱段长度一般取 6～15m。

分段浇筑时，各分段内的混凝土应一次连续浇筑完毕，因故中断时，应浇筑成垂直于拱轴线的施工缝；如已浇筑成斜面，应凿成垂直于拱轴线的接合面或台阶式接合面。

⑤ 各分段点应预留间隔槽，其宽度一般为 0.5～1.0m，但布置有钢筋接头时，其宽度尚应满足钢筋接头的需要，各段的接缝面应与拱轴线垂直。间隔缝的位置应避开横撑、隔板、吊杆及刚架节点。

⑥ 浇筑间隔槽混凝土时，应待已完成分段拱圈混凝土强度达到设计强度的 75% 和接合面按施工缝处理后，由拱脚向拱顶对称进行。拱顶及两拱脚间隔槽混凝土应在最后封拱时浇筑。封拱合拢温度应符合设计要求，当设计无规定时，宜在接近当地年平均温度或 5～15℃时进行。为缩短工期，间隔槽混凝土可采用比拱圈混凝土高一级的半干硬性混凝土。封拱合拢前用千斤顶施加压力的方法调整拱圈应力时，拱圈（包括已浇间隔槽）的混凝土强度应达到设计强度。

⑦ 浇筑大跨径钢筋混凝土拱圈（拱肋）时，纵向钢筋接头应安排在设计规定的最后浇筑的几个间隔槽内，并应在这些间隔槽浇筑时再连接。

⑧ 预计拱架变形较小，可减少或不设间隔槽，而采取分段间隔浇筑。

⑨ 浇筑大跨径箱形截面拱圈（拱肋）混凝土，当采用分环（层）、分段法浇筑时，宜分成 2～3 环进行分段浇筑，第一环宜浇筑底板，第二环浇筑腹板、横隔板和顶板（或将顶板作为第三环）混凝土。其合拢可随每环浇筑完成后按环进行，这样虽工期长，但已合拢的环层能够起到拱架的作用；也可待所有节段浇筑完成后，一次性填充各段间隔缝进行合拢。在合拢过程中，上、下环的间隔缝位置需互相对应和贯通，其宽度一般为 2m 左右，有钢筋接头的间隔缝一般为 4m 左右。箱形拱主拱圈分环分段浇筑程序应按设计要求或施工方案进行。

⑩ 浇筑大跨径箱形截面拱圈（拱肋）混凝土，可沿纵向分成若干条幅，中间条幅先行

浇筑合拢，达到设计要求后，再按横向对称。分次浇筑合拢其他条幅。

其浇筑顺序和养护时间应根据拱架荷载和各环负荷条件通过计算确定，并应符合设计要求。

⑪ 大跨径钢筋混凝土箱形拱圈（拱肋）可采取在拱架上组装与现浇相结合的施工方法。先在拱架上安装底模板，再将预制好的腹板、横隔板在底模上组装，待组装完成后，立即浇筑接头和拱箱底板混凝土，组装和现浇混凝土时应从两拱脚向拱顶对称进行，浇底板混凝土时应按拱架变形情况设置少量间隔缝并于底板合拢时填筑，待接头和底板混凝土强度达到设计强度的75％以上后，安装预制盖板，然后铺设钢筋，现浇顶板混凝土。

⑫ 对分环浇筑的钢筋可分环绑扎，但各种预埋钢筋在浇筑混凝土前应予以临时固定并校正准确。

（8）模板、拱架拆除

① 拱架拆除应根据结构形式及拱架类型制定拆除程序和方法，编制专项施工方案。

拆除应按拟定的卸落程序进行，拱架不得突然卸除，为保证拱架拆除时拱肋内力变化均匀，应对称于拱顶，自拱中部向两侧同时拆除。

② 模板拆除。顶部扣压模板在混凝土初凝后即可拆除。当混凝土达到设计要求抗压强度方可拆除侧模，若设计无要求时，混凝土抗压强度达到 2.5MPa 时方可拆除侧模。底模必须等到拱圈最后施工段混凝土抗压强度达到 100％设计强度方可拆除。

③ 应在接头（间隔槽）及横系梁混凝土强度达到设计强度 75％以上或满足设计规定后方可开始卸落。

④ 为避免一次卸架突然发生较大变形，可在主拱安装完成时，分两次或多次卸架，使拱圈及墩、台逐渐成拱受力。

⑤ 拱架卸落前应对已合拢拱圈混凝土质量、强度、拱轴线坐标、卸落设备及台后填土进行全面检查，全部符合要求后方可卸架。

⑥ 卸架时应观测拱圈挠度和墩、台变位情况。

⑦ 多跨拱桥卸架应在各孔拱肋合拢后进行，若必须提前卸架，应验算桥墩承受不平衡推力后确定。

⑧ 拱上建筑宜在卸架后施工。

4. 施工总结

① 混凝土拱圈外形轮廓清晰、顺直，表面平整，施工缝修饰光洁，不得有蜂窝、麻面，表面无受力裂缝或裂缝宽度不应超过 0.15mm。

② 拱架上浇筑混凝土拱圈允许偏差应符合表 7-4 的规定。

表 7-4　拱架上浇筑混凝土拱圈允许偏差

项目		允许偏差/mm	检验频率		检验方法
			范围	点数	
轴线偏位	板拱	10	每跨每肋	5	用经纬仪测量，拱脚、拱顶、$L/4$ 各 1 处
	肋拱	5			
内弧线偏离设计弧线	$L \leqslant 30$m	±20			用水准仪测量，拱脚、拱顶、$L/4$ 各 1 处
	$L > 30$m	$\pm L/1500$			
断面尺寸	高度	±5			用钢尺测量，拱脚、拱顶、$L/4$ 各 1 处
	顶、底腹板厚	0			
拱肋间距		5			

注：L 为跨径（mm）。

五、浆砌石砌筑拱圈施工

图 7-13　浆砌石砌筑拱圈施工现场

1. 施工现场图

浆砌石砌筑拱圈施工现场图见图 7-13。

2. 注意事项

① 砂浆稠度应适宜，砌筑时应防止砂浆溅脏砌体表面，砌筑和勾缝后保持墙面洁净。

② 砌筑完后，未经有关人员检查验收，轴线桩、水准桩、皮数杆应加以保护，不得碰坏、拆除。

③ 石体棱角应用木板、塑料布保护，防止损坏棱角或污染。

3. 施工做法详解

工艺流程

测量放线→基槽开挖→基底验收（检验）→砌筑基础及墙身→支架及拱架架设→拱圈料石→拱圈砌筑一般规定→空缝设置和填塞→拱圈封拱合拢→拱上结构的砌筑→支架拆卸→监控观测。

（1）**测量放线**　使用全站仪测设桥梁中线，放出墩台坐标控制线（纵横轴线）、外形结构尺寸线。用白灰线标出基坑开挖边线。

（2）**基槽开挖**

① 按地质水文资料、结合现场情况，决定开挖坡度、支护方案、开挖范围和防排水措施。

基坑可采用垂直开挖、放坡开挖，支撑加固或其他加固的开挖方法；在有地面水淹没的基坑，可修筑围堰、改河改沟、筑坝排水后再开挖基坑。

无支护开挖，严格按规定放坡；有支护（支撑）基坑开挖，严格按专项方案作业，应采用对称开挖或循环开挖的方式，分层挖土、先支撑后开挖，不得采用全断面、全尺寸开挖法。

② 基槽开挖采用人工配合反铲，至设计标高以上，槽底留 300mm 土层人工清底。

③ 开挖距槽底 500mm 以内后，测量人员测出距槽底 500mm 的水平标志线，然后在槽壁上钉小木桩或做标志，清理底部土层时用于控制标高。根据轴线及基础轮廓检验基槽尺寸，修整边坡和基底。

（3）**基底验收（检验）**

① 墩台基础应平整坚实，检查基底平面位置、尺寸大小、基底标高；检查基底地质情况和承载力是否与设计资料相符；检查基底处理和排水情况是否符合本规程要求，当与地质报告不符时及时与业主、设计、监理工程师会商确定处理方法。

② 基底验收（检验）。按桥涵大小、地基土质情况及结构对地基有无特殊要求，可采用以下检查方法。

a. 小桥涵的地基检验：可采用直观或触探方法，必要时可进行土质试验。

b. 大、中桥和地基土质复杂、结构对地基有特殊要求的地基检验，一般采用触探和钻探（钻深至少 4m）取样做土工试验，或按设计的特殊要求进行荷载试验。

c. 特大桥按设计要求处理。

（4）砌筑基础及墙身 砌筑基础及墙身应符合设计要求，并应遵守下列规定。

① 砌块在使用前必须浇水湿润，表面如有泥土、水锈，应清洗干净。

② 砌筑基础的第一层砌块时，如基底为岩层或混凝土基础，应先将基底表面清洗、湿润，再坐浆砌筑；如基底为土质，可直接坐浆砌筑。

浆砌石料的一般顺序为先砌角石，再砌面石，最后砌腹石。角石砌好后即可将线挂到角石上，再砌面石，腹石应与面石一样，按规定层次和灰缝砌筑整齐，砂浆饱满。

③ 砌体应分层砌筑，各砌层应先砌外圈定位行列，然后砌筑里层，外圈砌块应与里层砌块交错连成一体。砌体外露面镶面种类应符合设计规定，位于流冰或有严重漂流物的河中的墩台，宜选用较坚硬的石料进行镶砌。砌体里层应砌筑整齐，分层应与外圈一致，应先铺一层适当厚度的砂浆，再安放砌块和填塞砌缝。

④ 砌体外露面应进行勾缝，并应在砌筑时靠外露面预留深约 20mm 的空缝备作勾缝之用。砌体隐蔽面砌缝可随砌随刮平，不另勾缝。

⑤ 各砌层的砌块应安放稳固，砌块间应砂浆饱满，黏结牢固，不得直接贴靠或脱空。砌筑时，底浆应铺满，竖缝砂浆应先在已砌石块侧面铺放一部分，然后于石块放好后填满捣实。用小石子混凝土塞竖缝时，应以扁铁捣实。

⑥ 砌筑上层块时，应避免振动下层砌块。砌筑工作中断后恢复砌筑时，已砌筑的砌层表面应加以清扫和湿润。

⑦ 砌筑过程中应随时用平尺和线坠校核砌体。

（5）支架及拱架架设

① 拱圈施工应按设计规定预留预拱度，中小跨拱桥也可根据跨度大小、恒载挠度、拱架及支架变形等因素分析计算预拱度，其值一般宜取 $(L/1000) \sim (L/500)$（L 为跨径）。

② 预拱度的设置一般在拱顶取最大值、拱脚为零，跨间按抛物线分配。

③ 拱架基础可采用原状地基、混凝土条形基础、扩大基础等形式。

④ 无论使用何种材料的支架和拱架，均应进行施工图设计，并验算其强度和稳定性。

⑤ 安装拱架时，对拱架立柱和拱架支承面应详细检查，准确调整拱架支承面和顶部标高，并复测跨度。各片拱架在同一节点处的标高应尽量一致，以便于拼装平联杆件。在风力较大的地区，应设置风缆。

⑥ 拱架应稳定坚固，应能抵抗在施工过程中有可能发生的偶然冲撞和振动。安装时应注意以下两点。

a. 支架立柱必须安装在有足够承载力的地基上，并保证砌筑后不发生超过允许的沉降量。

b. 汽车通行孔的两边支架应加设护桩，夜间应用灯光标明行驶方向。

⑦ 拱圈砌筑前应检查支架、拱架和模板的安装质量，应对其平面位置、顶部标高、节点连接及纵、横向稳定性进行全面检查，符合要求后，按设计要求或施工设计规定在模板上放线，标明中线、拱石分块位置、灰缝宽度及分段砌筑界线。

（6）拱圈料石 拱圈料石加工应符合下列要求。

① 拱圈料石和砌块加工或预制拱圈应按 1：1 放样，标明砌块分割尺寸、灰缝宽度、砌筑位置编号并套样板比照加工。

② 石料应立纹破料、岩面与拱轴线垂直。

③ 当拱圈曲率较小，灰缝上下宽度不超过 30％时，可用矩形料石砌筑，拱圈曲率较大时应将石料加工成楔形。

④ 石料尺寸可根据设计规定及施工条件确定，但应符合下列规定：拱石厚度不得小于 20cm；拱石高度应为最小厚度的 1.5～2 倍；上下层拱石错缝不宜小于 150～200cm；拱石长度应为最小厚度的 1.5～4 倍。

(7) 拱圈砌筑

① 拱圈的辐射缝应垂直于拱轴线，辐射缝两侧相邻两行拱石的砌缝应互相错开（同一行内上下层砌缝可不错开），错开距离不应小于 100mm。

② 浆砌粗料石和混凝土预制块拱圈的砌缝宽度应为 10～20mm，块石拱圈的砌缝宽度不应大于 30mm，片石拱圈的砌缝宽度不应大于 40mm。用小石子混凝土砌块石时，不应大于 50mm。

③ 砌筑各类浆砌拱圈时，对于不甚陡的辐射缝，应先在侧面已砌拱石上铺浆，再放拱石挤砌；辐射缝较陡时，可在拱石间先嵌入木条，再分层填塞，捣实砂浆。

④ 拱圈砌筑程序应根据施工图设计要求和拱圈跨径、矢跨比、厚度及拱架类型等条件做出完善的施工设计，砌筑过程中应随时观测拱架变形情况，做好监控，必要时对砌筑程序进行调整。

⑤ 对于跨度小于 13m 的拱圈，当用满布式拱架砌筑时，可从两端拱脚起顺序向拱顶方向对称、均衡地全宽和全厚地砌筑，最后砌拱顶石。对于跨径 10m 以下的拱圈，当用拱式拱架砌筑时，宜分段、对称地先砌拱脚段和拱顶段，后砌 1/4 跨径段，并注意在砌筑的同时应对拱跨 1/4 部位进行预压。

预压可以有效地预防拱圈产生不正常的变形和开裂。加压顺序应与计划砌筑拱圈的顺序一致，加压的材料一般用砌筑拱圈的石料，也可用砂袋。砌筑时，应尽量利用附近的压重石就地砌筑，随撤随砌。

⑥跨径为 13～25m 的拱圈，无论用何种拱架，每半跨均应分成三段砌筑，每段长度不宜超过 6m，先砌拱脚段（Ⅰ）和拱顶段（Ⅱ），后砌 1/4 跨径段（Ⅲ），两半跨应同时对称地进行，最后砌筑拱顶石合拢。

相间砌筑的拱段（隔开砌的拱段），其倾斜角大于砌块与模板间的摩擦角（约 20°）时，应在拱段下侧临时设置支撑，所需支撑力应通过计算确定。分段支撑的构造应按支撑强度的要求确定。三角支撑适用于较大的强度，三角支撑应在拱圈放样平台上按拱圈弧形放样制作，安装时需将螺栓拧紧。

三角支撑拆除时应自中间向两侧推进，拆一处砌一处。待新砌部分的砂浆达到一定强度时，再继续拆除下一个三角支撑并补砌此处拱石。

⑦ 跨径≥25m 的拱圈，砌筑程序应符合设计规定。一般采用分段砌筑或分环分段相结合的方法砌筑，必要时应对拱架预加一定的压力。分段长度以每段不超过 8m 为宜。各段间应预留空缝，以防止拱圈因拱架变形而开裂。一般在拱跨的拱脚附近、1/4 点、拱顶及满布支架的节点处必须设置空缝。分环砌筑时，每一环可分成若干段对称、均衡地砌筑，砌一环合拢一环。待下环砌筑合拢、砌缝砂浆强度达到设计强度的 75％以上后，再砌筑上环。每

环分段方法、砌筑顺序、空缝设置与一次砌筑相同，但上下环间应以犬牙相接。

⑧ 大跨度拱圈可采用分环砌筑、分环合拢逐环承载的方法砌筑，但应符合下列要求：

a. 底环圬工体积宜占拱圈的 50%～60%；

b. 底环封拱砂浆达 70% 强度后方可承载、砌筑上环。

(8) 空缝设置和填塞

① 砌筑拱圈时应在拱脚和各分段点设置空缝。用于空缝两侧的拱石，靠空缝一面应加工凿平。

② 空缝的宽度，在拱圈外露面应与相应类别砌块的一般砌缝相同。当拱圈为粗料石时，为便于砂浆的填塞，可将空缝内腔宽度加大至 30～40mm。为保证空缝的宽度，当拱圈跨径 ≥16m 时，拱跨 1/4 点及其以下的空缝宜用铸铁垫隔，其他部位的空缝可用体积比为 1:1 的水泥砂浆预制块垫隔。当拱圈跨径小于 16m 时，所有空缝均可采用体积比为 1:2 的水泥砂浆预制块作垫块。

③ 空缝的填塞，应在所有拱段及拱顶石砌筑完成后，且砌缝砂浆强度达到设计强度的 70% 后进行，填塞时应分层用插钎捣实，每层厚度约 100mm。须加大挤压力时，可在空缝填满后用木夯夯捣砂浆。

④ 空缝的填塞顺序视具体情况确定：对于跨径较大并用钢拱架施工的拱圈，以及跨径较小且用木拱架施工的拱圈，可采用先填塞拱脚处，再填塞拱顶处，然后自拱顶向两端对称逐条填塞；对于各种跨径的拱圈，所有空缝可同时填塞；对于 16m 以下的较小跨径的拱圈，由拱脚逐次向拱顶对称填塞。

⑤ 填塞空缝可使用 M2.5 以上或体积比为 1:1、水灰比为 0.25 的半干硬水泥砂浆，砂子宜用细砂或筛除较大颗粒的中砂。

⑥ 空缝填塞宜在一天中温度较低时进行，特别是当采用填塞空缝砂浆使拱合拢时，应注意选择最后填塞空缝的合拢时间。

(9) 拱圈封拱合拢

① 拱圈封拱合拢时的温度、砂浆强度和封拱方法应符合设计规定，设计无规定时，应符合下列规定：

a. 封拱合拢温度宜在当地年平均温度或 5～15℃ 时进行；

b. 分段砌筑的拱圈应待填塞空缝的砂浆强度达到设计强度的 50% 后进行，采用刹尖封顶的拱圈应待砂浆强度达到设计强度的 70% 后进行。

② 刹尖封拱就是在砌筑拱顶石前，先在拱顶缺口中打入若干组木楔，使拱圈挤紧、拱起，然后嵌入拱顶石合拢，具体做法是：用三块硬木为一组制作木楔，两侧木块宽约 100mm，中间木块宽 150～300mm；将制作好的木楔放入预定位置，用木槌或木夯锤击，锤击时应先轻后重，各组夯力应均匀，直至拱圈脱离拱架，不再有显著拱起时为止；锤击完成后，应立即在木楔组与组之间空当中嵌入拱顶石，并用铁片和稠砂浆挤紧、塞严；第一批拱顶石嵌入后就可拿出木楔，在原木楔的位置嵌入第二批拱顶石，完成拱圈合拢。

③ 封拱合拢前用千斤顶施加压力的方法调整拱圈应力时，砂浆应达到设计强度。预施压力封顶时应注意：千斤顶的安装位置偏差不得大于 10mm；施压到要求后，应立即安放拱顶石并填塞铁片和水泥砂浆；待砂浆达到一定强度后（一般为 7d）即可撤除千斤顶和填塞千斤顶缺口；撤除千斤顶时，应由两端对称地向中间进行。

（10）拱上结构的砌筑

① 拱上结构在拱架卸架前砌筑时，应待拱圈合拢砂浆强度达到设计强度的30％以上后进行。

② 当先松架后砌拱上结构时，应待拱圈合拢砂浆强度达到设计强度的70％以上方可进行。

③ 当采用分环砌筑的拱圈时，应待上环合拢砂浆强度达到设计强度的70％以上后进行。

④ 当采用施加压力调整拱圈应力时，应待封拱砂浆强度达到设计规定的强度后砌筑拱上结构。

⑤ 拱上结构一般应由拱脚至拱顶对称、均衡地砌筑。对于实腹式拱、拱腹填料可随侧墙砌筑顺序及进度进行填筑。填料数量较多时，宜待侧墙砌筑完成后再分次填筑。在实腹式拱的侧墙与桥台间设伸缩缝，使两者分开。对于空腹式拱，先砌空腹拱横墙，待卸落拱架后再砌筑腹拱拱圈，以防止腹拱拱圈受到主拱圈卸落拱架时的变形影响。腹拱上的侧墙，应在腹拱拱铰处设置变形缝。对于多跨连续拱桥，应考虑桥墩的左右受力平衡，应在桥墩顶部设置伸缩缝，使两侧侧墙分开。

（11）**支架拆卸**　支架拆卸应符合下列要求。

① 拱架拆除应在拱圈砌筑完成后20～30d，待砂浆砌筑强度达到设计强度的70％后方可拆除。此外还必须考虑拱上建筑、拱背填料、连拱等因素对拱圈受力影响，尽量选择对拱体产生最小应力的时候卸落拱架。为了能使拱架所支承的拱圈重力能逐渐转给拱圈自身承受，拱架不能突然卸除，应按设计规定或施工组织设计（施工方案）规定程序进行。

② 为避免一次卸架突然发生较大变形，可在主拱完成后，分两次或多次卸架，使拱圈及墩、台逐渐成拱受力。

③ 支架卸落前应对已合拢拱圈砌筑质量、砂浆强度、拱轴线坐标、卸落设备及台后填土进行全面检查，全部符合要求后方可卸架。

④ 卸架时应观测拱圈挠度和墩台变形情况。

⑤ 多跨拱桥卸架应在各孔拱肋合拢后进行，若必须提前卸架，应验算桥墩承受不平衡推力后确定。

⑥ 拱上建筑宜在卸架后施工。

（12）**监控观测**

① 施工时，应对支架的变形、位移，节点和卸架设备的压缩及支架基础的沉陷等进行观测，如发现超过允许值的变形、变位，应及时采取措施予以调整。

② 施工过程中，应配合施工进度对拱圈的挠度和横向位移、墩台变形和变位等项目进行观测。施工观测应尽量采用全站仪进行。

③ 卸落拱架的过程中，应设专人用仪器配合施工进度随时观测拱圈、拱架的挠度和横向位移以及墩台的变位情况，并详细记录，如发现异常，应及时分析，采取措施，必要时可调整加载或卸架程序。

4. 施工总结

① 支架、拱架支撑体系，必须在施工前进行设计，其强度、刚度、稳定性必须符合规定要求，必须考虑拆除安全，对拆除程序进行规定。

② 支搭、拆除施工，应由专业架子工担任，并按现行国家标准考核合格，持证上岗。凡不适合高处作业者，不得操作。支搭拆除施工，施工人员必须戴安全帽、系安全带、穿防

滑鞋。

③ 使用翻斗车运输砂浆、石材时，运输道路要平坦。石料运输的人力车，两车前后距离，平道上不得小于2m，坡道上不得小于10m。石材运送采用放坡滚运或机械吊运时，下方严禁站人。

④ 砌筑时，应戴安全帽，戴工作手套。修整石料时应戴防护眼镜。

⑤ 砌筑高度超过1.2m时，必须搭设牢固的脚手架，材质应符合要求。脚手架上堆放石块，严禁超载。

⑥ 高处砌筑时，砌体下（脚手架下）严禁站人。抬运石料上架，脚手跳板应坚固，并设防滑条。高处砌筑时，砌体下（脚手架下）严禁站人。抬运石料上架，脚手跳板应坚固，并设防滑条。

⑦ 砌筑拱圈允许偏差应符合表7-5的规定。

表7-5　砌筑拱圈允许偏差

检查项目		允许偏差/mm	检验频率		检验方法
			范围	点数	
轴线和砌体外平面偏差	有镶面	−10～+20	每跨	5	用经纬仪检测,拱脚、拱顶、$L/4$处
	无镶面	−10～+30			
拱圈厚度		+3%拱圈厚,0			用钢尺检测,拱脚、拱顶、$L/4$处
镶面石表面错位	粗料石、砌块	3		10	接线用钢尺测量
	块石	5			
内弧线偏离设计弧线	跨径≤30m	±50		5	用水准仪检测,拱脚、拱顶、$L/4$处
	跨径>30m	±1/1500跨径			

注：L表示拱圈长度。

第二节 ▶ 斜拉桥施工

一、斜拉桥索塔施工

1. 示意图和施工现场图

斜拉桥索塔施工示意图和施工现场图分别见图7-14及图7-15。

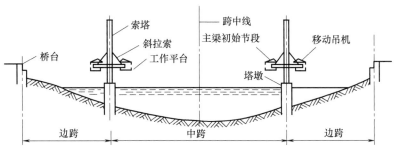

图7-14　斜拉桥索塔施工示意

2. 注意事项

① 塔身施工达下横梁时，可增加竖向混凝土泵管管卡，防止泵送混凝土泵管上下跳动。水平输送管宜三节管一固定，拐角处应浇筑混凝土墩进行固定，沿管两侧应竖挡板。

图 7-15 斜拉桥索塔施工现场

② 塔吊设置应垂直，塔吊升至一定高度后（该高度应根据塔吊使用说明书确定），应安装附着设施。

③ 工作电梯与墩身的水平距离要适当，以免模板干扰而使电梯不能升到位，造成不必要的麻烦。

④ 高塔施工设置的电梯和安全通道，特别是箱形塔柱的内通道，应经过可靠性计算，严格按照高处施工作业规程执行。

⑤ 无论塔吊基础设置在承台上、主梁 0 号块上、上横梁上或墩旁的钢管桩平台上，都应充分考虑塔吊基础的构件预埋。

3. 施工做法详解

工艺流程 ▶▶▶▶▶ ··

斜拉桥索塔施工基本规定→测量控制→围堰、围护结构施工→桩基施工→承台（塔座）施工→塔柱施工起重设备、电梯的选用与安装→劲性骨架→斜拉索锚固箱钢套筒定位→爬模结构→塔柱钢筋工程→普通钢筋的绑扎和安装→主塔混凝土施工→下横梁、上横梁施工→塔冠施工方法→预埋件埋设。

（1）斜拉桥索塔施工基本规定

① 应根据索塔的结构特点与设计要求选用适宜的施工方法与施工设备。除应采用塔吊、工作电梯之外，还必须设置登高安全通道、安全网、临边护栏等安全防护装置。

② 索塔施工还应对防范高空坠物以及对防范雷击、强风、寒暑、暴雨、飞行器等影响索塔施工安全的问题确定具体的防范措施，并应进行核实与检查。

③ 混凝土下塔柱根据设计高度一般可采用支架法、爬模法施工；中塔柱、上塔柱宜采用爬模施工。

施工中所采用的支架与爬模、提模、翻模等模板结构均必须进行专门设计，按施工阶段荷载验算其强度、刚度与稳定性。应编制专项方案。

④ 倾斜式索塔施工时，必须根据各个施工阶段索塔的计算强度与计算变形数据，并依据结构设计要求，及时设置相应的对拉杆或钢管（型钢桁架）、主动撑等横向支撑系统。

⑤ 进行索塔横梁模板与支撑结构设计时，除应考虑到支撑高度、结构重量、结构的弹性与非弹性变形因素外，还应考虑到环境温差、日照、风力等外界不利因素的影响，宜设置支座调节系统解决支撑结构变形问题，并合理设置预拱度。体积过大的横梁可两次浇筑。

⑥索塔施工中宜设置劲性骨架，以保证索管空间定位精度和钢筋架立的精度。具体的分段长度应根据索塔混凝土分节浇筑的高度、索管位置及吊装设备的能力综合确定，劲性骨架的接头形式及质量标准应得到设计部门的确认。

⑦ 索塔上的索管安装定位时，宜采用三维空间极坐标法，并事先在索管与索塔上做好定位控制点。

⑧ 索塔施工的环境温度应以施工段高空实测温度为准。索塔冬期施工时，模板应采取保温措施。

（2）测量控制

① 斜拉桥索塔施工应选择天顶法或测距法等可靠易行的测量方法，方案设计、仪器选择和精度评价等应经过论证以保证索塔垂直度、索管位置与角度符合设计所要求的精度。

② 斜拉桥索塔施工根据桥梁的形式、跨径及设计要求的施工精度，依据设计要求及有关规定进行测量作业，合理布设导线网与高程控制网。应遵守下列规定：

a. 控制网应分期建立，不应是常规的分级建立；

b. 斜拉桥的高程传递精度一般不低于二等水准精度；

c. 应在地面设置索塔轴线的控制桩作为索塔施工测量控制的基准点，在桥区建立独立的相当于一级导线精度的闭合控制网，控制网布设在施工范围以外适当的位置上，并对控制网做必要的加密埋桩（主要测站采用标准埋石）；

d. 斜拉桥测量应设置强制对中装置（强制归心装置）。

③ 主塔局部测量系统的控制基准点，应建立在相对稳定的基准点上，如选择在主塔的承台基础上，则进行主塔各部位的空间三维测量定位控制。测量控制的时间，一般应选择夜里 22：00 到次日 7：00 的时段，以减少日照对主塔造成的变形影响。根据主塔的高度，应选择风力较小的时机进行测量，并对日照和风力影响予以修正。

④ 在主梁 0 号块施工完成后，必须精确确定索塔的设计纵横轴线控制点，并在主梁 0 号块表面布置固定标志。

⑤ 主塔测量系统的基点选择在相对稳定的承台基础上，随着主塔的高度增高及混凝土收缩、徐变、沉降、风荷载、温度等因素的影响，基准点必然会有少量的变化。为此，应该在索塔各部位的相关转换点上，与全桥总体测量坐标系统"接轨"，以便进行总体坐标的修正，进行测量的系统控制。

（3）围堰、围护结构施工

① 斜拉桥塔基位于河道水中、河岸、滩地等有地面水淹没的位置，可修筑围堰、改河、改沟渠、筑坝排除地面水后，再进行塔基施工。塔基顶面应设置防止地面水流入塔基基坑的设施，并应留有适宜宽度的护道。

② 围堰、围护结构形式应按施工组织设计规定施作，可采用土袋围堰、钢板桩围堰（图 7-16）、钢围堰、套箱围堰等结构形式。

③ 围堰、围护结构内抽除积水，布设钻孔作业平台。

（4）桩基施工　应根据地质柱状图选用钻机，一般地质条件下桩基施工宜采用旋挖钻机或旋转钻机，大直径深孔桩可采用扩孔钻孔，群桩桩基通常采用间隔跳钻工法。

图 7-16　钢板桩围堰施工现场

（5）承台（塔座）施工

① 承台钢筋工程。由于承台的尺寸较大，宜采购定尺长度钢筋。钢筋连接方式应符合设计要求。当设计无要求时，可采用对焊接头连接或机械连接方式，一般情况下长度小于

20.0m 的钢筋，在钢筋加工厂对焊成形，人工或机械辅助，搬运至现场绑扎；对长度大于 20.0m 的 ϕ25 以上钢筋先加工成两段，主筋采用挤压套筒连接。

② 挤压套筒连接应遵守下列规定。

a. 套筒应有出厂合格证。套筒在运输和储存中，应按不同规格分别堆放整齐，不得露天堆放，防止锈蚀和沾污。

b. 压模、套筒与钢筋应相互配套使用，压模上应有相对应的连接钢筋规格标记。

c. 挤压操作时采用的挤压力、压模宽度、压痕直径或挤压后套筒长度的波动范围以及挤压道数，应符合经形式检验确定的技术参数要求。

d. 挤压前钢筋端头的锈皮、泥砂、油污等杂物应清理干净。

e. 挤压前应对钢筋与套筒进行试套，如钢筋有马蹄、弯折或纵肋尺寸过大者，应预先矫正或用砂轮打磨；对不同直径钢筋的套筒不得相互串用。

f. 应按标记检查钢筋插入套筒内的深度，钢筋端头离套筒长度中点不宜超 10mm。

g. 在高空进行挤压操作时，必须遵守有关高空作业的安全操作规程，施工现场用电必须符合有关临时用电安全技术规程。

图 7-17 承台钢筋绑扎施工现场

③ 承台钢筋分层绑扎（图 7-17），底层筋用等强度混凝土垫块支垫，用 ϕ32 钢筋焊成支撑骨架，上层钢筋用支架进行钢筋绑扎。

④ 冷却管采用热传导性好的输水钢管，直径 ϕ32×4，冷却管用 ϕ25 钢筋架立，管接头安装牢固，安装后通水试压，保证在 0.5MPa 下不渗漏。

⑤ 承台模板宜采用大型钢模板，横竖楞可采用槽钢、工字钢等型钢骨架，底部采用预埋锚环或预埋筋固定，中间部位采用方木或钢管支撑，上部采用对拉杆固定。

⑥ 承台大体积混凝土浇筑应编制专项施工方案；从混凝土工程材料选用、配合比、水泥用量、拌制温度、浇筑方式、养护方法等各方面采取措施，降低混凝土的水化热温度、控制内外温差。

（6）塔柱施工起重设备、电梯的选用与安装

① 起重设备的选用应根据索塔的结构形式、规模及桥位地形等条件而定，起重设备的技术参数应满足索塔施工的垂直运输、起吊荷载及起吊范围的要求，并考虑安装、拆除的操作简便、安全、经济等综合因素。大型斜拉桥一般选用附着式塔吊并配以电梯的施工方法。索塔垂直时，可采用爬升式起重机，在规模不大的直塔结构中，也可采用简易的装配式提升吊机。

② 塔吊的布置应根据索塔的结构形式和施工程序综合考虑；塔吊应有与索塔连接的装置，牢固地附着在索塔塔柱的侧面；塔吊可设置在承台或横梁上，也可另行设计吊座基础。

可在承台横向中线任一侧设置一台塔吊，其位置距索塔横桥方向中心线的距离，由塔吊吊臂操作范围和施工需要确定。

对于主梁较宽的索塔，可在索塔中心线的上游或下游水中布置一台塔吊，其优点是可一次安装完成全塔施工，且塔吊可牢靠地附着在索塔塔柱的侧面，但在一般情况下吊座的基础需另行设计和施工。

③ 塔吊的安装。塔吊的安装包括基础设置和塔吊体的安装。塔吊的基础，无论是设置在承台上还是主梁 0 号块、上横梁或是钢管桩平台上，均应考虑塔吊基础的构件预埋。施工时，先按塔吊基础节段的标高和螺栓孔位置预埋或安装地脚螺栓，并保证精度。底节安装时要求严格保证其水平度和垂直度。塔吊底节安装完成后，用其他起重设备安装塔吊的其他部分。

④ 塔吊的拆除。塔吊拆除时，一般均受到索塔、横梁和拉索的限制，故在塔吊布置及索塔施工时应预先确定塔吊的拆除方案，以便在索塔和主梁上预埋构件。

⑤ 抗风措施。塔吊随索塔的浇筑而不断升高，为保证其稳定性，应限制塔吊的自由长度，采取与塔壁附着的措施。根据设计的标高和位置，在索塔外表面预埋钢板或螺栓，以利副塔杆的连接。附着框架安装在塔吊标准节上，副塔杆一端与附着框架连接，一端与索塔预埋件连接。副塔杆和附着框架可利用厂家的标准件，也可自行加工。

⑥ 塔吊的安装、拆除必须严格按专项方案要求进行，安装完后必须按说明书规定进行试吊。施工过程中，应经常检查塔吊的垂直度及安全装置，以确保塔吊的安全。

⑦ 人行通道的设置。人行通道是施工人员上下索塔的必经的通道，要求布置在安全、稳定且不妨碍施工的位置。在通道上方应有遮挡物，以防坠物伤人。另外，应安装扶手栏杆和防滑条、安全网，以保证过往人员的绝对安全。

人行通道分人、货通用电梯，根据索塔的结构形式、规模，以及安全、方便施工、便于安装和拆除，综合考虑经济因素为原则进行合理选择。通常采用 CQ160 型双笼式施工电梯，布置在塔吊对称的另一侧。

（7）劲性骨架

① 索塔施工中宜设置劲性骨架，以保证索管空间定位精度和钢筋架立的精度。

② 劲性骨架具体的分段长度应根据索塔混凝土分节浇筑的高度、索管位置及吊装设备的能力综合确定，劲性骨架的接头形式及质量要求应得到设计的确认。

③ 劲性骨架单元体采用型钢材质，在车间进行分段加工制作，先行制作单件，再组拼成钢桁架，试拼装符合规定要求后，运至现场分段超前拼接，精确定位。

④ 劲性骨架安装并精确定位后，方可进行测量放样、立模、绑扎钢筋、拉索、钢套筒定位等。

（8）斜拉索锚固箱钢套筒定位

① 拉索钢套筒应在工厂加工，现场安装。安装前检查钢套筒直径并编号，对号入位、避免混淆。

② 拉索钢套筒的安装，可先安装劲性骨架，再安装钢套筒，或将钢套筒先安装在劲性骨架上，再通过微调螺杆精确定位；也可采用专用定位骨架钢套筒。无论何种安装，均应采用三维坐标控制技术。

③ 先装劲性骨架，再装钢套筒工艺。

a. 斜拉索钢套筒与锚垫板按设计放样，锚垫板应与拉索钢套筒保持垂直，无误后焊接；钢套筒管口内侧成圆弧倒角，保持圆滑。

b. 斜拉索锚固箱钢套筒安装，决定拉索锚固空间位置的准确性，其定位安装在劲性骨架对位后进行。

c. 首先根据套筒的斜率、锚固中心坐标及套筒的长度，利用空间三维坐标关系推算出套筒上口端面（垂直套筒轴线）上下放样控制点（A、B两点）的三维坐标。

④ 专用定位骨架钢套筒安装。

a. 劲性骨架与索导管在加工厂的专用台座上进行同槽加工，节段劲性骨架接高采用螺栓连接。索导管与锚板按设计放样，劲性骨架索导管加工好后，在专用台座上进行索导管的安装。

b. 根据设计数据进行相对位置尺寸计算；对台座进行测量放样，并将索导管位置在劲性骨架上做好标志；用吊车吊安索导管，测量人员用钢卷尺测量定位至满足设计要求后，用型钢固定。经检验合格后，方可出厂。

c. 劲性骨架的吊装运输要特别注意防止变形，避免影响精度。

d. 索导管现场定位，即劲性骨架定位，首先对水准面严格抄平，然后吊起劲性骨架，利用全站仪，采用三维极坐标法施测索导管进出口中心坐标，用水准仪校核高程，满足要求后，将两个单元劲性骨架用角钢连接成整体。

（9）爬模结构

① 爬架爬模法施工，依靠附着在已浇混凝土索塔上的模板爬升架，利用提升设备，通过导向轨道分块提升模板，安装就位（图7-18）。施工中所采用的爬模结构均必须进行专门设计，按施工阶段荷载验算其强度、刚度与稳定性。

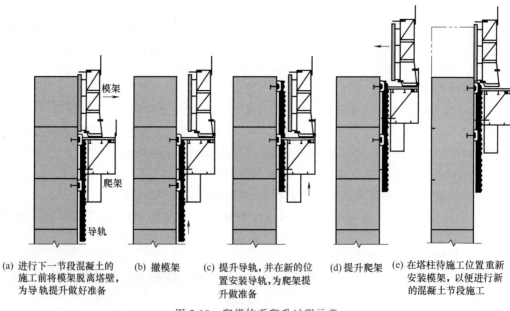

图 7-18 爬模体系爬升过程示意

（a）进行下一节段混凝土的施工前将模架脱离塔壁，为导轨提升做好准备
（b）撤模架
（c）提升导轨，并在新的位置安装导轨，为爬架提升做准备
（d）提升爬架
（e）在塔柱待施工位置重新安装模架，以便进行新的混凝土节段施工

② 爬架正式使用前必须经过静、动载试验，合格后才能投入使用。

③ 爬模宜采用电动液压爬升模。模板配置依据索塔高度（下塔柱、中塔柱、上塔柱及横梁位置等因素）和爬模施工每段高度而确定。

④ 模板应采用钢制大模板，竖向一般布置3～4节，每节高度应根据支架的构造、提升能力等因素确定，通常采用2～5m。

⑤ 爬架由附墙固定架和操作平台组成，通过塔身预埋件连接固定，其高度一般为15～20mm。

⑥ 爬架提升、模板提升可采用电动液压千斤顶、电动卷扬机、手拉葫芦或其他提升

方式。

(10) **塔柱钢筋工程**

① 钢筋加工　钢筋工程全部采用在加工场集中下料加工，钢筋加工配料时要准确计算长度（包括弯曲伸长量）。钢筋弯曲时，先严格按设计图进行翻样，并按翻样图进行弯配钢筋，确保每根钢筋尺寸准确。

② 塔柱竖向主筋　采用滚轧直螺纹钢筋接头逐根接长。主筋接长后定位在劲性骨架上，再绑扎水平箍筋和拉结筋。主筋长度一般为 9～12m，接头错开应符合规范规定。塔柱主筋按 9m 定尺长度下料，在钢筋加工车间进行滚压螺纹，现场用连接套连接。

(11) **普通钢筋的绑扎和安装**　钢筋采用塔吊和专用吊具逐捆吊安就位，预留出对拉螺杆位置。主筋靠劲性骨架上的定位框精确定位，逐根就位连接，然后绑扎箍筋、拉筋。

绑扎和安装钢筋之前，按施工图做好钢筋排列间距的标尺；在混凝土基面上或模板上划线定位。严格按施工图纸进行绑扎，保证每根钢筋位置的准确。绑扎要牢固，特别是箍筋角与钢筋的交接点均要扎牢，对必要的地方用电焊加强。钢筋根数要准确。

在钢筋侧部设置垫块，以确保钢筋保护层厚度。绑扎好的钢筋应有足够的刚度和稳定性。要采用加设撑筋的方法来增加钢筋的刚度和稳定性。

塔柱钢筋遇人孔处局部中断时，应在人孔处布置 2.2m×1m 型钢框架，塔柱钢筋焊接于框架上。安装精度应满足规范要求。

(12) **主塔混凝土施工**

① 主塔混凝土常用的施工工艺应采用商品泵送大流动度混凝土。为了改善混凝土的可泵性能并达到较高的弹性模量和较小的混凝土收缩、徐变性能，应采用高密度骨料、低水灰比、低水泥用量、适量掺加粉煤灰和泵送外加剂，以便满足缓凝、早强、高强的混凝土泵送要求。

② 在满足设计部门提出的混凝土性能要求的前提下，泵送混凝土工艺应根据主塔施工的不同季节、不同的缓凝时间、不同的高度、泵送混凝土的要求来确定。同时还应根据不同的部位、泵送高度，每段浇筑时间，每段浇筑混凝土工程量，考虑混凝土泵送设施的综合布置。

③ 泵送混凝土配合比。泵送混凝土配合比应按混凝土抗压强度、弹性模量、水泥等级、粉煤灰掺加量、碎石粗集料用量、初凝时间来设计混凝土配合比组成优选原材料。应对水泥、砂、碎石、粉煤灰、泵送剂、外加剂等材料，进行优化选择。

泵送混凝土在正式使用前，应经过试验室试拌、工程现场配合比调整（视骨料含水量情况），以确保主塔泵送混凝土施工质量达到设计要求，并制定混凝土的施工工艺和严格的质量保证体系。

④ 索塔混凝土水平分层浇筑，分层厚度 300mm；不应在同一位置长时间连续投料，在浇筑过程中勤拆导管或勤移吊斗，使各部分浇筑均匀。

⑤ 混凝土浇筑过程中，应通过高频振捣减少混凝土内部形成的空隙和积水。浇筑时应分层振捣，按照振捣器的作用范围依次进行振捣。

图 7-19 贝雷架

（13）下横梁、上横梁施工

① 横梁均应与该段索塔同时施工，以利索塔整体性，同时便于支架搭设和横梁预应力施工。横梁施工支架可用大直径钢管支撑加贝雷架（图 7-19）或万能杆件桁架梁两种形式。

② 在高空中进行大跨度、大断面现浇高强度等级预应力混凝土横梁施工时，要考虑到模板支撑系统和防止支撑系统的连接间隙变形、弹性变形、支撑不均匀沉降变形，混凝土梁、柱与钢支撑不同的线膨胀系数影响，日照温差对混凝土、钢的不同时间差效应等产生不均匀变形的影响，以及相应的变形调节措施。每次浇筑混凝土的供应量应保证在混凝土初凝前完成浇筑，并且采取有效措施，防止在早期养护期间及每次浇筑过程中由于支架的变形影响而造成混凝土梁开裂。

③ 下横梁采用常规支模施工，卸荷装置采用砂箱进行横梁支架落架。

④ 塔柱施工时在拟设位置上预埋牛腿预埋件，上横梁施工时焊接牛腿，牛腿使用型钢或钢板制作。牛腿焊接牢固后架设钢桁架，搭设支架及施工平台，然后进行上横梁钢筋模板与混凝土的施工。

⑤ 横梁采用两次浇筑一次张拉工艺，第一次浇筑至腹板加腋处，第二次浇筑顶板。另外两端塔肢混凝土和横梁混凝土同时浇筑，以保证混凝土外表光滑，且下横梁与相应高度的塔柱的连接不会因浇筑混凝土过程的沉降变化而产生裂缝。

（14）塔冠施工方法

① A 形塔柱施工至塔冠时，塔柱内立面爬架无法继续爬升，因此必须将其拆除，其余三侧模板保留。同时根据塔柱内侧形式配置模板，合理衔接。

② 塔冠部位塔柱内侧支设附塔施工脚手架，安装异形塔冠模板，完成塔冠混凝土浇筑。

（15）预埋件埋设

① 塔柱施工中，注意下列预埋件的埋设，埋设精度满足要求，即爬梯、电梯、照明设施、塔顶格栅、塔顶临时钢托架、防雷设施及施工用塔吊、爬模支架、上塔柱水平支撑及横梁支架的预埋件。

② 为保证塔身的美观，受力小的预埋件均用螺栓预埋；受力大的预埋件钢板平面埋入混凝土内 20mm。在预埋件使用过程中其表面应涂刷一层环氧树脂，以防锈蚀污染塔柱。施工完成后，在预埋件表面焊接金属网，再用与塔柱混凝土颜色一致的微膨胀混凝土进行抹平。

③ 在塔柱施工过程中，塔柱附属结构施工严格按图纸进行操作，主要附属构件在预制厂加工，以确保质量。

4．施工总结

① 必须避免上部塔体施工时，由于模板不干净、不断使用脱模剂、上节段浇筑漏浆、预应力索压浆时的溢流、千斤顶张拉时的漏油等对下部塔体表面所造成的污染。

② 对于混凝土主塔，待模板拆除后应立即进行养护、维修，以免给整体维修带来不便。养护可采用洒水或涂养护剂的方法，但当气温低于 5℃ 时，应覆盖保湿，不得向混凝土表面洒水。

③ 应对锚固区部位加强振捣，并注意保护拉索套筒，不要让振捣头接触到套筒，以免套筒移位。

④ 现浇混凝土索塔允许偏差应符合表 7-6 的规定。

表 7-6　现浇混凝土索塔允许偏差

项目	允许偏差/mm	检验频率		检验方法
		范围	点数	
地面处轴线偏位	10	每对索距	2	用经纬仪测量，纵、横各 1 点
倾斜度	≤H/3000，且≤30 或设计要求		2	用经纬仪、钢尺测量，纵、横各 1 点
断面尺寸	±20		2	用钢尺测量，纵、横各 1 点
塔柱壁厚	±5		1	用钢尺测量，每段每侧面 1 处
拉索锚固点高程	±10	每个索	1	用水准仪测量
索管轴线偏位	10，且两端同向		1	用经纬仪测量
横梁断面尺寸	±10	每根横梁	5	用钢尺测量，端部、L/2 和 L/4 各 1 点
横梁顶面高程	±10		4	用水准仪测量
横梁轴线偏位	10		5	用经纬仪、钢尺测量
横梁壁厚	±5		1	用钢尺测量，每侧面 1 处（检查 3～5 个断面，取最大值）
预埋件位置	5		2	用钢尺测量
分段浇筑时，接缝错台	5	每个侧面，每个接缝	1	用钢板尺和塞尺测量

注：H 为塔高（mm）；L 为横梁长度（mm）。

二、斜拉桥主梁施工

1. 示意图和施工现场图

斜拉桥（支架法）主梁施工示意图和施工现场图分别见图 7-20 及图 7-21。

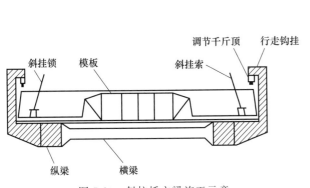

图 7-20　斜拉桥主梁施工示意

图 7-21　斜拉桥主梁施工现场

2. 注意事项

① 放索时，应避免拉索与桥面接触而受到损伤，可采用铺设地毯、设置滚轮、走管或安装滚动托架的方法给予解决。索体应贴在特制的滚轮上拖拉。

② 在放索过程中，为防止转盘转速突变或倾覆导致散盘，危及人身安全，应对转盘设

置刹车装置，或以钢丝绳作尾索，用卷扬机控制放索，以限制索盘的转速。

③ 为防止锚头和索体穿入塔、梁索管时的偏位及损伤，应在放管处设置控制的力点或限位器调控。

④ 在空心塔内进行调索施工时，需在塔内设置施工支架或升降平台，调索设备可通过塔吊、卷扬机、升降平台等运送；H形带隔板的塔上调整，调索设备可设在塔外。

⑤ 在梁上调索时，宜将斜拉索锚固在箱形梁的箱内，以方便施工，而将斜拉索锚固在箱形梁的悬挑翼板或肋板梁的肋板处，则需要安装吊篮或其他形式的施工支架作为工作平台。

3. 施工做法详解

工艺流程 ≫≫≫ ......

斜拉桥索塔施工基本规定→测量控制→围堰、围护结构施工→桩基施工→承台（塔座）施工→塔柱施工起重设备、电梯的选用与安装→劲性骨架→斜拉索锚固箱钢套筒定位→爬模结构→塔柱钢筋工程→普通钢筋的绑扎和安装→主塔混凝土施工→下横梁、上横梁施工→塔冠施工方法→预埋件埋设。

（1）斜拉桥主梁施工基本规定

① 当设计采用非塔梁固结形式时，必须采取相应措施使塔梁临时固结，并按照经设计确认的解除程序逐步解除临时固结，在解除过程中还必须对拉索索力、主梁标高、塔梁内力与索塔位移进行必要的测量与控制。

② 采用支架法现浇施工形成节段时，应消除温差、支架变形等因素对结构变形与施工质量产生的不良影响。支架搭设完成后应进行安全检查验收，必要时可进行压重荷载试验，加载重量和布载方式应等于节段混凝土重量和所有施工荷载之和。

③ 采用移动支架法施工时，移动支架的主梁长度应大于2倍支承跨径，一般以2.5倍为宜。

④ 合龙段现浇混凝土施工。为防止合拢段现浇混凝土施工出现的裂缝，应采用以下方法改善受力和施工状况。

a. 在梁体顶板与底板或腹板端部预埋临时连接钢构件（必要时可以设置临时纵向连接预应力索），实现梁体结构体系的先期合拢，随后再进行混凝土合拢施工，并按设计要求适时解除临时连接。

b. 对于非塔梁固结形式的斜拉桥，在合拢过程中必须按照设计确认的步骤逐步解除塔梁临时固结措施。

c. 必须不间断地观测合拢前数日的昼夜温度场变化与合拢高程及合拢口长度变化的关系，同时还应考虑风力对合拢精度与质量的影响，综合确定适当的合拢施工时间。

d. 合拢段现浇混凝土宜选择微膨胀、低收缩混凝土，并应选用早强混凝土。

e. 采用千斤顶将合拢段两端的梁体分别向外顶出一定距离以提供给合拢段混凝土一定的预压应力。

f. 合拢段浇筑后至纵向预应力索张拉前应禁止施工荷载的随意变动。

（2）围堰、围护结构施工

① 主梁跨河段膺架有临时支墩在河道内、临时支墩采用灌注桩基础时，应进行围堰施工。

② 围堰、围护结构形式应按施工组织设计规定施作，可采用土袋围堰、钢板桩围堰等

结构形式。

③ 围堰（7-22）、围护结构内抽除积水，布设钻孔作业平台。

（3）桩基施工 应根据地质柱状图选用钻机，一般地质条件下桩基施工宜采用旋挖钻机或旋转钻机。

（4）模板膺架

① 主梁非跨河段膺架采用碗扣支架或钢管支架体系、满堂支撑；支架的纵横向间距、组成模数应经设计计算确定。膺架四周用剪刀撑加固。可调底、顶托自由高度不大于350mm，支架下地基整平后，用12t压路机碾压平整，并设置排水系统。现浇200mm厚C10混凝土地梁。地梁浇筑后，需对地面进行附载预压，以消除地基变形。支架顶托挂线调高后安放12号工字钢和100mm×150mm方木，钢丝固定。梁下为现况路的段落，现浇箱梁膺架采用门洞形式支搭，以满足现况交通车辆通行。

② 主梁跨河段膺架采用单层六四式铁路军用梁，采用专用砂袋落梁。梁下支墩采用八三式桥墩器材拼组临时支墩，支墩基础采用灌注桩加盖承台形式。六四式军用梁在陆地上按每片整体拼装，长度20m，采用吊车在八三墩上组合成一个整体。拆除时，采用砂袋落梁，每片六四梁平移出主梁翼板，吊车拆除。

③ 混凝土浇筑前对支架体系（主梁膺架）进行全断面压重，避免因支架受载不匀导致变形过大引起混凝土开裂。

（5）永久性盆式橡胶支座安装

① 盆式橡胶支座安装采用地脚螺栓连接法，即在桥梁上下部构造施工中，按支座位置正确预留地脚螺栓孔，通过砂浆锚固地脚螺栓及其通长螺栓、螺母连接，将支座与桥梁上、下部连接在一起。

② 安装支座（图7-23）时，精确找平垫石顶面的标高，准确定出下支座地脚螺栓的栓孔位置，并检查其孔径大小与深度。吊装上座时，支座上下摆对准设计位置。在顶板和混凝土接触的一面对螺栓加以固定，以免其在浇筑时滑出。0号段混凝土浇筑完成，并拆除模板后，再安放防护罩。

图7-22 围堰拼装施工现场

图7-23 安装支座施工现场

（6）临时支座的设置与拆除 浇筑施工过程中，由于墩梁铰接不能承受弯矩，根据设计部门提出的体系转换程序，为保证施工期间结构稳定，必须采取措施将墩梁临时固结，待悬臂施工至下一端合拢后，恢复到设计所要求的结构图式，通常采用设置临时支座的方法。

① 临时支座的设置 临时支座的设计要求除能承受上部构造的重力外，还需满足一个节段的不平衡弯矩，并验算其稳定性，稳定性系数≥1.5。

临时支座用 C50 级混凝土浇筑，顺桥向靠外侧分别设置两排 16 根长 2.5m、$\phi32$ 的螺纹钢筋，上下端分别锚固于梁体与墩身内，以增加抗震、防滑性能。临时支座在 0 号段立模以前安装完毕。

② 临时支座硫黄砂浆夹层的铺设 为便于合拢时临时支座的拆除，在支座中间设置一层 60mm 厚的硫黄砂浆间隔层，并埋设电阻线。其铺设方法是临时支座下层混凝土块灌注且达到一定强度后，在上面设立木模，将预先制好的硫黄砂浆灌注到临时支座的木模中，由于木模本身含有水分，在靠近木模边沿处会出现少量泡沫，可用小木棍轻敲木模便可消除，硫黄砂浆冷却时体积收缩很大，浇筑时要略高出木模一些，表面初凝固后，用草袋盖好保温，最后浇筑上层混凝土块。

③ 临时支座的拆除 当合拢段纵向预应力钢束张拉完毕后，按设计要求将临时支座拆除。在拆除前，先将墩顶活动支座临时锁定，限制箱梁的纵向位移，将临时支座硫黄砂浆夹层中预埋的电阻丝并联起来，用湿毛毯将临时支座和永久支座隔离开，防止损坏永久支座部件，再通电熔化硫黄砂浆夹层。硫黄砂浆夹层熔化后，将临时支座混凝土块拆除，并用氧焊切割临时支座铺筋。

(7) 主梁 0 号段（块件）施工

① 主梁 0 号块件采用支架法施工，主要施工步骤：0 号块件现浇支架、模板、劲性骨架、钢筋等制作及其他准备→底模安装→塔梁临时固结系统施工→安装构造筋、主筋、预应力系统→安装内模、外模及横隔板模板→混凝土浇筑、养护、拆模→预应力张拉。

② 箱梁的普通钢筋及预应力管道除需满足一般施工工艺的要求外，还应遵守以下规定。

a. 钢筋、普通钢绞线、波纹管严格按设计要求在加工厂进行加工，运至桥上绑扎成形。

b. 预应力管道严格按设计的要求布置，当与普通钢筋发生矛盾时，优先保证预应力管道的位置正确。固定波纹管的定位钢筋架，间距不大于 500mm，定位筋要与梁体钢筋焊牢，管道与定位钢筋要绑扎结实，绑扎间距不大于 500mm，并防止管道上下左右移动。波纹管接头采用套管，内衬海绵，以黏胶带缠紧，以防浇筑混凝土时管道内漏进水泥灰浆。

③ 主梁采用预拌混凝土，用罐车运输，混凝土用泵车全断面一次浇筑，混凝土配合比经业主、监理审批合格后方可使用。

④ 浇筑混凝土时加强对预应力管道和斜拉索钢套筒的保护。

⑤ 主梁混凝土养护强度达到设计要求，张拉预应力筋。张拉前对张拉设备进行标定，对锚具进行检验；正式张拉前测定孔道摩阻，请设计人员设定摩阻系数，方可进行正式张拉；张拉前拆除所有制约梁体变形的支撑，所有侧模全部拆除。张拉采取双控，即以应力控制为主，伸长值做校核。

(8) 主梁标准段施工

① 现浇主梁各制作段施工程序应符合设计要求，应考虑受载的对称与均衡性，应按设计规定的次序，依次依序施作。

② 主梁各制作段衔接处的紧密性处理。主梁采用分段浇筑、分段张拉的方法施工，即每浇筑一段就张拉一段，张拉后主梁与底模脱离，为保证下一制作段与先施工的制作段衔接紧密、无错台，采取如下措施：在先施工的制作段内靠近与下一制作段的衔接处预埋螺栓，将两段衔接处 1m 范围内的底、侧模栓接在主梁上（主梁张拉时拆除其余范围的侧模，这一

范围不拆除），保证斜拉索施工时两段衔接处 1m 范围内不脱模，并将下一段膺架的顶托顶紧，这样就保证了两段模板的紧密衔接，也就保证了衔接处混凝土的外观。

③ 主梁斜拉索钢套筒。梁内预埋索管安装时，用单独的型钢支架固定在底模上，采用全站仪严格控制位置，并保证主梁与主塔上的穿索孔道在同一轴线上，高程和横向误差控制在 ±3mm 以内。

a. 在地面制作安装平台；施工数据的采集；制作及安装中心点位器。

b. 在平台上安装索道管。在平台上放出索道管上下口的中心点的投影坐标，根据相对投影面高度，确定索道管位置。

c. 在索道管上焊接四根角钢，连接成支架。

d. 在现浇段主梁底模板上，放出每个索道管下口的中心点投影点及支架控制点。

e. 根据支架位置控制点，将支架连同索道管，安放在底模板上。

（9）斜拉索安装前的准备工作

① 从工厂运到工地的拉索先检查包装是否完好，并应妥善存放，防潮、防火、防油、防污。

② 清除索道孔内的残余砂浆及焊渣等杂物；清理干净孔口处毛刺。

③ 清除锚板上的砂浆及焊渣，保证锚板上干净。

④ 检查锚固端外螺纹上是否有杂物，如有，应清理干净。

⑤ 现场重新检查量测斜拉索长度，实际是否与设计相符。

⑥ 对所有吊具、支架等受力部位进行检查，无误后方可施工。

（10）挂索程序

① 安装过程中，挂索的程序应是由短到长，并应根据先期挂索的实践，预计下一根较长索的情况，及时做出相应的调整。

② 斜拉索张拉端设于塔部，则先于梁部安装；斜拉索张拉端设于梁部，则先于塔部安装。

（11）拉索的安装步骤

① 放索（拉索展开） 当工程所用的拉索规格较小时，拉索采用成圈包装。拉索安装时，将放索盘放置在已完成的桥面上，然后将成圈索放置在放索盘内，用卷扬机牵引使拉索展开。

② 拉索水平牵引 水平牵引使用卷扬机。为保护拉索的外护套，在牵引过程中，每 5m 放置一个托辊，避免拉索与桥面摩擦损坏。

③ 拉索起吊 拉索的起吊以塔吊为主、卷扬机配合的吊装方案。

④ 塔上安装拉索的锚固端 塔上拉索的安装由卷扬机与吊机配合完成，吊机或卷扬机与索的连接吊点使用专用的吊装索夹，它能有效地保证索外护套不受损坏。

⑤ 梁上安装拉索的张拉端 当拉索的梁段锚头脱离放索盘时，将拉索的张拉端锚头穿入拉索梁上套管并穿出锚固承压面，然后安装锚固螺母。

（12）斜拉索张拉的一般规定

① 拉索张拉的顺序、级次数和量值应按设计规定执行。

张拉施工的设备和方法应根据设计的索型、锚具、布索方式、塔和梁的构造确定。拉索张拉形式应符合设计要求。

拉索张拉形式可分：塔端张拉、梁端锚固；梁端张拉、塔端锚固；塔、梁两端同时张拉。

② 无论拉索布置是否对称、索力大小是否对称，均应采取分级同步加载张拉的方法，每一级的索力误差都不得超出设计规定。对不对称的或设计拉力不同的拉索，应按设计规定或确认的索力分级同步加载张拉。

（13）张拉前的准备工作

① 确认临时锚固安全可靠，拆卸索引拉索的索引接头，确认拉索无额外的索挂。

② 检查并清除锚垫板上的油污、杂物、混凝土墩渣等其他不属于结构部分的任何物质，检查并量测冷铸锚头是否与锚垫板对中，检查冷铸锚头内外螺纹的完好程度，如损伤应及时修复至符合施工要求。

③ 检查、调试张拉设备的完好状态，如电源安装、油表校验、油泵、千斤顶的标定和检验等。

④ 张拉计算资料的准备：张拉次数、每次张拉的力值、换算的油表读数、拉索的理论延伸量、梁体表面的标高变化值、塔柱的偏移值等。

（14）索力调整

① 索力调整的方法和步骤应符合设计要求及专项方案的规定。

② 拉索索力调整准备工作。

a. 索力调整前，应将张拉千斤顶和配套油泵进行标定。对预计的调整值划分级次，计算并列出每级张拉值和相应的油表读数，以便在调索时直接使用。

b. 对调索的主要设备和索力检测仪器进行标定。

调索的主要设备：千斤顶、张拉杆、撑架及锚固螺母、电动油泵及油压表、手拉葫芦、卷扬机、塔吊、塔内提升系统。

索力检测仪器：带筒式传感器的测力仪、孔幅式传感器的测力仪、数字直读式测力仪、钢索测力仪、环境随机振动法索力仪。

③ 张拉工具、张拉设备就位：

a. 将千斤顶撑架用手拉葫芦等固定在斜拉索锚固面上，再将千斤顶用螺栓连接支撑在撑架上；

b. 将张拉杆穿过千斤顶和撑架，旋接在斜拉索锚头端，再将张拉杆上的后螺母从张拉杆尾端旋转穿进；

c. 将千斤顶与油泵用油管接好，开动油泵使千斤顶活塞空升少许，如调索要求降低索力。

4. 施工总结

① 混凝土在浇筑过程中，安排专人负责成品保护工作，既要对钢筋进行修正，又要对预埋件进行看护、校正，在混凝土刚浇筑完毕时，复查预埋件的准确性。

② 斜拉索搬运和安装时，应用有足够直径和刚度的专用索盘，严禁弯折、错压。不得撞伤锚头和损伤保护层，保护层不得进水。

③ 拉索的运输和堆放应无破损、无变形、无腐蚀，成圈产品只能水平堆放。产品出厂前，应用麻袋条或纤维布缠包防护。

④ 施工中，拉索抗振的约束环和减振器未安装前，必须确保索管（特别是梁上索管）和锚端的防水、防腐和防污染。

⑤ 斜拉索允许偏差应符合表7-7的规定。

表 7-7　斜拉索允许偏差

项目		允许偏差/mm	检验频率		检查方法
			范围	点数	
斜拉索 长度	≤100m	±20	每根 每件 每孔	1	用钢尺测量
	>100m	±1/5000 索长			
PE 防护厚度		−0.5～+1.0		1	用钢尺测量或测厚仪检测
锚板孔眼直径 D		$d<D<1.1d$		1	用量规检测
镦头尺寸		镦头直径≥1.4d，镦头高度≥d		10	用游标卡尺检测,10 个
锚具附近密封处理		符合设计要求		1	观察
冷铸锚板内缩值		≤5			

注：d 为钢丝直径（mm）。

第一节 ▶ 桥面施工

一、混凝土桥面施工

1. 施工现场图

混凝土桥面钢筋绑扎和混凝土桥面浇筑施工现场图分别见图 8-1 及图 8-2。

图 8-1　混凝土桥面钢筋绑扎施工现场　　　　图 8-2　混凝土桥面浇筑施工现场

2. 注意事项

① 桥面铺装作业时，防撞护栏外侧要安装安全网及操作架，防止人及物体高空坠落。

② 钢筋网片及混凝土吊装作业时，由专人指挥，吊装设备不得碰撞桥梁结构，吊臂下不得站人。

③ 电焊机、混凝土振捣机具的接电应有漏电保护装置，由专职电工操作。

④ 操作人员要经过专业培训并按操作规程操作，操作时要戴安全帽及使用相关劳动保护用品。

⑤ 在邻近居民区施工作业时，尽量避免夜间施工。要采取低噪声振捣棒，混凝土拌和设备要搭设防护棚，降低噪声污染。同时，施工中采用声级计定期对操作机具进行噪声监控。

3. 施工做法详解

基面处理→高程测设→弹线分格→铺设、绑扎钢筋网片→立模→混凝土的拌制、运输→桥面混凝土铺装→试件制作及试验→抹面→拉毛→养护。

（1）基面处理

① 基面的浆皮、浮灰、油污、杂物等应彻底清除干净；基面应坚实、平整、粗糙，不得有积水；不得有空鼓、开裂、起砂和脱皮等缺陷。

② 基层混凝土应达到的强度要符合设计要求。

（2）高程测设 桥面混凝土高程可按振捣梁行走轨道顶面测设，振捣梁行走轨道可采用钢管或槽钢架设。轨道沿桥面横向铺设间距不大于 3m，铺装面两侧轨道支立位置距每次浇筑铺装作业面外侧 300mm 左右。

（3）弹线分格 轨道纵向定位后，弹墨线，每 2m 设置高程控制点。在控制点处用电锤钻孔，打入钢筋，锚固深 60～80mm，外露 30mm 设定钢管，顶面高程与桥面设计高程一致，用水准仪在锚固钢筋上测放，然后焊接顶托，架立钢管。为保证轨道刚度，将轨道支撑加密，支撑间距不宜大于 2m。

（4）铺设、绑扎钢筋网片

① 成品钢筋网片大小应根据每次铺筑宽度和长度确定，确保网片伸入中央隔离带宽度满足设计要求，并应考虑运输和施工方便。

② 成品钢筋网片要严格按照图纸要求铺设，横、纵向搭接部位对应放置，搭接长度为 30d （d 为钢筋直径），采用 10 号火烧丝全接点绑扎，扎丝头朝下。

③ 现场绑扎成形的钢筋网片，其横、纵向钢筋按设计要求排放，钢筋的交叉点应用火烧丝绑扎结实，必要时，可用点焊焊牢。绑扎接头的搭接长度应符合设计及规范要求。

④ 钢筋网片（图 8-3）的下保护层采用塑料耐压垫块或同强度等级砂浆垫块支垫，呈梅花形均匀布设，确保保护层厚度及网片架立刚度符合设计及规范要求。采用双层钢筋网时，两层钢筋网片之间要设置足够数量的定位撑筋。

（5）立模

① 模板安装前桥梁顶面要经精确测量，确保铺装层浇筑宽度、桥面高程、横纵坡度。

② 模板可根据混凝土铺装层厚度选用木模板或钢模板两种材质。木模板应选用质地坚实、变形小、无腐朽、无扭曲、无裂纹的木料，侧模板宜为 50mm 宽的木条，端模可采用 100mm×100mm 的方木。模板座在砂浆找平层上，后面用槽钢、钢管架做三脚背撑。模板间连接要严密，缝隙中填塞海绵条防止漏浆。铺装混凝土浇筑前，模板内侧要涂刷隔离剂。

（6）混凝土的拌制、运输 混凝土应按批准后的配合比进行拌制，各项原材料的质量应符合设计要求。

（7）桥面混凝土铺装

① 混凝土浇筑前的准备 混凝土浇筑前，应对支架、模板、钢筋网片和预埋件进行检查，清除作业面杂物后，将梁体表面用水湿润，但不得有积水。

② 混凝土浇筑 混凝土浇筑要连续（图 8-4），宜从下坡向上坡进行，混凝土浇筑自由下落高度不宜大于 2m。进行人工局部布料、摊铺时，应用锹反扣，严禁抛掷和搂耙，靠边角处应先用插入式振捣器顺序振捣，辅助布料。

图 8-3　桥面钢筋网片铺设施工现场　　　　　　图 8-4　桥面混凝土浇筑施工现场

③ 混凝土的振捣　一次插入振捣时间不宜少于 20s，使粗细骨料分布均匀后，再用平板振捣器纵横交错全面振捣，振捣面重合 100～200mm，一次振捣时间不宜少于 30s。然后用振捣梁沿导轨进行全幅振捣，直至水泥浆上浮表面。

④ 混凝土的整平

a. 采用振捣梁操作时，设专人控制行驶速度、铲料和填料，确保铺装面饱满、密实。垂直下料与整平作业面应控制在 2m 左右。

b. 振捣梁行走轨道随浇筑、振实、整平的进度及时拆除，清洗干净后前移。轨道抽走留下的空隙，随同铺筑作业及时采用同强度等级混凝土填补找平。

⑤ 施工缝的处理　桥面混凝土应连续浇筑，不留施工缝。若需留施工缝时，横缝宜设置在伸缩缝处，纵缝应设在标线下面。施工缝处理，应去掉松散石子，并清理干净，润湿，涂刷界面剂。

⑥ 伸缩缝处的浇灌　浇筑前可采用无机料做填缝垫平处理，桥面铺装混凝土浇筑作业时连续通过。

（8）**试件制作及试验**　混凝土强度试验项目包括抗压强度试验、抗折强度试验、碱含量试验、抗渗试验。施工试验频率为同一配合比、同一原材料混凝土每一工作班至少应制取两组，见证取样频率为施工试验总次数的 30%。

（9）**抹面**

① 一次抹面　振捣梁作业完毕，作业面上架立钢管焊制的马凳支架操作平台，人工采用木抹子进行第一次抹面，用短木抹子找边和对桥上排水口、手孔井进行修饰抹平。第一次抹面应将混凝土表面的水泥浆抹出。

② 二次抹面　混凝土初凝后、终凝前，采用钢抹子进行二次抹面。施工人员可在作业面上平铺木板作为操作台，操作时应先用 3m 刮杠找平，再用钢抹子收面。

（10）**拉毛**　二次抹面后，选用排笔等专用工具沿横坡方向轻轻拉毛，拉毛应一次完成，拉毛和压槽深度为 1～2mm，线条应均匀、直顺、面板平整、粗糙。

（11）**养护**　混凝土拉毛成型后，采用塑料布或保水材料覆盖，开始养护时不宜洒水过多，可采用喷雾器洒水，防止混凝土表面起皮，待混凝土终凝后，再浸水养护。养护期在 7d 以上。

4. 施工总结

① 施工垃圾要分类处理、封闭清运。混凝土罐车要在指定地点清洗料斗，防止遗洒和污物外流。

② 必须严格要求，不得在钢筋上搁置重物或运料小车直接在钢筋网上运行，必须架设走道支架。走道一般用钢筋支立木板即可。

③ 抹面时应在作业支架上施作，不得在桥面混凝土铺装层上留有脚印。

④ 混凝土初凝后，及时覆盖养护，养护期严禁车辆通行或放置材料重物。

⑤ 水泥混凝土桥面铺装面层允许偏差应符合表 8-1 的规定。

表 8-1　水泥混凝土桥面铺装面层允许偏差

项目	允许偏差/mm	检验频率		检验方法
		范围	点数	
宽度	0～+20	每 20 延米	1	用钢尺测量
中线高程	±10		1	用水准仪测量
横断高程	±10，且横坡差≤0.3%		4	用水准仪测量
平整度	符合道路面层标准			按道路工程检测规定执行

注：跨度小于 20m 时，检验频率按 20m 计算。

二、沥青桥面施工

1. 施工现场图

桥面碾压和桥面摊铺施工现场图分别见图 8-5 和图 8-6。

图 8-5　桥面碾压施工现场

图 8-6　桥面摊铺施工现场

2. 注意事项

① 易燃物品应放置在桥外路基部位，并设专人看管。

② 施工中的中小机具要由专人负责，集中管理、维修，避免造成污染。

3. 施工做法详解

工艺流程　▶▶▶ ……………………………………………………

下承层检验→乳化沥青、沥青混合料→沥青混合料运输、摊铺、碾压。

（1）**下承层检验**　沥青混凝土铺装前应对桥面进行检查，桥面基层平整、粗糙、干燥、整洁。桥面横坡应符合要求。

（2）**乳化沥青、沥青混合料**

① 乳化沥青、沥青混合料的种类、组成、原材料质量应符合《城镇道路工程施工及验

收规程》及《道路工程施工工艺规程》规定。所用沥青的品种、标号，粗集料、细集料、矿粉、纤维稳定剂等，其质量及规格应符合设计要求及现行国家产品标准规定。

② 桥面铺装用沥青混合料（热拌沥青混合料、热拌改性沥青混合料、混合料）的拌和温度、出厂温度、拌和质量应参考本书第三章第一节的有关规定。

（3）沥青混合料运输、摊铺、碾压

① 沥青混合料桥面铺装、碾压应符合道路工程施工工艺规程的有关规定。

② 桥面沥青混凝土铺筑应采用有计算机自动控制高平装置的轮胎式或履带式摊铺机铺筑。

图 8-7　桥面沥青混合料铺筑

③ 桥面沥青混合料铺筑（图 8-7）应与道路面层沥青混凝土同时、连续铺筑，不宜单独铺筑。

④ 沥青混合料桥面不宜采用振动碾压，初压压路机紧跟摊铺机后立即碾压，复压采用重碾静压（25t 以上轮胎碾），终压适量增加碾压遍数。

⑤ 加强防水层保护，在摊铺机履带行进位置，预铺混合料行进带。

4. 施工总结

① 沥青混凝土铺筑及乳化沥青洒布不得污染桥面隔离墩、路缘石等。

② 桥面铺装作业时，防撞护栏外侧要安装安全网及操作架，防止人及物体高空坠落。

三、桥面涂层防水施工

1. 施工现场图

沥青涂层防水和油漆涂层防水施工现场图分别见图 8-8 和图 8-9。

图 8-8　沥青涂层防水施工现场

图 8-9　油漆涂层防水施工现场

2. 注意事项

① 操作人员必须穿戴工作服、安全帽和其他必备的安全防护用具。操作时应通风，夜间有足够的照明。

② 所用汽油应妥善存放，避免暴晒。

③ 防水作业区应封闭施工，严禁闲杂人员等入内。

④ 有毒、易燃物品应盛入密闭容器内，并入库存放，严禁露天堆放。

3. 施工做法详解

基层清理→涂刷。

（1）基层清理

① 基面的浆皮、浮灰、油污、杂物等应彻底清除干净；基面应坚实、平整、粗糙，不得有尖硬接槎、空鼓、开裂、起砂和脱皮等缺陷。

② 基面阴阳角应做成弧形（$R>50$mm 或折角 $135°$ 的钝角），以避免防水材料折断造成局部渗水。

③ 防水涂料施工时，基层混凝土强度应达到设计强度并应符合设计要求，含水率不得大于 9%。

④ 采用水泥基渗透结晶型防水材料或聚合物水泥防水涂料，基面必须保持湿润，必要时洒水湿润，但不得有明水，以保证涂料与基层粘接牢固。

（2）涂刷

① 可采用涂刷法、刮涂法或喷涂法施工。将防水涂料倒在基层上，用棕毛刷或滚刷进行均匀涂刷。用刮板刮涂或直接喷涂，第一层找平，使其厚薄一致，细部节点用排刷细心涂刷均匀。

② 涂刷应先做转角处、变形缝部位，然后进行大面积涂刷。

③ 涂料应多遍完成，后遍涂刷应待前遍涂层干燥成膜后方能进行。

④ 防水涂料施工应分层涂刷，纵横交错，必须均匀，不得漏刷，也不可堆积。涂层施工要保障固化实干时间，先涂刷的涂层干燥后，才能进行后一涂层施工。每一涂层要厚薄一致、表面平整。

⑤ 涂刷遍数应以保证涂层厚度为准，防水涂料涂刷总厚度应符合设计要求。

⑥ 涂料防水层施工不能一次完成需留接槎时，其甩槎应注意保护，预留槎应大于 300mm，搭接宽度应大于 100mm，下次施工前需先将甩槎表面清理干净，再涂刷涂料。

⑦ 在胎体材料上涂布涂料时，应使涂料浸透胎体，完全覆盖，不得有胎体外露。

⑧ 涂膜防水层的胎体增强材料，一般应顺桥方向铺贴（若纵坡很大时也可横向铺贴），铺贴顺序应自边缘最低处开始顺流水方向搭接，胎体搭接宽度长边不小于 50mm，短边不小于 70mm，上下层胎体搭接缝应错开 1/3 幅宽。

⑨ 对缘石、地栿、变形缝、泄水管水落口等部位应按设计要求与防水规程细部要求做增强处理。

⑩ 防水涂料施工时，除符合上述要求外，还需按各类涂料的特点参照该产品的使用说明书进行施工。

4. 施工总结

① 施工用的材料和辅助材料多属易燃物品，在存放材料的仓库与施工现场必须严禁烟火，同时备有消防器材。材料存放场地应保持干燥、阴凉、通风且远离火源。

② 防水层应设专人看护，并设置标志、护栏。一旦发现有破损，应即时修补。

③ 防水层施工完成后，经验收合格后应及时摊铺沥青混凝土面层，其间隔时间不应超过 5d，但也不可过早，必须保证防水层的养护期，确保防水层与基层黏结牢固。

④ 防水施工完毕应封闭交通，严格限制载重车辆行驶；进行铺装层施工时，运料汽车

应慢行，严禁调头和急刹车。

⑤ 为保证防水效果，在摊铺沥青混凝土前要对摊铺机车道洒布沥青砂或沥青石屑以保护防水层。

图 8-10　桥面卷材防水施工现场

四、桥面卷材防水施工

1. 施工现场图
桥面卷材防水施工现场图见图 8-10。

2. 注意事项
① 严禁在雨雪天气及 0℃ 以下温度施工，现场环境温度应为 5～35℃，五级风以上不得施工。

② 施工前必须保证基层干燥，含水量小于等于 9%。高温季节应避开烈日下施工。

③ 经过雨雪后的基层必须晾干，经现场含水量检测合格后方可进行下步施工。

④ 冬期应在暖棚内作业，现场环境温度应在 5℃ 以上。

3. 施工做法详解

工艺流程

基面处理→涂刷基层处理剂（底胶、冷底子油）→节点处理→弹线定位→防水卷材铺设。

（1）基面处理

① 基面的浆皮、浮灰、油污、杂物等应彻底清除干净；基面应坚实、平整、粗糙，不得有尖硬接茬、空鼓、开裂、起砂和脱皮等缺陷。

② 基面阴阳角应做成弧形（$R>50\text{mm}$ 或折角 135° 的钝角），以避免防水材料折断造成局部渗水。桥面两侧防撞墙抹八字或圆弧角。泄水口周围直径 500mm 范围内的坡度不应小于 5%，且坡向长度不小于 100mm。泄水口槽内基层抹圆角、压光，泄水管口下皮的标高应在泄水口槽内最低处。

③ 防水施工时，基层混凝土强度应达到设计强度并应符合设计要求，含水率不得大于 9%。

（2）涂刷基层处理剂（底胶、冷底子油）

① 将配好的基层处理剂用长把滚刷涂刷在大面积基层上，基层处理剂涂刷（图 8-11）应纵横交错，必须均匀，不得漏刷，不漏底，不堆积，阴阳角、泄水口部位可用毛刷涂刷，干燥至不粘手时可进行下道工序。

② 复杂部位：用毛刷在管根、伸缩缝、阴阳角、泄水口等处均匀涂刷，做好附加层，厚度宜为 2mm，待其固化后即可进行下道工序。

图 8-11　基层处理剂涂刷施工现场

（3）节点处理　复杂部位铺贴卷材附加层：根据规范要求对异形部位（如阴阳角、管根等）采用满贴铺贴法做卷材附加层，要求附加层宽度和材质应符合设计要求。

（4）**弹线定位**　按防水卷材的规格尺寸、卷材铺贴方向和顺序，在桥面铺装层上用明显的色粉线弹出防水卷材铺贴基准线，尤其在桥面曲线部位，按曲线半径放线，以直代曲，确保铺贴接茬宽度。

（5）**防水卷材铺设**

① 防水卷材铺贴应按"先低后高"的顺序进行（顺水搭接方向）。

② 防水卷材纵向搭接宽度为100mm，横向为150mm，铺贴双层防水卷材时，上下层搭接缝应错开 $\frac{1}{3} \sim \frac{1}{2}$ 幅宽。纵向搭接缝尽量避开车行轮迹。

③ 将改性沥青防水卷材按铺贴长度进行裁剪并卷好备用，操作时将已卷好的卷材，用 $\phi 30$ 的管穿入卷心，卷材端头对齐开始铺的起点，点燃汽油喷灯或专用火焰喷枪，加热基层与卷材交接处，喷枪距加热面保持300mm左右的距离，往返喷烤，观察当卷材的沥青刚刚熔化时，手扶管心两端向前缓缓滚动铺设，要求用力均匀、不窝气，铺贴后卷材应平整、顺直，不得有空鼓、皱褶、扭曲。

④ 热熔封边：卷材搭接缝处用喷枪加热，压合至边缘挤出沥青粘牢。卷材末端收头用橡胶沥青嵌缝膏嵌固填实。搭接尺寸正确，与基层黏结牢固。

⑤ 防水层施工应与路面沥青混凝土（或水泥混凝土）铺装层的施工日期紧密衔接，以避免防水层受到损坏。

4. 施工总结

① 防水层施工作业人员穿着软底鞋，严禁穿带钉鞋进入现场，以免损坏防水层。

② 防水层应设专人看护，并设置标志、护栏。一旦发现有破损，应即时修补。

③ 已完成的防水层上严禁车辆、行人穿行，禁止停置机械及堆放杂物。

④ 防水层施工完成，经验收合格后应及时摊铺沥青混凝土面层，其间隔时间不应超过5d，但也不可过早，必须保证防水层的养护期，确保防水层与基层黏结牢固。

⑤ 防水施工完毕应封闭交通，严格限制载重车辆行驶；进行铺装层施工时，运料汽车应慢行，严禁调头和急刹车。

⑥ 为保证防水效果，在摊铺沥青混凝土前要对摊铺机车道洒布沥青砂或沥青石屑以保护防水层。

⑦ 桥面卷材防水层允许偏差应符合表8-2的规定。

表 8-2　桥面卷材防水层允许偏差

项目	允许偏差/mm	检验频率		检验方法
		范围	点数	
接茬搭接宽度	不小于10	每20延米	1	用钢尺测量

五、塑胶桥面铺装施工

1. 施工现场图

塑胶桥面铺装施工现场图见图8-12。

2. 注意事项

① 塑胶铺贴完后，应设专人看管，非工作人员严禁入内，必须进入工作时，应穿拖鞋。

② 预制塑胶板铺贴完后，及时用塑胶薄膜覆盖并保护好，以防污染。严禁在面层上放置油漆容器。

3. 施工做法详解

工艺流程 ▶▶▶▶ ....

基面处理→现场拌和塑胶桥面铺装→预制塑胶板现场黏合铺装。

图 8-12　塑胶桥面铺装施工现场

（1）基面处理

① 基面的浆皮、浮灰、油污、杂物等应彻底清除干净；基面应坚实、平整、粗糙，不得有积水；不得有尖硬接茬、空鼓、开裂、起砂和脱皮等缺陷。

② 基层混凝土强度应达到设计强度并应符合设计要求，含水率不得大于 9%。

（2）现场拌和塑胶桥面铺装

① 聚氨酯塑胶材料由工厂加工，配制成甲、乙两个组分，分别装桶，运至施工现场后，再组合掺兑，同时加入固化剂、黑色胶粒等填料后，经充分搅拌而成混合料，最后运至铺装部位。

其配制的方法，选用质量比，每次拌和料均过秤，每次过秤的误差不超过 0.1%，过秤后按顺序倒入拌和容器内，拌和均匀。现场拌和塑胶配合比要结合当地施工季节和大气温度的变化，在施工现场做试验确定。

② 直接摊铺在基层上，用刮板整平，同时用木抹子适当抹平，对周边做适当修整，一切动作都在塑胶初凝前完成，循环往复、连续摊铺、连续修整。

③ 由于施工场地的大气温不同，要随时掌握塑胶的初凝时间，一般可用右手食指，轻轻在塑胶表面试着拉丝，当塑胶表面试拉丝在 90～100mm 时，即可扬撒面层胶粒；面层胶粒扬撒要均匀，扬撒高度离面层 0.5～1m，24h 后塑胶面层达到终凝后方可清除表面未粘接的胶粒。

④ 摊铺塑胶至清扫胶粒，需要 24～36h，此时段内，塑胶面层严禁上人行走，设人员保护现场。

（3）预制塑胶板现场黏合铺装

① 弹线。在作业面长、宽方向弹十字线，应按设计要求进行分格定位，根据塑料板规格尺寸弹出板块分格线。如长、宽尺寸不符合板块尺寸模数时，应沿四周边缘弹出加条镶边线，一般距边缘面 200～300mm 为宜。板块定位采用对角定位法或直角定位法。

② 配制胶黏剂。配料前应由专人对原材料进行检查，有无出厂合格证和出厂日期，原剂在原筒内搅拌均匀，如发现胶中有胶团、变色及杂质时，则不能使用。使用稀料对胶液进行稀释时，亦应随拌随用，存放间隔不应大于 1h。在拌和、运输、贮存时，应用塑胶或搪瓷容器，严禁使用铁器，防止发生化学反应，胶液失效。

③ 基层清理干净后，先刷一道薄而均匀的结合层胶黏剂，待其干燥后，按弹线位置沿轴线由中央向四面铺贴。

④ 用干净布将塑胶板的背面灰尘清擦干净。应从十字线往外粘贴，当采用乳液型胶黏剂时，应在塑胶板背面和基层上同时均匀涂胶。当采用溶剂型胶黏剂时，应在基层上均匀涂胶。在涂刷基层时，应超出分格线 10mm，涂刷厚度应小于或等于 1mm。在铺贴塑胶板块时，应待胶层干燥至不粘手（10～20min）为宜，按已弹好的墨线铺贴，应一次就位准确，

粘贴密实（用滚子压实），再进行第二块铺贴，方法同第一块，以后逐块进行。基层涂刷胶黏剂时，不得面积过大，要随贴随刷。

塑胶板铺贴完后，及时用塑胶薄膜覆盖保护好。

对缝铺贴的塑胶板，缝隙必须做到横平竖直，对缝严实，缝隙均匀、通顺、无歪斜。

⑤ 塑胶板粘铺后及时采用砂袋预压，预压重量、预压时间依据胶黏剂性能、环境温度通过试验确定；平均环境温度 25℃时，预压时间不少于 48h。

4. 施工总结

塑胶面层铺装前，基底表面应整洁干净，无油渍、无污物；雨天和雨后桥面未干燥时，不得铺装；铺装材料的加热温度和撒布温度应符合规定要求。

第二节 ▶ 附属工程施工

一、桥梁伸缩装置施工

1. 示意图和施工现场图

伸缩装置示意图和伸缩装置焊接施工现场图分别见图 8-13 及图 8-14。

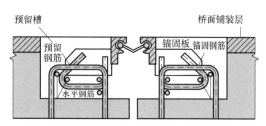

图 8-13 伸缩装置示意

图 8-14 伸缩装置焊接施工现场

2. 注意事项

① 伸缩缝预留槽两侧要搭设防护栏、防护网，夜间施工应配备足够的照明设备，并设红色标志灯。

② 电焊操作人员及吊装人员持证上岗，按专业安全操作规程作业。

③ 混凝土切缝机等强噪声机械施工，尽可能安排在白天施工。如必须夜间施工，应采取降噪措施。

④ 切缝、凿毛、清理时应采取洒水降尘措施，防止粉尘污染。

3. 施工做法详解

工艺流程 ❯❯❯❯❯ ·······

伸缩装置进场验收→预留槽施工→测量放线→切缝→清槽→安装就位→焊接固定→浇筑混凝土。

（1）**伸缩装置进场验收**

① 模数式伸缩装置必须在工厂组装。组装钢件应进行有效的防护处理，吊装位置应用明显颜色标明，出厂时应附有效的产品质量合格证明文件。

② 模数式伸缩装置，在工厂组装时，经检测合格后，应按照用户提供的施工安装温度的要求，确定其压缩量定位出厂。若用户未提供安装定位温度，均按伸缩量一半定位出厂。出厂时，吊装位置应用明显颜色标明。

（2）**预留槽施工**　桥面混凝土铺装施工时按设计尺寸预留出伸缩缝安装槽口，锚栓钢筋、伸缩缝埋件按设计要求埋设好，并且将螺栓外露部分用塑料布包裹，避免混凝土污染螺栓，使用水准仪和经纬仪严格控制预埋钢板高程和螺栓预埋位置，以保证伸缩缝的安装质量。桥面混凝土完成后，拆除模板，安装伸缩缝前，按照设计图纸提供尺寸，核对施工完的梁板端部及桥台处安装伸缩装置的预留槽尺寸，预埋锚固钢筋是否与梁、板、桥台可靠锚固，两端梁板与桥台间的伸缩缝是否与设计值一致，若不符合设计要求，必须首先处理，满足设计要求后方可安装伸缩装置。

（3）**测量放线**　伸缩装置的中心线与桥梁中心线应相重合，伸缩装置顺桥向的宽度值，应对称放置在伸缩缝的间隙上，然后沿桥面横坡方向，每米测设一点水平标高。

（4）**切缝**　用路面切割机沿边缘标线匀速将沥青混凝土面层切断，切缝边缘要整齐、顺直，要与原预留槽边缘对齐。切缝过程中，要保护好切缝外侧沥青混凝土边角，防止污染破损。缝切割完成后，及时用胶带铺粘外侧缝边，以避免沥青混凝土断面边角在施工中损坏。

（5）**清槽**　人工清除槽内填充物，并将槽内混凝土凿毛，用洒水车高压冲洗，并用空压机吹扫干净。

（6）**安装就位**

① 伸缩装置上桥安装之前，应按照安装时的气温调整安装时的定位值，并应由安装负责人检查签字后方可用专用卡具将其固定。

② 安装前将伸缩缝内止水带取下。根据伸缩缝中心线的位置设置起吊位置，以便将伸缩缝顺利吊装到位。

③ 吊装时应按照工厂标明的吊点位置起吊，使其中心线与两端预留槽间隙中心线对正，其长度与桥梁宽度对正，具体操作可用小线挂线检查。伸缩装置与现况路面的调平采用专用门架、手拉葫芦等工具。

④ 用 3m 直尺检查纵向平整度，每米不少于两个检查点，检查伸缩缝顶面与两侧路面是否平顺，并用 3m 直尺和小线检查伸缩装置的直顺情况。

⑤ 用填缝材料（可采用聚苯板）将梁板（或梁台）间隙填满，填缝材料要直接顶在伸缩装置橡胶带的底部。为预防伸缩缝安装过程中焊渣烧坏填缝材料，可在填充缝隙两侧加薄钢板对其加以保护，同时也应将伸缩缝装置的橡胶带 U 形槽内用聚苯板填充。

（7）**焊接固定**

① 焊接前不得打开伸缩装置定位锁。

② 采用对称点焊定位（图 8-15）。在对称焊接作业时伸缩缝每 0.75～1m 范围内至少有一个锚固钢筋与预埋钢筋焊接，焊接长度应符合设计要求。两侧完全固定后就可将其余未焊接的锚固筋完全焊接，并穿横筋进行焊接加固，确保锚固可靠，不得在横梁上任意施焊，以防变形。

③ 焊接作业过程中，边焊边用 3m 直尺检查纵横向平整度及直顺度。焊接完毕后，全面检查一次，必要时进行调整。

④ 拆除锁定夹具，检查验收合格后，进行下道工序。

（8）浇筑混凝土

① 对预留槽做最后一次清理后，用塑料布或苫布覆盖槽两侧路面。同时用胶带粘封伸缩缝缝口，防止施工中混凝土污染路面或流入缝口内。

② 伸缩缝混凝土（图 8-16）坍落度宜控制在 50～70mm，采用人工对称浇筑，振捣密实，严格控制混凝土表面高度和平整度。

图 8-15 点焊定位

图 8-16 伸缩缝浇筑混凝土

③ 浇筑成型后用塑料布或无纺布等覆盖保水养护，养护期不少于 7d。待伸缩装置两侧预留槽混凝土强度满足设计要求后，清理缝内填充物，嵌入密封橡胶带，方可开放交通。

4. 施工总结

① 伸缩缝装置安装施工时，应在桥面施工范围内设置围挡、安全标志并派专人看守，在桥头两端设置禁止车辆通行的标志。

② 产品在运输中，应避免阳光直接暴晒，雨淋雪浸，产品应储存在库房内，远离热源 1m 以上，离地面 0.3m 以上，伸缩装置应存放整齐、保持清洁，严禁与酸碱、油类、有机溶剂等相接触。

③ 模数式伸缩缝装置施工时，应按产品说明使用专用车辆运输，并按厂家标明的吊点进行吊装。

④ 伸缩缝安装允许偏差应符合表 8-3 的规定。

表 8-3 伸缩缝安装允许偏差

项目	允许偏差/mm	检验频率		检验方法
		范围	点数	
顺桥平整度	符合道路标准	每条缝	每车道 1 点	按道路检验标准检测
相邻板差	2			用钢板尺和塞尺测量
缝宽	符合设计要求			用钢尺测量，任意选点
与桥面高差	2			用钢板尺和塞尺测量
长度	符合设计要求		2	用钢尺测量

二、人行步道施工

1. 施工现场图

人行步道铺筑施工现场图见图 8-17。

图 8-17　人行步道铺筑施工现场

2. 注意事项

① 装卸路缘石、步道方砖的人员应戴手套、穿平底鞋，必须轻装轻放，严禁抛掷和碰撞，防止挤手、砸脚等事故发生。

② 施工现场应经常洒水润湿，防止扬尘；运送水泥砂浆应采取防遗洒措施。

③ 严禁在已铺好的步道方砖上拌和砂浆。

3. 施工做法详解

工艺流程 ≫≫≫

伸缩装置进场验收→预留槽施工→测量放线→切缝→清槽→安装就位→焊接固定→浇筑混凝土→养护。

（1）基面处理　基面的浆皮、浮灰、油污、杂物等应彻底清除。

（2）测量放线　路缘石安砌前，应校核桥梁中线，测设路缘石安砌控制点（注意不得损伤防水层），直线段桩距不大于 10m，曲线段不大于 5m。

（3）路缘石安砌

① 挂线后，沿基础一侧把路缘石依次排好。安砌路缘石时，先拌制水泥砂浆铺底，砂浆厚 10～20mm，按放线位置安砌路缘石。

② 事先计算好每段路口路缘石模数，路缘石调整块应用机械切割成型，相邻路缘石缝隙用 8mm 厚木条或塑料条控制，缝隙宽不应大于 10mm。

③ 路缘石安砌，必须挂线，调整路缘石至顺直、圆滑、平整，对路缘石进行平面及高程检测，每 20m 检测一点。

④ 将路缘石缝内杂物剔除干净，用水润湿，然后用水泥砂浆灌缝填充密实后勾平、压成凹形。扫除多余灰浆，适当洒水养护。

（4）人行步道基础（加气混凝土砌块）铺砌

① 按设计规定铺砌加气混凝土砌块。在砌筑前，应根据设计施工图，结合砌块的品种、规格，绘制砌体砌块的排列图，经审核无误，按图排列砌块。

② 按设计要求的砂浆品种、强度制配砂浆，配合比应由试验室确定，应采用机械搅拌。

③ 将搅拌好的砂浆，用大铲、灰勺进行分块铺灰。

④ 砌块砌筑前一天应进行浇水湿润，冲去浮尘，清除砌块表面的杂物。

⑤ 砌筑就位应先远后近、先下后上；每层开始时，应从定位砌块处开始；应吊砌一皮、校正一皮，每皮拉线控制砌体标高和平整度。

⑥ 砌块排列上、下皮应错缝搭砌，搭砌长度一般为砌块长度的 1/2，不得小于砌块高的 1/3，也不应小于 150mm；砌体灰缝一般为 15～20mm。

（5）人行步道砖铺砌

① 人行步道砖施工前，根据设计的平面及高程，沿步道中线（或边线）进行测量放线，用经纬仪测设纵、横方格网；每隔 5～10m 安设一块方砖作方向、高程控制点。

② 根据测设的位置及高程，进行基底找平和冲筋（铺装样板条）。

③ 铺装方砖砂浆应符合设计要求，摊铺长度应大于铺装面 50～100mm。

④ 铺砖应平放，用橡胶锤敲打稳定，不得损伤边角。

方砖铺砌中，应随时检查其安装是否牢固与平整，及时进行修整，修整时应重新铺砌；不得采用向砖底部填塞砂浆或支垫等方法找平砖面。

⑤ 方砖铺砌完成，经检查合格后，进行灌缝，灌缝宜用干砂或水泥：砂（1：10）干拌混合料；砖缝灌注后应在砖面泼水，使灌缝料下沉，再灌缝补足；待砂浆凝固后，洒水养护不少于 3d 方可通行。

⑥ 铺盲道砖，应将导向行走砖与止步砖严格区分，不得混用。

4. 施工总结

① 路缘石勾缝及人行步道方砖施工完成后应洒水养护，养护不得少于 3d，不得碰撞路缘石和踩踏步道。

② 当路缘石安砌后进行乳化沥青透层、封层洒布时应对路缘石进行遮盖。

③ 铺砌应稳固、无翘动，表面平整、线缝直顺、缝宽均匀、灌封饱满，无翘角、积水现象。

④ 缘石应砌筑稳固，砂浆饱满，勾缝密实，外露面清洁，线条顺畅。平缘石不阻水。

⑤ 预制方砖人行道铺砌允许偏差应符合表 8-4 的规定。

表 8-4　预制方砖人行道铺砌允许偏差

项目	允许偏差/mm	检验频率		检验方法
		范围	点数	
平整度	≤5	20m	1	用 3m 直尺和塞尺测量
横坡	±0.3%	20m	1	用水准仪测量
井框与面层高差	≤5	每座	1	十字法，用直尺、塞尺测量，取最大值
相邻块高差	≤2	20m	1	用钢尺测量
纵缝直顺	≤10	40m	1	用 20m 线和钢尺测量
横缝直顺	≤10	20m	1	沿路宽用线和钢尺测量
缝宽	±2	20m	1	用钢尺测量

三、支座安装施工

1. 示意图和施工现场图

支座安装示意图和施工现场图分别见图 8-18 及图 8-19。

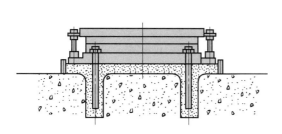

图 8-18　支座安装示意

图 8-19　支座安装施工现场

2. 注意事项

① 高处作业时要系好安全带。需设工作平台时，防护栏杆高于作业面不应小于 1.2m，

且用密目安全网封闭。

② 安装大型盆式支座时，墩上两侧应搭设操作平台，墩顶作业人员应待支座吊至墩顶稳定后再扶正就位。

③ 对乙二胺等挥发性较强且属有毒物质，操作人员要按要求戴口罩、眼罩、手套并选择通风良好的位置进行环氧砂浆拌制。

④ 当上部结构预制梁板就位不正确或梁板与支座不密贴时，必须吊起梁板重新就位或垫钢板消除缝隙，不得用撬棍移动梁板。

⑤ 当支座钢体采用焊接时，要将橡胶块用阻燃材料予以适当覆盖遮挡，防止烧伤支座，并避免钢体受热。

3. 施工做法详解

工艺流程　▶▶▶▶ ⋯⋯⋯⋯⋯⋯⋯⋯⋯⋯⋯⋯⋯⋯⋯⋯⋯⋯⋯⋯⋯⋯⋯⋯⋯⋯⋯⋯⋯⋯⋯⋯⋯⋯⋯

板式橡胶支座安装→其他形式的板式橡胶支座→盆式橡胶支座→球形支座→用架梁机架设预应力混凝土简支梁的支座安装。

(1) 板式橡胶支座安装

① 支座垫石凿毛清理　垫石顶凿毛清理、人工用铁錾凿毛，将墩台垫石处清理干净。

② 测量放线　根据设计图上标明的支座中心位置，分别在支座及垫石上画出纵横轴线，在墩台上放出支座控制标高。

③ 找平修补　支座安装前应将垫石顶面清理干净，用干硬性水泥砂浆将支承面缺陷修补找平，并使其顶面标高符合设计要求。

④ 拌制环氧砂浆

a. 将细砂烘干后，依次将细砂、环氧树脂、二丁酯、二甲苯放入铁锅中加热并搅拌均匀。

b. 环氧砂浆的配制严格按配合比进行，强度不低于设计规定，设计无规定时不低于 40MPa。

c. 在黏结支座前将乙二胺投入砂浆中并搅拌均匀，乙二胺为固化剂，不得放得太早或过多，以免砂浆过早固化而影响黏结质量。

⑤ 支座安装

a. 安装前按设计要求及国家现行标准有关规定对产品进行确认。

b. 安装前对桥台和墩柱盖梁轴线、高程及支座面平整度等进行再次复核。

c. 支座安装在找平层砂浆硬化后进行；黏结时，宜先黏结桥台和墩柱盖梁两端的支座，经复核平整度和高程无误后，挂基准小线进行其他支座的安装。

d. 当桥台和墩柱盖梁较长时，应加密基准支座，防止高程误差超标。

e. 黏结时先将砂浆摊平拍实，然后将支座按标高就位，支座上的纵横轴线与垫石纵横轴线要对应。

(2) 其他形式的板式橡胶支座

① 滑板式支座的不锈钢板表面不得有损伤、拉毛等缺陷，不锈钢板与上垫板采用样槽结合时，上垫板开槽方向应与滑动方向垂直。

② 滑板式支座安装时，支座与不锈钢板安装位置应视气温而定，不锈钢板滑板应留有足够的长度，防止伸缩时支座滑出滑道。

③ 四氟板支座安装：四氟板支座表面应用丙酮或酒精擦干净，储油槽应注满硅脂。

④ 坡形板式橡胶支座：坡形板式橡胶支座上的箭头要与桥梁合成坡度的方向相对应。

（3）盆式橡胶支座（图 8-20）

① 盆式橡胶支座安装技术要求

a. 盆式橡胶支座安装前应按设计要求及《公路桥梁盆式支座》（JT/T 391—2009）对成品进行检验，合格后方可使用。

b. 现浇梁底部预埋钢板或滑板应根据浇筑时气温、预应力筋张拉、混凝土收缩和徐变对梁长的影响设置相对于设计支承中心的预偏值。

图 8-20　盆式橡胶支座

c. 活动支座安装前应解体，用丙酮或酒精清洗其各相对滑移面，擦净后在四氟板顶面满注硅脂。重新组装时应保持精度。

d. 支座安装后，支座与墩台顶钢垫板间应密贴。

② 螺栓锚固盆式橡胶支座安装方法

a. 将墩台顶清理干净。

b. 测量放线。在支座及墩台顶分别画出纵横轴线，在墩台上放出支座控制标高。

c. 安装锚固螺栓。安装前按纵横轴线检查螺栓预留孔位置及尺寸，无误后将螺栓放入预留孔内，调整好标高及垂直度后灌注环氧砂浆。

d. 安装支座。在螺栓预埋砂浆固化后找平层环氧砂浆固化前进行支座安装；找平层要略高于设计高程，支座就位后，在自重及外力作用下将其调至设计高程；随即对高程及四角高差进行检验，误差超标及时予以调整，直至合格。

③ 钢板焊接盆式橡胶支座安装方法

a. 预留槽凿毛清理。墩顶预埋钢板宜采用二次浇筑混凝土锚固，墩台施工时应注意预留槽的预留，预留槽两侧应较预埋钢板宽 100mm，锚固前进行凿毛并用空压机及扫帚将预留槽彻底吹扫干净。

b. 测量放线：用全站仪及水准仪放出支座的平面位置及高程控制线。

c. 钢板就位，混凝土灌注。钢板位置、高程及平整度调好后，将混凝土接触面适当洒水湿润，进行混凝土灌注，灌注时从一端灌入，另一端排气，直至灌满为止。支座与垫板间应密贴，四周不得有大于 1.0mm 的缝隙。灌注完毕及时对高程及四角高差进行检验，误差超标及时予以调整，直至合格。

d. 支座就位、焊接。校核平面位置及高程，合格后将下垫板与预埋钢板焊接，焊接时应对称间断进行，以减小焊接变形影响，适当控制焊接速度，避免钢体过热，并应注意支座的保护。

（4）球形支座

① 支座安装前应开箱检查配件清单、检验报告、支座产品合格证及支座安装养护细则。施工单位开箱后不得拆卸、转动连接螺栓。

② 下支座板与墩台采用螺栓连接时，应先用钢楔块将下支座板四角调平，使其高程、位置符合设计要求，用环氧砂浆灌注地脚螺栓孔及支座底面垫层。环氧砂浆硬化后，方可拆除四角钢楔，并用环氧砂浆填满楔块位置。

③ 当下支座板与墩台采用焊接连接时，应用对称、间断焊接方法将下支座板与墩台上预埋钢板焊接。焊接时应采取防止烧伤支座和混凝土的措施。

④ 当梁体安装完毕或现浇混凝土梁体达到设计强度后，在梁体预应力张拉之前，应拆除上、下支座板连接板，撤除支座锁定装置，解除支座约束。

⑤ 墩台顶凿毛清理。当采用补偿收缩砂浆固定支座时，应用铁錾对支座支承面进行凿毛，并将顶面清理干净；当采用环氧砂浆固定支座时，将顶面清理干净并保证支座支承面干燥。

⑥ 清理预留孔。清理前检查校核墩台顶锚固螺栓孔的位置、大小及深度，合格后彻底清理。

（5）用架梁机架设预应力混凝土简支梁的支座安装

① 支座底面中心线应与墩台支承垫石顶面划出的十字线重合。

② 梁缝应符合规定尺寸。

③ 在保持梁梗竖直的前提下，梁片间隙应符合规定。

④ 支座固定端、活动端位置应符合规定。

⑤ 支座底面与墩台支承垫石顶面应密贴，上座板（顶板）与梁底之间应无缝隙，整孔梁不应有"三条腿"现象。

⑥ 坡道上使用板式橡胶支座时，若坡度在6‰以下，可采用环氧砂浆垫层调整；若坡度在6‰及以上，必须在支座与梁底支承钢板间加焊一块与坡度相同的楔形钢板。

4. 施工总结

① 各类板式橡胶支座安装应按设计要求及相关产品标准对支座进行检验，合格后方可使用。在大气污染、粉尘严重地区应采用封闭型支座。

② 寒冷地区宜选用天然橡胶材料制成品。

③ 墩台顶支座支承面应平整，高程符合设计要求，支承面缺陷宜采用环氧砂浆找平层修补。设计无规定时环氧砂浆强度不低于40MPa。支座与支承面接触应密粘不空鼓。如支承面上设置钢垫板，钢垫板不得空鼓。

④ 支座应水平放置，如桥梁纵横坡度较大时，宜在支座支承面设置垫石找平，垫石构造应符合设计要求。

⑤ 梁板安放时应位置准确，且与支座密贴。如就位不准或与支座不密贴时，必须重新起吊，采取垫钢板等措施，使支座位置控制在允许偏差内。不得用撬棍移动梁板。

⑥ 支座安装允许偏差应符合表8-5的规定。

表8-5 支座安装允许偏差

项目		允许偏差/mm	检验频率		检验方法
			范围	点数	
梁桥	支座高程	±2		1	用水准仪测量
	支座横桥偏位	2		2	用经纬仪、钢尺测量
	支座顺桥偏位	10		2	用经纬仪、钢尺测量
	支座四角高差　承压力≤500kN	1		4	用水准仪测量
	承压力>500kN	2		4	用水准仪测量
斜拉桥	支座高程	±10	每个支座	1	用水准仪测量
	竖向支座纵、横向偏位	5		2	用经纬仪测量
	竖向支座垫石钢板水平度	2		2	用水平仪、钢尺测量
	竖向支座滑板中线与桥轴线平行度	1/1000		2	用全站仪、经纬仪测量
	横向抗风支座支挡垂直度	1		1	用水平仪、钢尺测量
	横向抗风支座支挡表面平行度	1		1	用水平仪、钢尺测量
	横向抗风支座表面与支挡表面间距	2		2	用卡尺测量

四、地栿、挂板及护栏施工

1. 施工现场图

护栏（防撞混凝土墩）施工现场图见图 8-21。

2. 注意事项

① 在桥梁外侧施工的工作人员应系安全带。

② 施工中严禁向桥下抛掷物品。

③ 预制构件吊车安装必须由持上岗证的信号工指挥。

④ 夜间施工应设有足够的临时照明设施。

图 8-21　护栏（防撞混凝土墩）施工现场

3. 施工做法详解

工艺流程

一般规定→测量放线→基面处理→护栏（防撞混凝土墩）安装→安装及调整。

（1）一般规定

① 护栏（防撞混凝土墩）的结构形式、线型或坡度、伸缩缝等应符合设计要求。

② 护栏（防撞混凝土墩）砌筑砂浆应符合设计要求，当设计无要求时，砌筑地栿、挂板宜采用 M20 稠水泥砂浆，砌筑缘石采用的水泥砂浆不得小于 M10。

③ 采用预制构件进行安装，桥梁上部结构浇筑时使用的支架应松脱和卸落，处于无荷载状况；为方便护栏（防撞混凝土墩）安装，支架不宜拆除。

④ 护栏（防撞混凝土墩）施工时伸缩缝必须全部贯通。

（2）测量放线　用经纬仪放出控制线，校核标高。直线段宜每 20m 设一个控制点，曲线段宜每 3～5m 设一个控制点。

（3）基面处理

① 桥面梁板顶面清理凿毛，基面的浆皮、浮灰、油污、杂物等应彻底清除干净；基面应坚实、平整、粗糙，不得有积水；不得有空鼓、开裂、起砂和脱皮等缺陷。

② 基层混凝土强度应达到设计强度并应符合设计要求。

③ 基面用喷壶洒水润湿，刷一层素水泥浆，及时铺砌坐浆，应满铺，控制砂浆厚度，确保全面接触。

（4）护栏（防撞混凝土墩）安装

① 护栏（防撞混凝土墩）安装应从高处向低处、从中央向两侧、依次依序进行。

② 护栏（防撞混凝土墩）应选择桥梁两个伸缩缝作为 1 个安装段的起止控制点，按预制构件大小，依次依序弹线、划分，注意留出灰缝；当间距出现零数时，宜在曲线段或在桥梁伸缩缝附近的位置调整。

③ 标准块砌筑后，按直线段宜每 20m 设一个控制点，曲线段宜每 3～5m 设一个控制点，逐块依序安装，板缝宜采用标准模板（垫板）控制。

（5）安装及调整

① 对于构件，应根据构件重量、形状大小，采用吊车、小型机具或人工安装。安装时注意构件及梁的保护，不得损伤构件。

② 构件安装时必须全桥对直、校平（弯桥、坡桥要求平顺），其标高应符合设计要求，

应线形顺适，外表美观，不得有明显下垂和拱起。伸缩缝的设置应与主梁伸缩缝在同一位置。

③ 构件调整后及时进行钢筋电焊连接，焊缝长度和焊接方法应符合设计要求，并焊接牢固。

④ 灰缝应在 24h 后进行勾缝，并应采用同一品种、同强度等级、同颜色的水泥砂浆，要求缝内砂浆密实、平整、光滑，随勾随将剩余水泥砂浆清走、擦净。

4. 施工总结

① 施工前桥梁外侧应搭脚手架，设工作平台，挂安全网。

② 钢筋混凝土预制构件在堆放时，必须垫平，避免支点受力不均，以防止产生裂纹。

③ 钢筋混凝土预制构件在加工、预制、运输、安装时应加强保护，不得将其砸伤。

④ 地栿、挂板安装允许偏差应符合表 8-6 的规定。

表 8-6　地栿、挂板安装允许偏差

项目	允许偏差/mm	检验频率		检验方法
		范围	点数	
直顺度	≤5	每跨侧	1	用 10m 小线量取最大值
相邻板块高差	≤3	每批（抽查 10%）	1	用钢尺测量

图 8-22　钢栏杆施工现场

五、栏杆施工

1. 施工现场图

钢栏杆施工现场图见图 8-22。

2. 注意事项

① 钢栏杆在堆放、运输时，必须垫平，避免支点受力不均，以防止由于侧面刚度差而产生下挠或扭曲。

② 涂装钢栏杆损坏的涂层应补涂，以保证漆膜厚度符合规定的要求。

③ 不锈钢抛光管、不锈钢复合管在加工、组对、运输、安装时加强保护，不得将其碰伤。焊接时应在焊缝区内起弧，不得损伤抛光表面。脱脂除焊接部位之外，宜在安装后进行。

④ 钢筋混凝土栏杆在堆放、运输时，必须垫平，避免支点受力不均，以防止产生裂纹。

⑤ 钢筋混凝土组合栏杆在加工、预制、运输、安装时加强保护，不得将其碰伤。

3. 施工做法详解

工艺流程 ＞＞＞＞＞ ....

钢栏杆施工→钢筋混凝土栏杆施工。

（1）钢栏杆施工

① 钢栏杆原材料进场检验。进厂的材料除应有生产厂家的出厂质量证明书外，还应按设计要求和有关现行国家产品标准进行进场检查、复验，并做好记录。钢梁材料复验合格后方可使用。

原材料进场时应采用三级检验制度，即首先由材料保管员进行初步常规的量检和外观检验，再由材料工程师进行定尺检验并进行厂内理化检测，最后进行由监理工程师在指定位置取样、第三方检测。

② 放样、下料。

a. 钢栏杆按设计图规定进行放样，按桥梁线型放出扶手弧度；若立柱数量较多，则先做出样杆；当采用锯床或砂轮切割机下料时，宜采用限位板、定尺锯割。

b. 下料后清除飞边、毛刺；当采用圆管扶手时，宜采用砂轮机（或铣床）加工出立柱端头圆弧。

③ 扶手加工。

a. 按桥梁线型，在加工平台（组装平台）上严格按 1∶1 弧形进行节段放样，放出扶手弧度，并做弧形样板。

b. 设计要求采用方形、长方形薄钢板加工扶手时，以钢板料长为制作模数，使用剪板机裁板下料、平板机平板、弯板机折弯，在弯管机上通过模具煨弯、组对后焊接。

c. 设计要求采用圆管扶手时，以钢管料长为制作模数，采用弯管机煨弯。

④ 节段组装。

a. 钢栏杆制作，宜按两个伸缩缝之间的长度、钢管料长确定节段长度。

b. 在组装平台上依据定位板控制立柱间距，依次依序摆放立柱、控制立柱与扶手的组装间隙，进行定位焊。

⑤ 焊接。

a. 不锈钢栏杆扶手采用氩弧焊焊接；先进行焊接工艺评定，再确定焊接工艺、焊条直径、焊接电流、焊接速度等，编制焊接作业指导书，指导焊接作业。

b. 焊前检查组装间隙是否符合要求，定位焊是否牢固，焊缝周围不得有油污、锈物。

c. 构件之间的焊缝应饱满，焊缝金属表面的焊波应均匀，不得有裂纹、夹渣、焊瘤、烧穿、弧坑和针状气孔等缺陷，焊接区不得有飞溅物。

d. 不锈钢栏杆应选用较细的不锈钢焊条（焊丝）和较小的焊接电流。

⑥ 钢栏杆防腐涂漆。钢栏杆组焊检查验收后，及时进行喷砂除锈，并分别进行底漆涂装和面漆涂装。

⑦ 不锈钢栏杆打磨抛光。用手提砂轮打磨机（角磨机）将不锈钢栏杆焊缝打磨，磨平后再进行抛光，抛光时采用绒布砂轮或毛毡，同时采用相应的抛光膏，抛光后应使外观光洁、平顺，无明显的焊接痕迹。

⑧ 钢箱梁栏杆扶手，应尽可能在制作厂内完成钢箱梁与栏杆的组焊，以减少施工现场的工作量，增加施工安全性。当接缝处栏杆间距模数调整困难时，只进行中间主梁段栏杆组焊，留出边梁段栏杆在工地现场焊接。

⑨ 钢箱梁栏杆扶手工地现场安装。

a. 钢箱梁栏杆扶手应在钢梁安装全部完成、钢梁支墩已落架后进行。

b. 栏杆扶手工地现场安装应从中间位置向两侧排序，由中央按间距模数依次依序向两侧伸缩缝位置安装。

c. 栏杆扶手安装线型应与主梁一致，拉尼龙线（或小线）控制直顺度，吊铅锤控制垂直度，用样板（靠尺）控制间距。

d. 现场采用氩弧焊机焊接不锈钢栏杆扶手。

（2）**钢筋混凝土栏杆施工**

① 测量放线。

a. 用经纬仪放出栏杆立柱中线，并在榫槽两侧或预埋件两侧放出两道位置线。

b. 各种护栏安装宜采用 50m 或两个伸缩缝之间为单元放射线。如有条件，各种扶手安装长度（包括现浇）宜更长，以便于调整。

② 栏杆立柱安装。

a. 栏杆立柱安装应从高处向低处、从中央向两侧、依次依序进行。

b. 栏杆立柱应选择桥梁伸缩缝附近的端部立柱等作为控制点，当间距出现零数时，可用分配办法使其符合规定的尺寸，立柱宜等距设置。

c. 安装前榫槽内的浆皮、浮灰、杂物等应彻底清除干净，清除预埋件上的铁锈。

d. 宜采用限位板（靠尺）、定尺安装；依据定位板控制立柱间距，依次依序摆放立柱，控制立柱与扶手的组装间隙，然后进行榫槽固定或定位焊。

e. 栏杆扶手安装线型应与主梁一致，拉尼龙线（或小线）控制直顺度，吊铅锤控制垂直度，用限位样板（靠尺）控制间距。

f. 混凝土栏杆采用榫槽连接时，安装调顺就位后应用硬木塞块将两面塞严挤紧，灌注豆石混凝土固结，塞块拆除时，豆石混凝土强度应不低于设计强度的 75%，并二次补灌基孔。

g. 采用电焊连接时，使用材料和焊接方法应符合设计要求，并焊接牢固。

h. 栏杆的连接必须牢固。栏杆立柱就位和嵌固是施工的重点，必须严格保证填充豆石混凝土（或水泥砂浆）的强度、捣实及养护工作符合要求。

③ 扶手施作。

a. 扶手模板采用在立柱间立方木做支撑，采用竹胶板做两侧外露面模板，以保证现浇扶手外露面光洁度。模板应支牢、卡紧，保护层应严格控制，安装尺寸应符合设计要求。

b. 混凝土浇筑采用人工送料入模，采用小型振捣棒或人工钢筋插捣时，避免碰撞模板。

c. 加强养护，达到规定强度后方可拆除模板。

④ 栏杆必须全桥对直、校平（弯桥、坡桥要求平顺），其标高应符合设计要求，线形顺适，外表美观，不得有明显下垂和拱起。

⑤ 栏杆的伸缩缝的设置应与主梁伸缩缝在同一位置。

4. 施工总结

栏杆、扶手安装允许偏差应符合表 8-7 的规定。

表 8-7　栏杆、扶手安装允许偏差

项目		允许偏差/mm	检验频率		检验方法
			范围	点数	
直顺度	扶手	≤3	每跨侧	1	用 10m 小线量取最大值
垂直度	栏杆柱	3	每柱	2	用垂线检验，顺、横桥轴方向各 1 点
杆间距		3	每处（抽查 10%）	2	用钢尺测量
扶手高度		3		2	

六、隔声和防眩装置安装施工

1. 施工现场图

隔声板和防眩网安装施工现场分别见图 8-23 及图 8-24。

图 8-23　隔声板安装施工现场　　　　　　图 8-24　防眩网安装施工现场

2. 注意事项

① 隔声与防眩装置在堆放、运输时，必须垫平，避免支点受力不均，以防止由于侧面刚度差而产生下挠或扭曲。

② 隔声与防眩装置损坏的涂层应补涂，以保证漆膜厚度符合规定的要求。

3. 施工做法详解

工艺流程 ≫≫≫

施工准备、基础验收→安全防护设施搭设→测量放线→先做样板段→钢柱吊安→钢梁吊安→高强螺栓安装→经纬向龙骨预装配→经向主龙骨安装→纬向次龙骨安装→隔声板安装→防眩板安装。

（1）施工准备、基础验收

① 桥梁工程隔声和防眩装置安装前其防撞隔离墩混凝土已达到设计强度。

② 地脚螺栓检查：对土建预埋地脚螺栓交接记录进行检查，对定位轴线检查，轴线必须闭合，纵横轴线应垂直、平行，检查标高预留值是否正确。

③ 构件配套进场，按作业流水段进场，以流水段所需要的钢构件配套集中进场、统一存放，以便吊装。

④ 隔声板在产品订货前，应依据材料规格长度，先按两道伸缩缝之间的长度进行模数调整，出现零数时，应及时与产品生产厂家和设计单位协调处理或采用分配法调整。

（2）安全防护设施搭设　按施工组织设计或专项方案进行安全防护设施搭设。

（3）测量放线　按设计要求测设柱定位轴线的基准线，放出各个柱的位置线及标高。

（4）先做样板段　隔声和防眩装置大批量安装前，先进行样板段施作，样板段的安装长度不宜低于 20m（直线段、弯道段、全封闭隔声屏、半封闭隔声屏分别安装）。

（5）钢柱吊安　钢柱吊点设置在柱与柱连接耳板螺栓孔的位置。钢柱的起吊根据柱牛腿的长短不同分别采用单车回转法起吊，钢柱就位后用临时连接板大六角螺栓进行固定，柱底中心线与柱轴线标记对齐如有偏差，应进行调正，对轴线标高偏差调整到规范允许范围内，对位完毕后，则在布置于柱相邻垂直两侧的两台经纬仪的控制下，进行对柱垂直度校正。并依据相对标高控制柱的安装高度，无误后紧固连接板，大六角高强螺栓达到 600N·m 扭矩，依次进行钢柱吊安。

(6) 钢梁吊安

① 钢梁的吊安顺序采用优先形成钢框架，即先安装主梁，后安装次梁。

② 钢梁起吊到位，先用撬棍对正，再用冲头调整构件的位置，连接板螺栓孔对正后，放入临时螺栓固定，待钢梁校正后用高强螺栓进行初拧和终拧。

③ 安装钢梁时预留经试验确定的焊缝收缩量。

(7) 高强螺栓安装

① 安装前必须检查和处理摩擦面，应无锈和污物杂质等，安装时严禁硬性打入，必须自由穿入。

② 高强螺栓施工前、进场后，必须有产品合格证及试验报告。按规定进行抽样复检（见证取样）。

③ 摩擦面抗滑移系数试验，应按施工规范进行，摩擦面试验由生产厂家负责，并提供试验报告。

④ 高强螺栓安装：钢梁就位后，用两个过镗冲对螺栓孔使螺栓自由穿入，对余下的螺栓孔直接用高强螺栓穿入，用扳手拧紧后拔出冲头，再进行其他高强螺栓的安装。

⑤ 高强螺栓现场施工工艺检查内容：高强螺栓安装的方向；高强螺栓紧固的方法；高强螺栓紧固的顺序。

(8) 经纬向龙骨预装配

① 经纬向龙骨进场后，根据放线实测尺寸，进行全面核验，校正。

② 按施工图在经向龙骨上安装连接件。

③ 按施工图将经纬向龙骨预装配，找出设计存在的问题，并及时改正。

(9) 经向主龙骨安装

① 按安装位置在经向主龙骨扣盖上铣出槽口，并钻制纬向次龙骨安装孔。

② 将经向主龙骨按安装位置，用机制螺栓与连接板紧固，安装时，连接板和经向主龙骨间的接触面上放置1mm厚的绝缘层，以防止金属电解腐蚀。校准主龙骨尺寸后，用扭力扳手将螺母拧紧到规定的力矩标准。

③ 将经向主龙骨扣盖合上，形成完整龙骨。

(10) 纬向次龙骨安装

① 经向主龙骨安装完毕，经调整无误后，即可插入安装纬向次龙骨。

② 在纬向次龙骨两端加防水橡胶垫片。

③ 用自攻钉将纬向次龙骨与经向主龙骨连接紧固。

(11) 隔声板安装

① 龙骨件及附件安装完毕，沿坡度方向自上而下进行隔声板安装。

② 自垂直运输设备将隔声板运至指定地点。

③ 隔声板安装前应将表面尘土和污物擦拭干净。

④ 将经纬向龙骨框内侧四周清理干净，在龙骨、隔声板接触表面安装密封胶条；密封胶条长度应比框内槽口长1.5%～2%，其断口应留在四角，斜面断开后拼成预定的设计角度，再黏结牢固。

⑤ 将隔声板就位，使隔声板四边均匀上框，缝隙均匀，板面平整，隔声板嵌入量及空隙应符合设计要求。

⑥ 在压盖与隔声板接触面粘贴密封胶条，用自攻钉将压盖固定于龙骨上，使隔声板安装稳固。

（12）防眩板安装

① 防眩板安装应与桥梁线型一致，板间距不应大于 500mm。

② 防眩板的荧光标识面应迎向行车方向，遮光角应符合设计要求。

4. 施工总结

① 现场安装隔声装置时应拆除一段防护栏，立即安装一段隔声装置。每次拆除防护栏的长度以一个厂内加工段为准，不得留空当。每段隔声装置安装牢固后，方可进行下一段安装。安装时应依序连续进行。

② 防眩板安装允许偏差应符合表 8-8 的规定。

表 8-8　防眩板安装允许偏差

项目	允许偏差/mm	检验频率		检验方法
		范围	点数	
防眩板直顺度	±5	每跨侧	1	用 10m 小线量取最大值
垂直度	5	每柱	2	用垂线检验,顺、横桥轴方向各 1 点
立柱中距	±10	每处（抽查 10%）	1	用钢尺测量
高度				

③ 隔声屏安装允许偏差应符合表 8-9 规定。

表 8-9　隔声屏安装允许偏差

项目	允许偏差/mm	检验频率		检验方法
		范围	点数	
隔声屏直顺度	±10	每跨侧	1	用 20m 小线量取最大值
高度	±15	每处（抽查 10%）	1	用钢尺测量
相邻板差	±5			

七、饰面与涂装施工

1. 施工现场图

饰面砖施工现场图见图 8-25。

2. 注意事项

① 抹水泥砂浆过程中残存的砂浆应及时清理干净，翻拆架子时要小心，防止损坏已抹好的水泥墙面。各抹灰层在凝结前应防止快干、暴晒、水冲、撞击和振动，以保证其灰层有足够的强度。

② 饰面装饰材料和饰件以及有饰面的构件，在运输、保管和施工过程中，必须采取措施防止损坏。

图 8-25　饰面砖施工现场

③ 涂饰工程在施涂前应首先清理好周围环境，防止尘土飞扬，影响施涂质量；施涂墙面涂料时，不得污染地面等已完成工程；涂料未干前，严防灰尘等沾污墙面涂料；严禁明火靠近已施涂完的墙面，不得磕碰损伤涂饰面。

3. 施工做法详解

工艺流程 ≫≫≫≫ ······················

基面处理→抹水泥砂浆工程施工→饰面砖工程施工→饰面板安装→涂饰工程施工。

（1）**基面处理**

① 基面的浆皮、浮灰、油污、杂物等应彻底清除干净；基面应坚实、平整、粗糙，不得有积水，不得有空鼓、开裂、起砂和脱皮等缺陷。

② 基层混凝土强度应达到设计强度并应符合设计要求，含水率不得大于 9%。

（2）**抹水泥砂浆工程施工**

① 吊垂直、套方找规矩　先吊垂直，套方抹灰饼，并按灰饼充筋后，弹出灰层控制线。

② 抹底层砂浆　刷掺水量 10% 的 108 胶水泥浆一道，紧跟抹 1∶3 水泥砂浆，厚度为 5～7mm，应与所充筋抹平，并刮平、找直、搓毛。

③ 抹面层砂浆　底层砂浆抹好后，次日即可抹面层砂浆，先用水湿润，抹时先薄薄地刮一层素水泥膏，使其与底灰粘牢，紧跟抹罩面灰，木抹子搓毛，铁抹子溜光、压实。待其表面无明水时，用软毛刷蘸水垂直于地面的同一方向，轻刷一遍，以保证面层灰的颜色一致，避免和减少收缩裂缝。

④ 抹灰的施工程序　从上往下打底，底层砂浆抹完后，将架子升上去，再从上往下抹面层砂浆。注意抹面层灰以前，应先检查底层砂浆有无空裂现象，如有空裂，应剔凿返修后再抹面层灰；将底层砂浆上的尘土、污垢等先清净，洒水湿润后，方可进行面层抹灰。

（3）**饰面砖工程施工**

① 基层处理　镶贴、安装饰面的基体应平整、粗糙，先用钢丝刷满刷一遍，再洒水湿润，然后用 1∶1 水泥细砂浆内掺水重 20% 的 108 胶，喷或刷砂浆到墙上，其喷刷要均匀，终凝后洒水养护，直至水泥砂浆全部粘到混凝土光面上，并有较高的强度为止。

② 吊垂直、套方、找规矩、贴灰饼　用经纬仪打垂直线找直；绷铁丝吊垂直；然后根据面砖的规格尺寸分层设点、做灰饼。

③ 抹底层砂浆　先刷一道掺水重 10% 的 108 胶水泥素浆，紧跟着分层分遍抹水泥砂浆，直至把底层砂浆抹平为止。

④ 弹线分格　待基层灰六至七成干时，即可按图纸要求进行分段分格弹线，同时进行面层贴标准点的工作，以控制面层出墙尺寸及垂直、平整。

⑤ 排砖　根据大样图进行横竖向排砖，注意排整砖，不得有一行以上的非整砖。非整砖行应排在次要部位，注意一致和对称。

⑥ 浸砖　釉面砖和外墙面砖镶贴前，首先要将面砖清扫干净，放入净水中浸泡 2h 以上，取出待表面晾干或擦干净后方可使用。

⑦ 镶贴面砖　镶贴应自上而下进行。采取措施后，可分段进行。在每一分段或分块内的面砖，均为自下而上镶贴。从最下一层砖下皮的位置线先稳好靠尺，以此托住第一皮面砖。在面砖外皮上口拉水平通线，作为镶贴的标准。

在面砖背面宜采用 1∶1 水泥砂浆加水重 20% 的 108 胶，在砖背面抹 3～4mm 厚粘贴即可。

⑧ 面砖勾缝与擦缝　面砖铺贴拉缝时，用 1∶1 水泥砂浆勾缝，先勾水平缝再勾竖缝，勾好后要求凹进面砖外表面 2～3mm。若横竖缝为干挤缝或小于 3mm 者，应用白水泥配颜料进行擦缝处理。面砖缝勾完后，用布或棉丝擦洗干净。

（4）**饰面板安装**

① 墙面和柱面安装饰面板，应先找平，分块弹线，并按弹线尺寸及花纹图案预拼和编号。

② 固定饰面板用的钢筋网，应与锚固件连接牢固。锚固件宜在结构施工时预埋设。

③ 固定饰面板的连接件，其直径或厚度大于饰面板的接缝宽度时，应凿槽埋置。预留

孔洞不得大于设计孔径 2mm。

④ 饰面板安装前，按品种、规格和颜色进行分类选配，并将其侧面和背面清扫干净，净边打孔，每块板的上、下边打孔数量均不得少于两个。并用防锈金属丝穿入孔内，留作系固之用。

⑤ 饰面板安装找正吊平后，应采取临时固定措施。接缝宽度可用木楔调整。

⑥ 灌注砂浆前，应将接合面洒水湿润，接缝处采取防漏浆、垫填临时措施。

（5）涂饰工程施工

① 施涂前应将基体或基层表面麻面及缝隙，用腻子填补刮平。涂装所用腻子，应坚实牢固，不得粉、起皮和裂纹。腻子干燥后应打磨平整光滑，并清理干净。

② 涂料的工作黏度或稠度，必须加以控制，在施涂时以盖底、不流坠、无刷纹为宜；施涂顺序应从上到下，从左到右，不应乱施涂，避免造成漏涂或涂刷过厚、涂刷不均等，施涂过程中不得任意稀释涂料。

③ 所有涂料在施涂前和施涂过程中，均应充分搅拌，并在规定的时间用完。

④ 施涂溶剂型涂料时，后一遍涂料必须在前一遍涂料干燥后进行；施涂水性或乳液涂料时，后一遍涂料必须在前一遍涂料表干后进行。

⑤ 采用机械喷涂时，应将不喷涂的部位遮盖，不得沾污。

⑥ 同一墙面应用同一批号的涂料；每遍涂料不宜施涂过厚；涂层应均匀、色泽一致，层间结合牢固。

4. 施工总结

① 抹灰层面层不得有裂纹，各抹面层之间及抹灰层与基层之间应黏结牢固，不得有脱层、空鼓等现象。

② 抹灰表面应光滑、洁净、颜色均匀、无抹纹，抹灰分隔条的宽度和深度应均匀一致，不得有错缝、缺棱掉角。

③ 装饰抹灰允许偏差应符合表 8-10 的规定。

表 8-10　装饰抹灰允许偏差

项目	允许偏差/mm			检查频率		检验方法
	水磨石	水刷石	剁斧石	范围	点数	
平整度	2	3	2	每侧跨	4	用 2m 靠尺和塞尺检查
阴阳角方正	2	3	2		2	用 200mm 方尺检查
墙面垂直度	3	5	4		2	用 2m 靠尺检查
分隔条平直	2	3	3		2	用 2m 线检查,不足 2m 拉通线检查

④ 饰面允许偏差符合表 8-11 的规定。

表 8-11　饰面允许偏差

项目	允许偏差/mm						检验频率		检验方法
	天然石			人磨石		饰面砖	范围	点数	
	镜面、光面	粗纹石、麻面条纹石	天然石	水磨石	水刷石				
平整度	1	3		2	4	2	每跨侧	4	用 2m 靠尺和塞尺检查
垂直度	2	3		2	4	2		2	用 2m 靠尺检查
接缝平直	2	4	5	3	4	3		2	拉 2m 线检查,不足 2m 拉通线检查
相邻板高差	0.3	34		0.5	3	1		2	用 2m 靠尺检查
阳角方正	2			2		2		2	用 2m 靠尺检查

参 考 文 献

[1] JGJ 16—2008. 建筑工程施工质量验收统一标准. 北京：中国建筑工业出版社，2008.

[2] GB 50278—2010. 起重设备安装工程施工及验收规范. 北京：中国计划出版社，2010.

[3] GB 50007—2002. 建筑地基基础设计规范. 北京：中国建筑工业出版社，2002.

[4] GB 50205—2001. 钢结构工程施工质量验收规范. 北京：中国计划出版社，2001.

[5] GB 50010—2010. 混凝土结构设计规范. 北京：中国建筑工业出版社，2010.

[6] 北京市政建设集团有限责任公司. 桥梁工程施工工艺规程. 北京：中国建筑工业出版社，2009.

[7] 北京市政建设集团有限责任公司. 道路工程施工工艺规程. 北京：中国建筑工业出版社，2011.

图解道路与桥梁工程现场细部施工做法